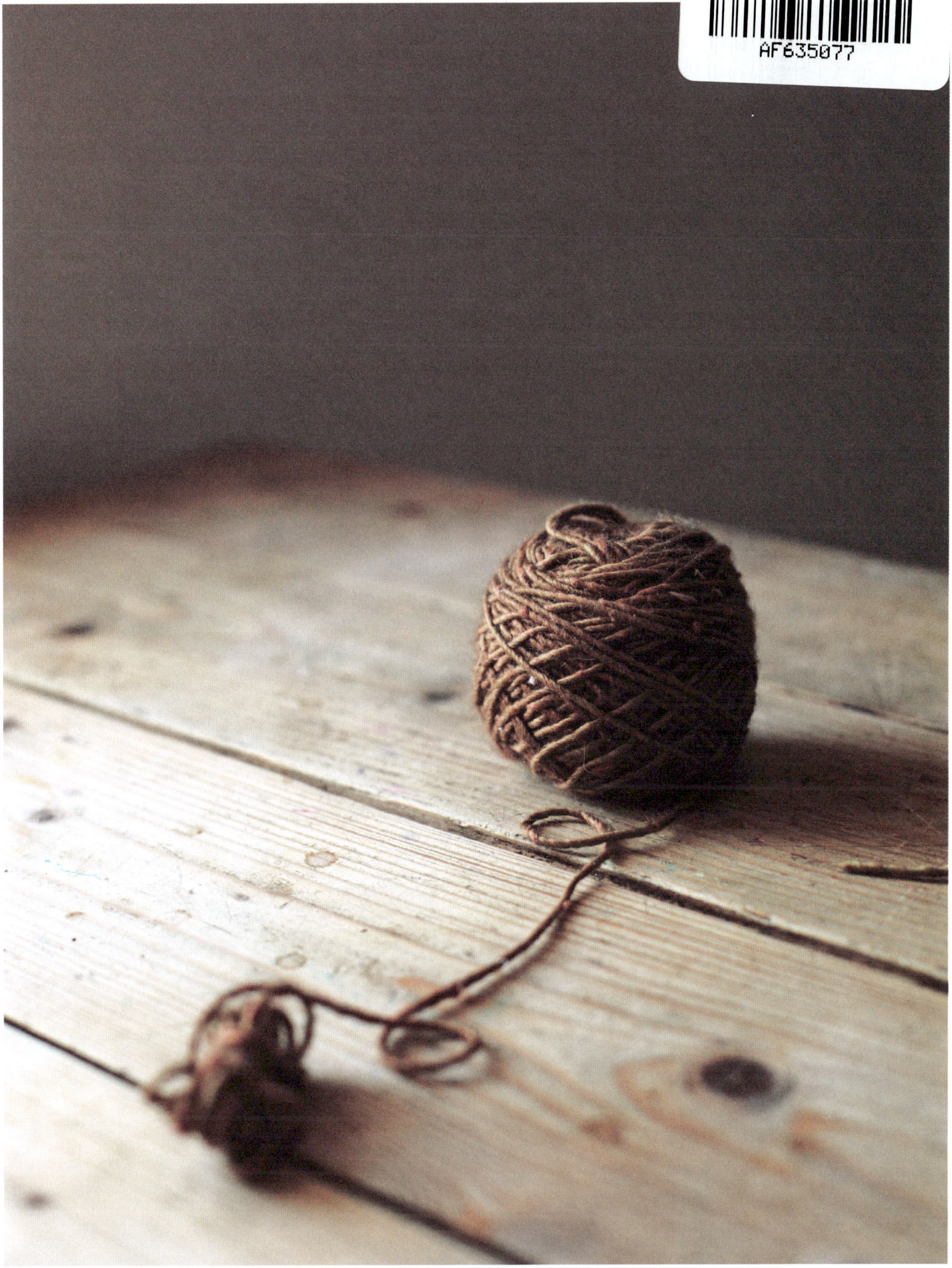

Für Nye

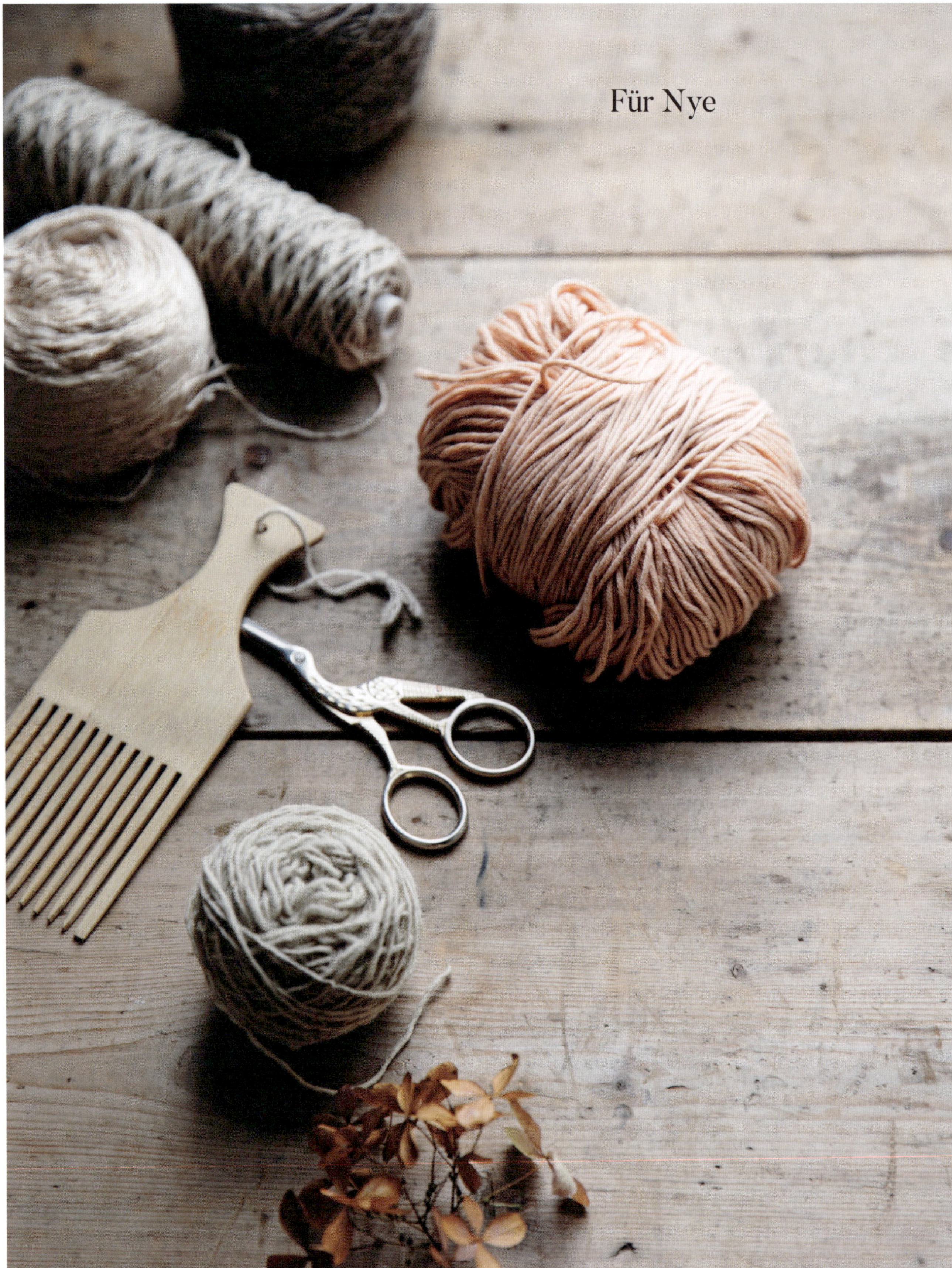

WEBEN
DAS NEUE HANDBUCH

Grundlagen, moderne Deko-Projekte und
Accessoires auf kleinem Rahmen

Mary Maddocks

Fotos von Maria Bell

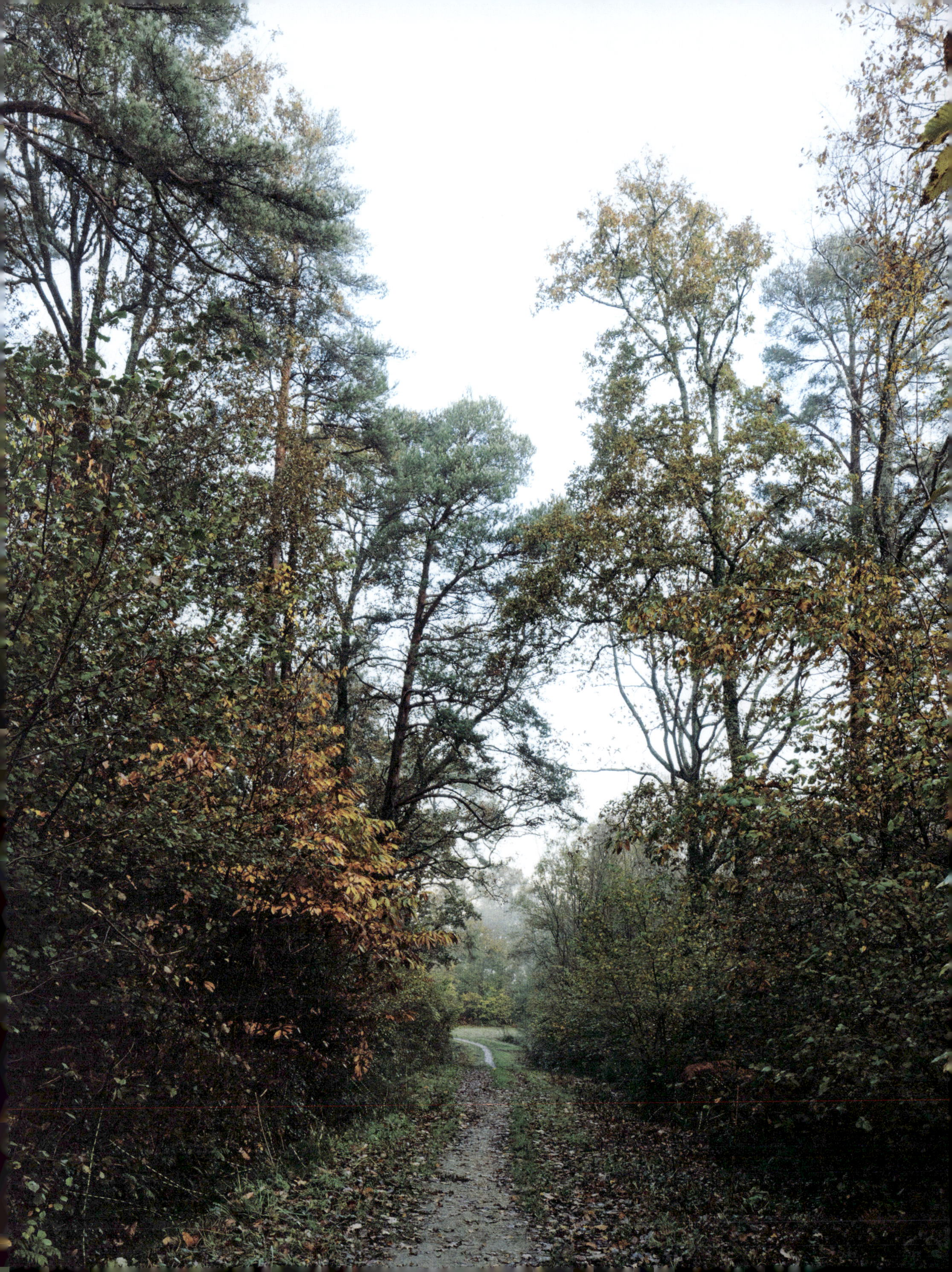

Inhalt

Vorwort

Das Weben ist ein uraltes Handwerk. Man nimmt an, dass Menschen während des Neolithikums vor rund 12 000 Jahren begonnen haben, Stoffe zu weben. Fragmente antiker Gewebe wurden auf der ganzen Welt gefunden – von Ägypten bis Peru, von China bis zur Schweiz. Noch bevor Menschen den ersten Stoff webten, haben sie vermutlich mithilfe einfacher Webtechniken aus Blättern, Zweigen, Grashalmen und Ästen Werkzeuge und Unterstände gefertigt.

Ich freue mich, dass ich im Laufe der vergangenen Jahre vielen Menschen das Weben beibringen durfte. Dabei habe ich immer wieder beobachtet, dass uns offensichtlich das Verbinden von Kette und Schuss im Blut liegt. Sobald meine Schülerinnen und Schüler einen Webrahmen vor sich und ein paar Meter Garn in der Hand haben, übernimmt die Intuition das Kommando. Um die Kombination von Kette und Schuss zu verstehen, sind keine langen Erklärungen nötig. Sogar kleine Kinder können schon nach kurzer Anleitung den Schussfaden zwischen den Kettfäden hindurchführen und sehen ihr Gewebe wie durch ein Wunder Reihe für Reihe wachsen. Je mehr ich webe und je öfter ich andere darin unterrichte, desto mehr frage ich mich, ob wir möglicherweise eine Art von archaischem Web-Instinkt von unseren frühen Ahnen geerbt haben, der bis heute Teil unserer Natur ist.

Ich selbst bin in der Schule mit dem Weben in Berührung gekommen: Damals brachte meine Kunstlehrerin ihren kleinen Tischwebrahmen mit und zeigte mir, wie ich darauf einen schmalen Stoffstreifen weben konnte. Als 16-Jährige war ich geradezu besessen von Kleidung und Textilien und verliebte mich umso mehr in diesen Webrahmen, je besser ich damit umgehen konnte. Das Ding war alt und eigenwillig, aber mich faszinierte die Aussicht, was sich damit gestalten ließe, wenn ich es nur sachte und mit Geduld anging. Ich machte mich daran, einen bunten Schal zu weben, der so reich mit Bändern, Federn und Perlen verziert war, dass er sich, vom Webrahmen abgenommen, als viel zu schwer herausstellte, um ihn um den Hals zu tragen. Stattdessen nähte ich ihn mühsam zwischen zwei Streifen Seide, die ich in Abbindebatik gefärbt hatte. So wurde daraus das Mittelfeld eines Kleidungsstücks, das ich einigermaßen überheblich als „modernen Prunkmantel" bezeichnete.

Nachdem ich die Schule verlassen hatte, verabschiedete ich mich erst einmal von allen künstlerischen Ambitionen, studierte Sprachen und Philosophie an der Universität und schlitterte dann mehr oder weniger gedankenlos in eine juristische Laufbahn, die mich in den nächsten fünf Jahren praktisch Tag und Nacht beschäftigte. Ich vernachlässigte jede Art von Kreativität vollständig, und obwohl ich hart arbeitete, hatte ich doch immer das Gefühl, dass mir etwas fehlte. Doch eines Tages dämmerte es mir, dass ich es vermisste, etwas mit meinen Händen zu erschaffen, und dass ich in meinem Leben Zeit finden musste, um wieder schöpferisch tätig zu sein. Ich erinnerte mich an die Webstunden in meiner Schulzeit und kaufte mir nur so zum Spaß einen einfachen Webrahmen und ein bisschen billige Wolle. In den folgenden Monaten brachte

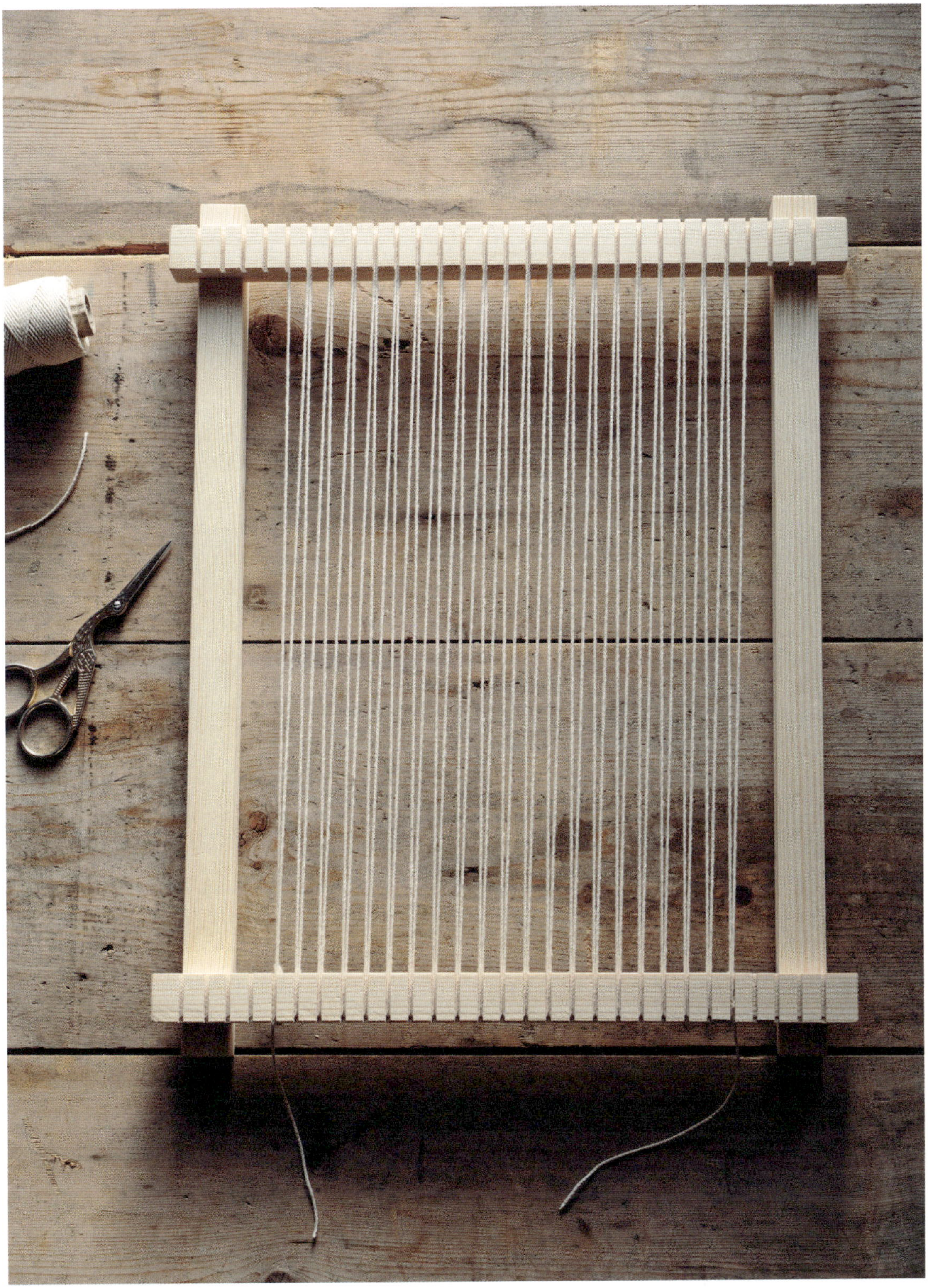

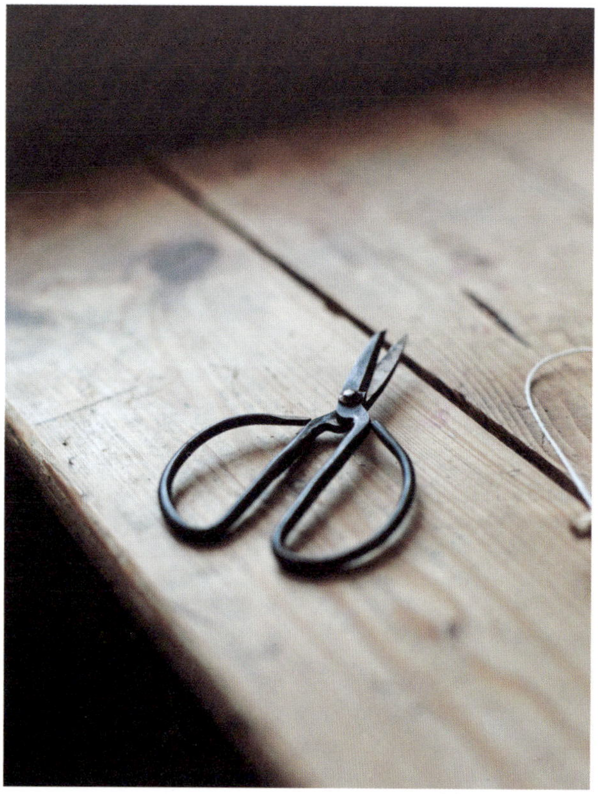
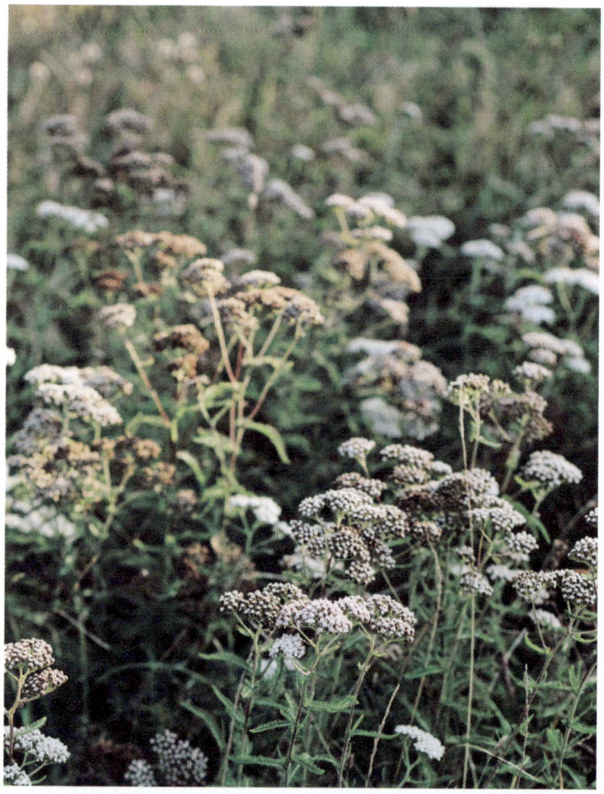
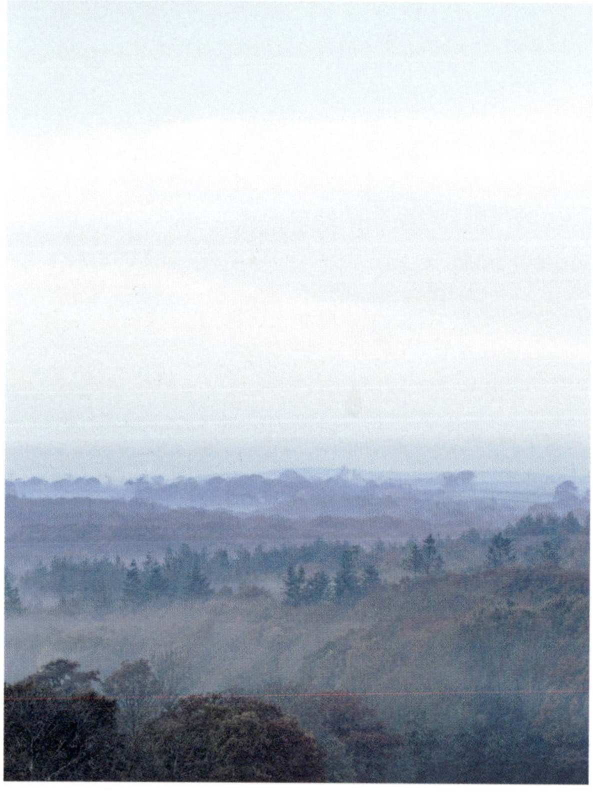
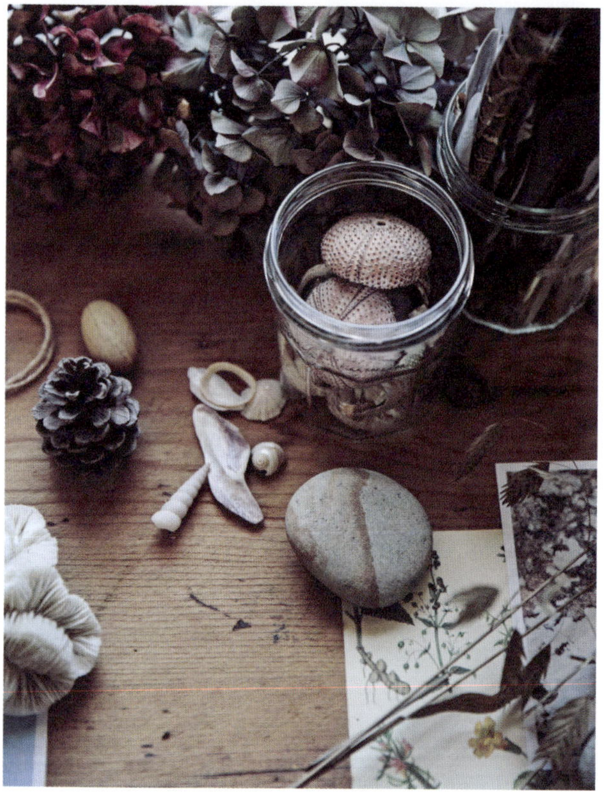

ich mir mithilfe von den paar Onlinekursen und Videos das Weben selbst bei.

Die Einfachheit des Webens auf dem Rahmen und die Tatsache, dass es zwar nur wenige Regeln, aber schier unbegrenzte Möglichkeiten gibt, begeisterten mich von Anfang an. Ich liebte den rhythmischen Vorgang beim Aufbäumen der Kette und die riesige Auswahl an Schussgarnen ebenso wie das Kombinieren von Kette und Schuss und die Herausforderung, Struktur und Tiefe zu gestalten. Ganz besonders gern verwendete ich Wolle, Seide und Bänder, um Naturmotive umzusetzen. Bald war ich dem Weben vollständig verfallen.

Meine ersten Webarbeiten waren voller Fehler und sahen bisweilen seltsam aus, doch ich liebte sie trotzdem. Jedes fertige Gewebe spornte mich zum nächsten an, und mit jedem neuen Werk lernte ich dazu, entwickelte meinen Stil ein wenig weiter und verliebte mich noch ein bisschen mehr ins Weben. Ich webte jeden Abend, ich webte im Bett, ich webte auf Autofahrten und beim Fernsehen (was ich nach wie vor tue). Mit der Zeit begann ich, meine Webarbeiten zu verkaufen, und wurde von Leuten angesprochen, denen ich das Weben beibringen sollte. Mein neues Hobby entwickelte sich zu einem kleinen, aber unglaublich befriedigenden Unternehmen, auf das ich sehr stolz bin. Das Weben erlaubte es mir, meinen kreativen Impuls wiederzuentdecken und mich dabei selbst ein bisschen besser zu verstehen.

Kürzlich habe ich jenen gewebten Prunkmantel wieder ausgegraben und gestaunt, wie bunt und gewagt er ist – weit entfernt von meinen heutigen ästhetischen Vorlieben. Trotzdem erkenne ich viele Einflüsse darin, die nach wie vor für meine Arbeit wichtig sind: die Farben und Muster von Fundstücken wie Muscheln, Federn und Blättern. Als ich dieses erste Webstück in Händen hielt, kam sofort das gute Gefühl zurück, das ich damals beim Weben empfand.

Viele Menschen, mit denen ich in den vergangenen Jahren gesprochen habe, besonders jene in der Geschäftswelt, behaupteten, sie seien „nicht kreativ" und hätten „kein Talent, etwas herzustellen". So etwas zu hören macht mich ganz traurig. Ich glaube, dass der Drang zu gestalten in allen Menschen steckt und dass sich die Tür zu Freude, Befriedigung und Wohlbefinden weit öffnet, wenn man dieses Bedürfnis fördert und zur Blüte bringt. Es kommt gar nicht darauf an, was man gestaltet, ja, nicht einmal darauf, wie gut man das macht. Wichtig ist allein, sich die Zeit für etwas freizuschaufeln, dem man sich vollständig widmet und das einen in seinen Bann zieht.

In diesem Buch geht es in erster Linie um das Weben und um meine Liebe zu dieser schönen, entschleunigten und angenehmen Handarbeit, doch auch um die Freude und den therapeutischen Effekt des Gestaltens. Außerdem hoffe ich, dass der Inhalt Sie ermutigt und inspiriert, etwas mit Ihren Händen zu erschaffen. Sie werden es nicht bereuen!

Eine sehr freie Handarbeit

Ich liebe das Weben mit dem Webrahmen, denn im Gegensatz zu anderen Handarbeiten gibt es verhältnismäßig wenige Regeln. Es ist eine sehr freie Technik, die viel Raum für Variation und Kreativität bietet. Manchmal bezeichne ich sie als „Malen mit Garn". Sobald man die Grundbegriffe beherrscht, steht es einem frei, Farbtöne, Muster, Formen und Strukturen dem eigenen Stil und ästhetischen Empfinden entsprechend zu gestalten. Das gestalterische Potenzial und die Möglichkeiten sind scheinbar endlos. Ich bin immer wieder begeistert davon, wie unterschiedlich die Webarbeiten meiner Schülerinnen und Schüler ausfallen und wie jedes einzelne Werk Einblick in den individuellen Stil und die Persönlichkeit gibt.

Das Fehlen von Regeln kann zu Anfang aber auch ein wenig beängstigend erscheinen. Es bleibt Ihnen selbst überlassen, Ihre eigenen Regeln aufzustellen. Aus diesem Grund konzentriere ich mich mehr auf den Vorgang des Webens als auf das fertige Objekt. Auf diese Weise können wir den Prozess des Webens genießen, ohne uns darüber Gedanken zu machen, wie das Ergebnis aussehen wird. Das ist eine unglaublich befreiende Art, an eine Handarbeit heranzugehen: Sie erlaubt es einem weit besser, zu lernen und sich zu entwickeln, als wenn man sklavisch einem bestimmten Endergebnis hinterherjagt.

Durch unterschiedliche Methoden und Materialien sind die Variationsmöglichkeiten schier unerschöpflich. Deshalb ist beim Weben vielleicht noch mehr als bei anderen Handarbeitstechniken das Experimentieren absolut entscheidend für die Entwicklung des eigenen Stils. Scheuen Sie sich nicht, am Anfang ein breites Spektrum an unterschiedlichen Materialien auszuprobieren, bis Sie herausfinden, was Sie mögen und was zu Ihnen passt. (Nähere Informationen zu Materialien finden Sie auf Seite 154-157.)

Es bleibt ganz allein Ihnen überlassen, wie Sie mit den Ideen für Webprojekte in diesem Buch umgehen. Sie können sie als reine Inspiration für eigene Werke oder aber als exakte Anleitung zum Nacharbeiten verstehen. Bei jedem Menschen verläuft der gestalterische Prozess anders, und was dem einen taugt, muss nicht zwingend zu einem anderen passen. Das ist selbstverständlich ganz in Ordnung! Wichtig ist nur, anzufangen und sich mit Freude ans Werk zu machen.

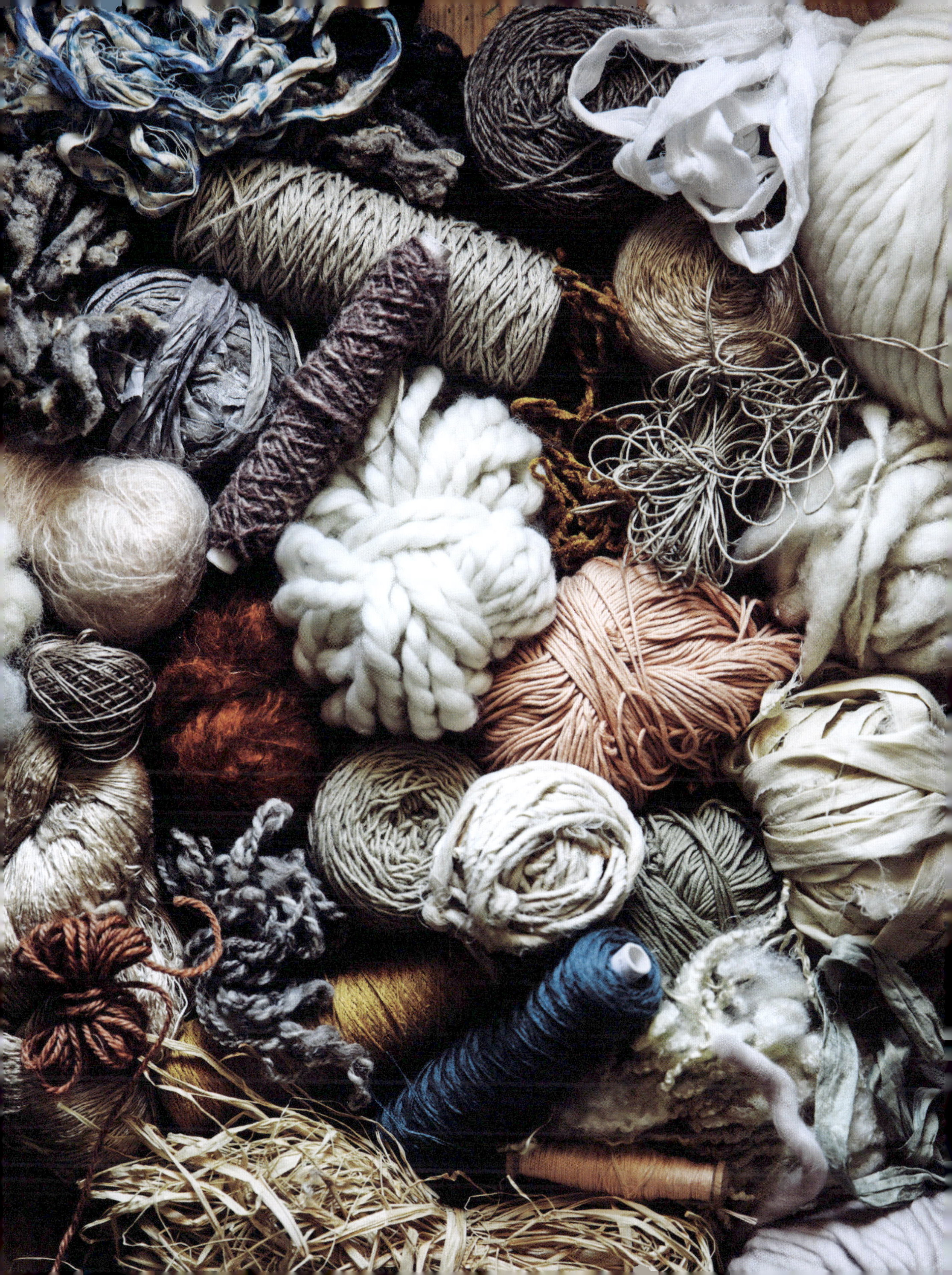

Bewusst entschleunigt

Ich bin ein ziemlich ungeduldiger Mensch, und oft kommt es mir ein bisschen seltsam vor, dass ich von einer so langsamen Handarbeit wie dem Weben besessen bin. Freilich wird man mit ein wenig Übung schneller, und es gibt Möglichkeiten, die Sache ein bisschen zu beschleunigen, aber die Tatsache bleibt, dass das Weben von Natur aus langsam und bedächtig ist. Es erfordert eine stets wiederholte Vor- und Rückbewegung sowie Geduld und Konzentration. Wenn man sich hetzt, macht man Fehler, zieht den Schussfaden zu fest an und verformt das Gewebe.

Wichtig ist, das entschleunigte Tempo des Webens bewusst anzunehmen und nicht damit zu hadern (darauf lege ich am Beginn jedes Kurses größten Wert!). Das Leben der meisten von uns ist geschäftig, hektisch und rasant, und wir kämpfen fast ständig gegen Ablenkung und Reize an. Im Gegensatz dazu wirkt eine technisch einfache, gemächliche Tätigkeit geradezu erfrischend. Das Weben zwingt uns, einen Gang zurückzuschalten, und deshalb liebe ich es. Das Vergnügen liegt darin, den sachten, langsamen Charakter des Webens dankbar zu akzeptieren, zu spüren, wie sich der Vorgang entwickelt, und sich dessen bewusst zu sein. Ich bin der festen Überzeugung, dass es gut für uns ist, uns auf etwas zu konzentrieren, das Sorgfalt und Geduld erfordert.

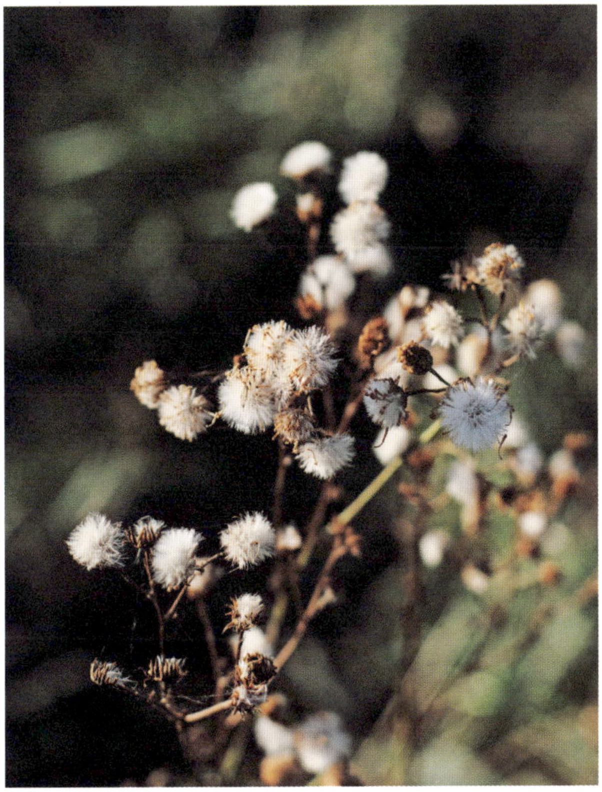
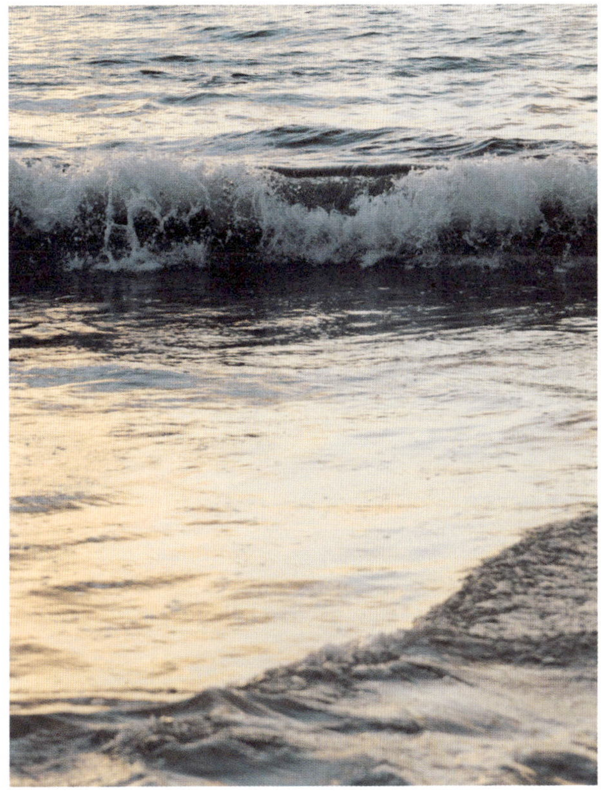
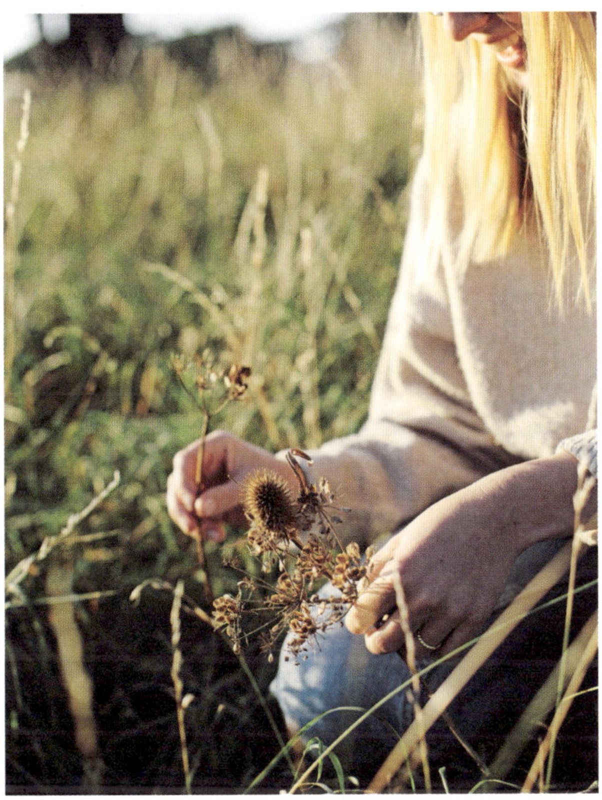
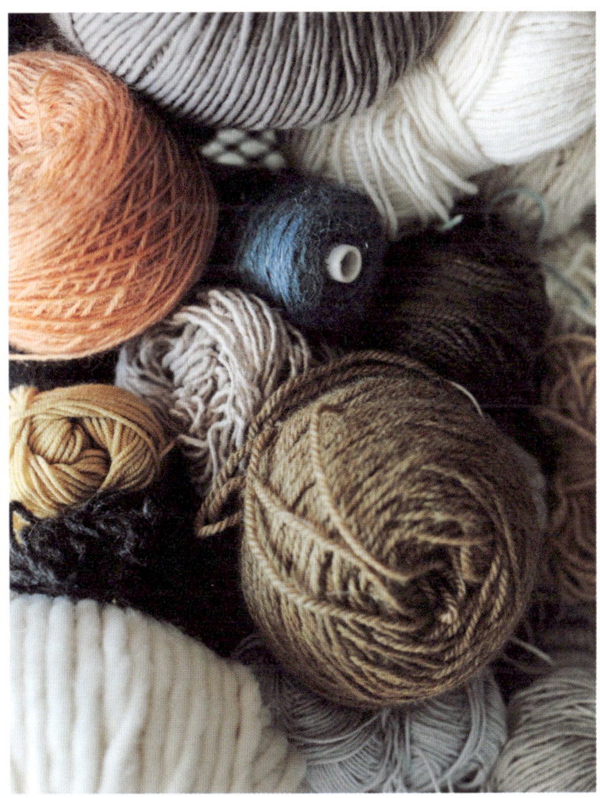

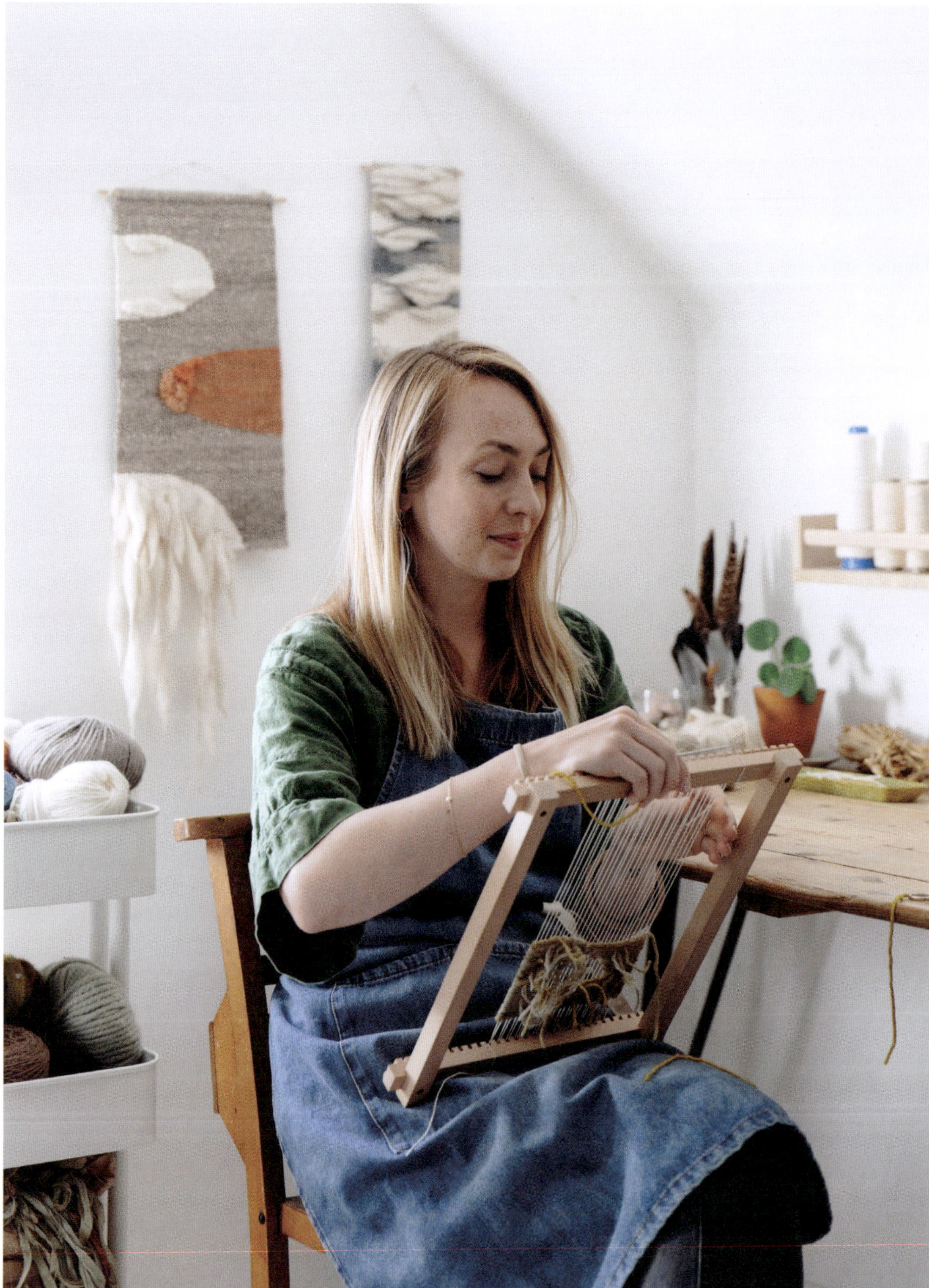

Weben als Meditation und Selbstfürsorge

Zu den Vorzügen des Webens gehört meiner Ansicht nach, dass mein Geist allmählich ins Gleichgewicht findet, während meine Hände für Minuten oder Stunden mit der Tätigkeit des Webens beschäftigt sind. Es ist, als ob der ständige Strom des Bewusstseins, der die meiste Zeit durch meinen Kopf tost, ins Garn fließen und Raum schaffen würde, sodass ich mich ruhiger und friedlicher fühle. Ich bin keineswegs ein „Zen-Mensch" und habe mit anderen Arten der Meditation eher wenig Erfolg, aber ich habe festgestellt, dass ich beim Weben längere Zeit frei von Sorgen und negativen Gedanken bin und mich nicht wie besessen mit allerlei Plänen und Problemlösungen beschäftige. Wenn ich mir vorstelle, wie ich webe, oder wenn ich mich auf eine Zeit freue, die ich mir im Kalender fürs Weben geblockt habe, erfüllt mich das mit Ruhe und Wohlgefühl wie nichts anderes.

Ich glaube, das hängt mit der ständigen Wiederholung beim Weben zusammen, jenem endlosen Hin und Zurück, das einen beruhigenden und wohltuenden Rhythmus erzeugt (ähnlich dem Effekt eines Automotors auf ein Baby). Vermutlich hat es auch etwas damit zu tun, dass das Weben, sobald Sie Ihren Webrahmen kennen und die Techniken beherrschen, genau die richtige Balance zwischen Konzentration und Entspannung schafft. Ich stelle fest, dass meine Atmung sich verlangsamt und sich an die Bewegung meiner Hände anpasst, und ich fühle die Verbindung zwischen mir und dem Webprojekt, an dem ich gerade arbeite.

Manchmal genieße ich aber auch nur die Tatsache, dass ich eine halbe Stunde für mich selbst habe und mit einer frisch aufgebäumten Kette beginnen kann. Ich suche mir einen Podcast oder ein Musikstück aus, entzünde eine Duftkerze und entfliehe der Realität für ein Weilchen. Ganz ehrlich: Was könnte besser sein?

Quellen der Inspiration

Je älter ich werde, desto mehr fasziniert mich die Natur rund um mich herum. Ich bin in Süd-Wales in einer Kleinstadt zwischen Bergen und Wäldern aufgewachsen und habe einen großen Teil meiner Kindheit auf Hügelkämmen und in Talsenken verbracht, wo ich ganze Schwaden von Glockenblumen oder die ersten Schneeglöckchen entdeckte. Als Kind sah ich all das als selbstverständlich an, und als Teenager plante ich meine Flucht in die Stadt, wo ich während meiner Zwanziger blieb. Als ich jedoch über dreißig war und selbst ein Kind hatte, begann ich von saftig-grün bewaldeten Tälern im Morgennebel zu träumen, von frisch entfalteten Eichenblättern und bemoosten Steinen im Fluss, von Gras, das im Wind schwankt, und von sonnenbeschienenen Berghängen. Ich erkannte, dass diese Sehnsucht sich in meinen Webarbeiten manifestierte, und ich gestaltete – meist unbewusst – Gewebe, zu denen mich die Naturphänomene inspirierten, die ich in meinem Leben so schmerzlich vermisste.

Die Natur ist eine ständige Inspirationsquelle für mich. Sie beeinflusst nicht nur Aussehen und Stil meiner Webarbeiten, sondern auch die Materialien, die ich dafür verwende. Rohe, unbearbeitete, rustikale Materialien und Garne ziehen mich an, inspirieren mich und sprechen mein ästhetisches Empfinden an. Für mich sind die Formen, die wir in Bäumen und Felsen, Muscheln und Treibholz, an Stränden, in Felsbecken und Wellen, im Seetang, in Blättern, in Wolken und am Himmel finden, die schönsten und reinsten von allen, und genau diese natürlichen Formen sollen meine Webarbeiten widerspiegeln.

Viele meiner frühen Gewebe waren stark von bestimmten Landschaften inspiriert und bildeten sie recht naturgetreu ab. In dieser Zeit lernte ich viel über das Gestalten von Formen und Strukturen. Ich habe einige dieser Gewebe und Projekte mit Landschaftsbezug in dieses Buch integriert. Inzwischen arbeite ich abstrakter und freier, aber stets spielt die Natur eine wichtige Rolle und sie stellt fast immer den Ausgangspunkt für mein Werk dar.

Inspiration ist natürlich eine zutiefst persönliche Sache und kann überall entstehen. Wie schon erwähnt, ist das Weben eine sehr freie Form des künstlerischen Ausdrucks, die auch von Mode, Kunst, Architektur, Keramik oder Schmuck inspiriert sein kann.

Die Inspiration kann einem überall begegnen; deshalb habe ich immer Smartphone oder Kamera bei mir, um natürliche Strukturen oder Szenen zu fotografieren. Anregungen finde ich auch in Büchern, Postkarten und Magazinen.

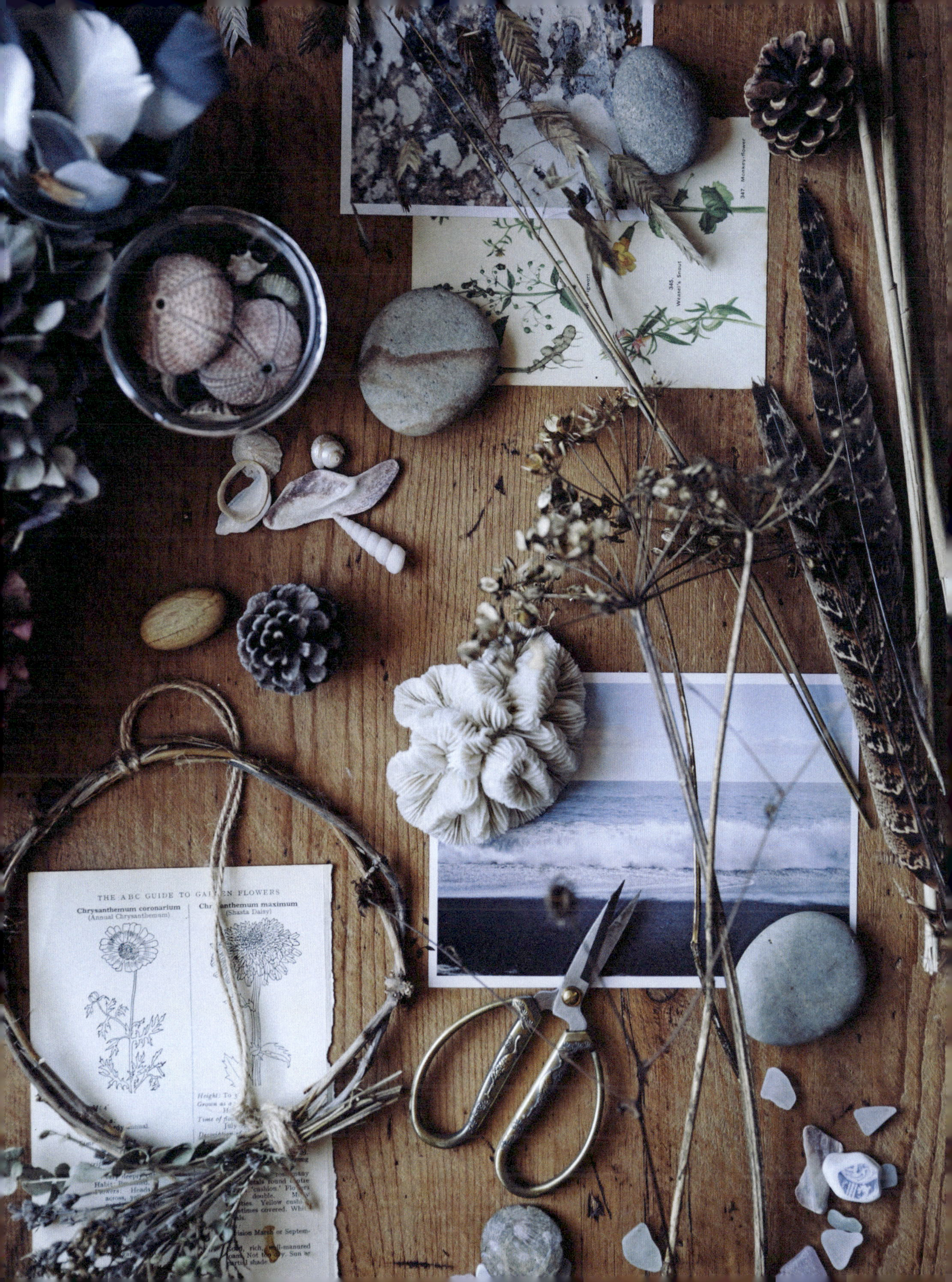
Chrysanthemum coronarium
(Annual Chrysanthemum)
(Shasta Daisy)

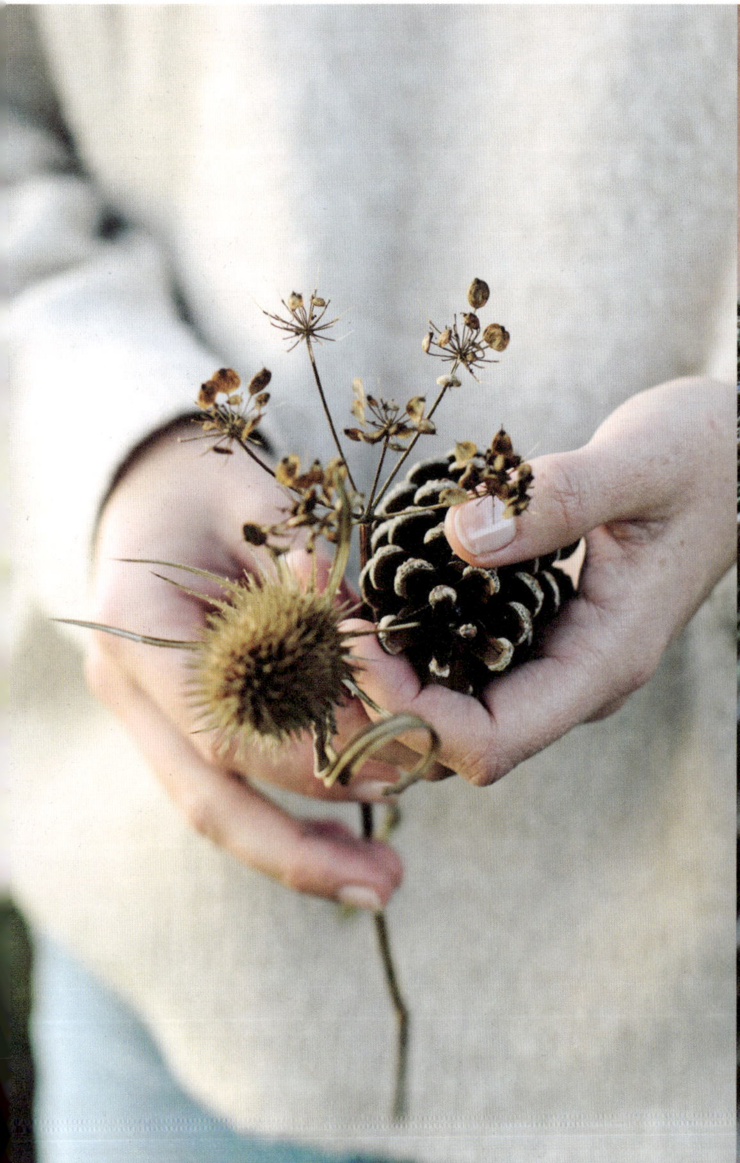
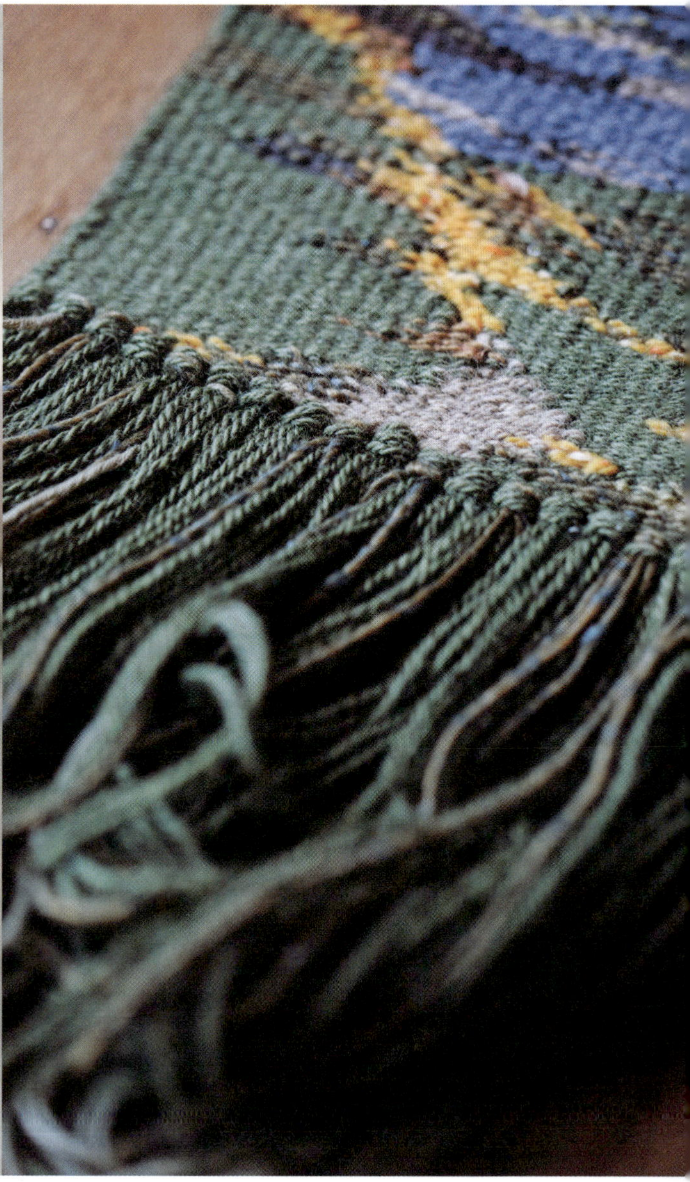

Entwerfen und Weben

Wenn ich eine klare Vorstellung davon habe, wie mein fertiges Gewebe aussehen soll, plane ich es, bevor ich mich an den Webrahmen setze. Das ist besonders hilfreich, wenn ich eine Landschaft als Ausgangspunkt verwende und sie möglichst getreu darstellen möchte oder wenn ich mein Werk auf einem bestimmten Bild aufbaue. In diesen Fällen skizziere ich meine Idee kurz anhand eines Fotos oder Bildes und zeichne die ungefähren Formen vor, die ich gestalten möchte. Die Skizze muss nicht exakt sein, aber eine grobe Zeichnung hilft mir, mich auf mein Motiv zu konzentrieren und verhindert, dass ich mich verzettle.

Mit der Skizze vor Augen wähle ich die Garne aus und versuche, Farben und Schattierungen so gut wie möglich auf das Bild oder Foto abzustimmen. Dabei achte ich auch darauf, wie die Farben sich untereinander mischen oder miteinander kontrastieren. Außerdem überlege ich, welche Bereiche des Bildes sich für eine mehr oder weniger ausgeprägte Struktur eignen können, denn das beeinflusst die Wahl des Garns. Auf Seite 154-157 finden Sie ausführliche Informationen zu den Garnen, die ich für die einzelnen Projekte verwendet habe.

Manchmal setze ich mich aber auch mit einer eher ungenauen Idee davon, wie mein Gewebe aussehen soll, an den Rahmen. In diesen Fällen überspringe ich den Arbeitsschritt der Skizze. Dann ist das Garn mein Ausgangspunkt, und ich lasse das Gewebe sich organisch entwickeln. Ich erlaube dem Garn, mich zu führen, und wähle drei oder vier unterschiedliche Qualitäten, die zusammenpassen und sich gut mischen.

Wenn Sie Ihren eigenen Webstil entwickeln, lohnt es sich, beide Ansätze auszuprobieren, um zu sehen, mit welchem Sie besser zurechtkommen. Zu den Projekten in diesem Buch gibt es Zeichnungen, die detaillierter zeigen, wie die Webarbeiten aufgebaut sind. Ich hoffe, das hilft Ihnen, wenn Sie diese Projekte möglichst genau nacharbeiten wollen.

Das Garn

Ich werde manchmal gefragt, wie viel Garn man für ein einzelnes Gewebe braucht. Diese Frage ist schwierig zu beantworten, denn die genaue Materialmenge für jedes Projekt hängt von vielen Faktoren ab, zum Beispiel von der Größe des Webrahmens und des Gewebes, der Garnstärke, der Webstruktur und der Komplexität des Gewebes. Die eine Formel zum Berechnen der erforderlichen Garnmenge für jedes Gewebe gibt es nicht, und so habe ich bewusst nicht versucht, exakte Mengen für jedes Projekt in diesem Buch anzugeben. Ganz grob gehe ich davon aus, dass Sie nicht mehr als ein Knäuel des für jeden Bereich des Gewebes genannten Garns brauchen (und oft werden Sie bei Weitem weniger benötigen).

Wenn Sie erst einmal einige Stücke gewebt haben, werden Sie ein Gefühl dafür entwickeln, wie viel Garn Sie für jedes Projekt brauchen. Wenn Sie jedes Mal einen Meter Garn in die Webnadel einfädeln, können Sie sich notieren, wie oft Sie neu eingefädelt haben und wie viele Meter Sie folglich verwebt haben. Das kann Ihnen am Beginn einer neuen Webarbeit helfen, denn so bekommen Sie eine ungefähre Idee davon, wie viel Material Sie zuvor verbraucht haben.

Auf Seite 154-157 finden Sie ausführliche Informationen zu den Garnen, die ich für die einzelnen Projekte verwendet habe.

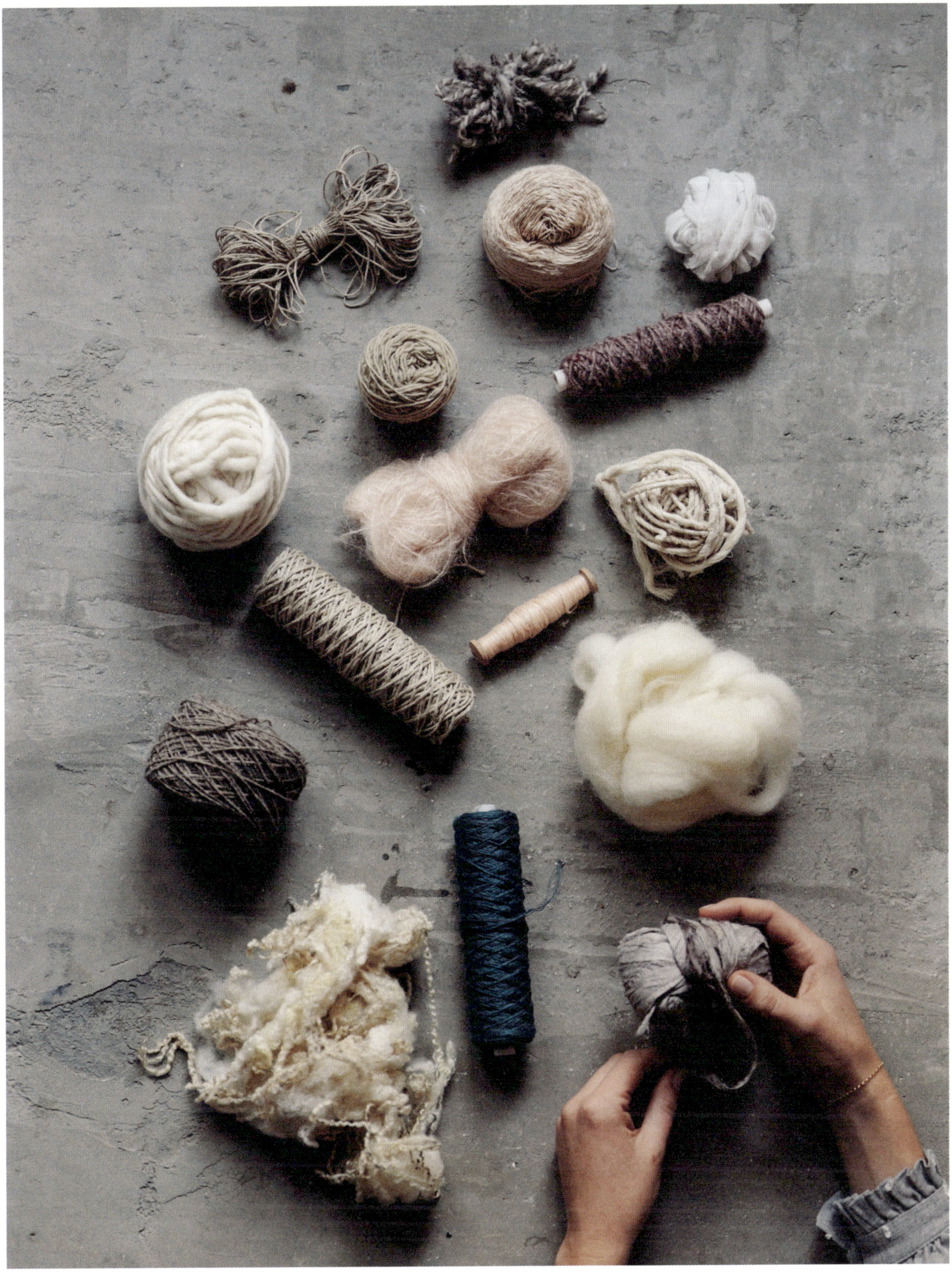

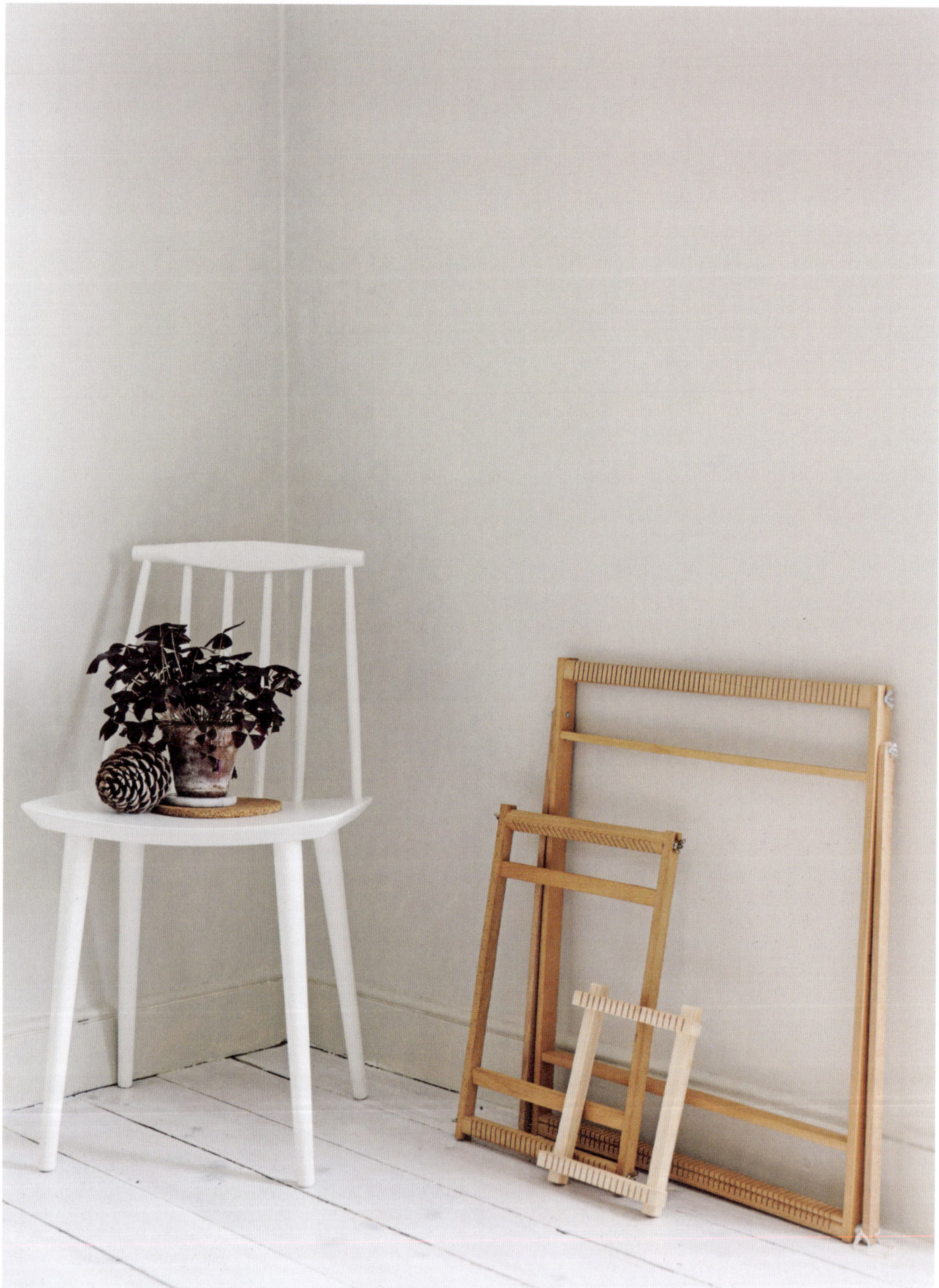

Webrahmen

Das Weben mit dem Webrahmen ist anwenderfreundlich: Der Rahmen ist leicht, tragbar, einfach zu verstehen und im Nu eingerichtet. Mein kleiner Rahmen passt problemlos in einen Einkaufsbeutel, sodass ich ihn im Zug oder im Auto mitnehmen und bequem an jedem Tisch oder auf dem Schoß verwenden kann. Er lässt sich innerhalb weniger Minuten wegpacken und braucht nur so viel Platz wie eine kleine Tasche.

Für die meisten meiner Gewebe verwende ich einen kleinen Rahmen von 30 cm x 40 cm oder ein größeres Exemplar von 50 cm x 60 cm. Außerdem habe ich ein eigens angefertigtes Modell für Schmuck: einen einfachen Holzrahmen mit kleinen Nägeln an beiden Enden. Er hat die perfekte Größe für winzige, raffinierte Webarbeiten.

Webrahmen findet man im Internet in vielen Größen, aber sie lassen sich auch leicht selbst herstellen, indem man Schlitze in die gegenüberliegenden Leisten eines Holzbilderrahmens sägt oder Nägel einschlägt. Für alle, die es selbst probieren wollen, gibt es reichlich Anleitungen im Internet.

Mir war es sehr wichtig, dass sich die Projekte in diesem Buch realisieren lassen, ohne dass Sie viel in die Ausrüstung und in Webrahmen unterschiedlicher Größe und Form investieren müssen. Deshalb habe ich alle Projekte so beschrieben, dass sie sich mit den drei Rahmen verwirklichen lassen, die ich üblicherweise benutze: dem kleineren und dem größeren Rahmen und dem Schmuckwebrahmen. (Nähere Informationen über die Bezugsquellen für die Rahmen siehe Seite 154.)

EIN BISSCHEN WEBRAHMENKUNDE

Der Webrahmen ist das feste Gerüst, auf dem Ihr Gewebe entsteht. Wenn das Webstück fertig ist, schneidet man es vom Rahmen. Jeder Webrahmen besteht aus dem Rahmen selbst und den Nägeln, Dübeln oder Stegen mit den Schlitzen dazwischen.

RAHMEN: Das feste äußere Gerüst, das Kette und Schuss hält und auf dem Sie Ihr Gewebe anfertigen. Die Größe des Rahmens entscheidet über die Größe des Gewebes. Auf einem 30 cm x 40 cm großen Rahmen lässt sich ein ca. 25 cm x 30 cm großes Stück weben. Ein 50 cm x 60 cm großer Rahmen erlaubt Gewebegrößen von ca. 30 cm x 40 cm.

NÄGEL, DÜBEL ODER STEGE: Durch die Zwischenräume zwischen den Nägeln, Stiften (Holzdübeln) oder Stegen an der Kante des Rahmens lässt sich der Kettfaden in gleichmäßigen Abständen aufspannen und während des Webens in Position halten. Weniger Schlitze oder Kerben bedeuten, dass das Gewebe lockerer und offener wird, während eine engere Anordnung ein dichteres Webbild ergibt.

WERKZEUG UND ZUBEHÖR

Die folgende Ausstattung benötigen Sie, um die Projekte in diesem Buch nachzuarbeiten.

1. KETTGARN: Festes, merzerisiertes Garn aus Baumwolle, Leinen oder Jute. Dieser Faden bildet das Gerüst jeder Webarbeit und muss daher fest und robust sein. Ich bevorzuge Baumwolle oder Leinen und greife in der Regel zu neutralen Farben, weil ich möchte, dass die Kette im Gewebe verschwindet.

2. STICKNADEL OHNE SPITZE: Eine stumpfe, lange, dicke Nadel, mit der man den Faden zwischen den Kettfäden hindurchführen kann. Damit lassen sich komplizierte Muster und Formen gestalten; außerdem braucht man diese Nadel zum Weben kleiner Flächen. Ich verwende eine 7 cm lange Stahlnadel als Webnadel.

3. KAMM: Zum „Anschlagen" jeder neuen Schussreihe ans Gewebe, damit keine Lücken zwischen den Schussreihen entstehen. Mithilfe eines Kamms wird das Gewebe fest, sauber und kompakt. Ich verwende einen Holzkamm, aber ein Kamm aus Kunststoff oder auch eine Gabel eignet sich ebenso gut.

4. SCHERE: Eine kleine Näh- oder Stickschere sollte stets bereitliegen.

5. RUNDSTAB: An diesem Stab hängt man das Gewebe auf, wenn man es vom Rahmen nimmt. Ich verwende meist einen auf Maß zugesägten Rundholzstab oder ein Stück Treibholz, aber Sie können auch irgendetwas anderes nehmen, das robust genug ist.

6. SCHMUCKWEBRAHMEN

7. KLEINER WEBRAHMEN

8. GROSSER WEBRAHMEN

9. SCHIFFCHEN: Langes, flaches Werkzeug mit Aussparungen an beiden Enden, auf das sich eine größere Menge Garn zum Weben aufwickeln lässt. Um das Schiffchen zu füllen, wickelt man den Faden der Länge nach auf und lässt ein loses Ende zum Weben hängen. Dann schiebt man das Schiffchen zwischen den Kettfäden hin und her und lässt dabei jeweils einen Schussfaden zurück.

10. TRENNSTAB: Langes Werkzeug, das den Webvorgang beschleunigt, indem es den Zwischenraum (das „Fach") zwischen den Kettfäden offen hält, sodass die Webnadel oder das Schiffchen durchgeschoben werden kann. Der Trennstab öffnet das Fach nur in einer Richtung, deshalb muss man auch in der Gegenrichtung zwischen den Kettfäden auf und ab hindurchweben.

11. WENDEKAMM: Geschlitzte Holzleiste, die auf dem Rahmen angebracht und vor- und zurückbewegt wird, um das Fach zwischen den Kettfäden in beide Richtungen zu öffnen, sodass die Webnadel oder das Schiffchen in beide Richtungen hindurchgeschoben werden kann. Bei manchen Schulwebrahmen wird der Wendekamm mitgeliefert; er ist besonders nützlich, um den Webvorgang zu beschleunigen.

HINWEIS: Für die meisten Projekte in diesem Buch eignen sich die sogenannten Schulwebrahmen, die es in vielen verschiedenen Größen zu kaufen gibt.
Bei der Wahl des Webrahmens ist zu berücksichtigen, dass die für das jeweilige Projekt angegebene Anzahl an Kettfäden für die Anzahl an Schlitzen bzw. Stegen oder Nägeln ausreicht. Beachten Sie dabei, dass viele Projekte mit doppelter Kette (= 2 Kettfäden pro Schlitz) aufgebäumt werden.

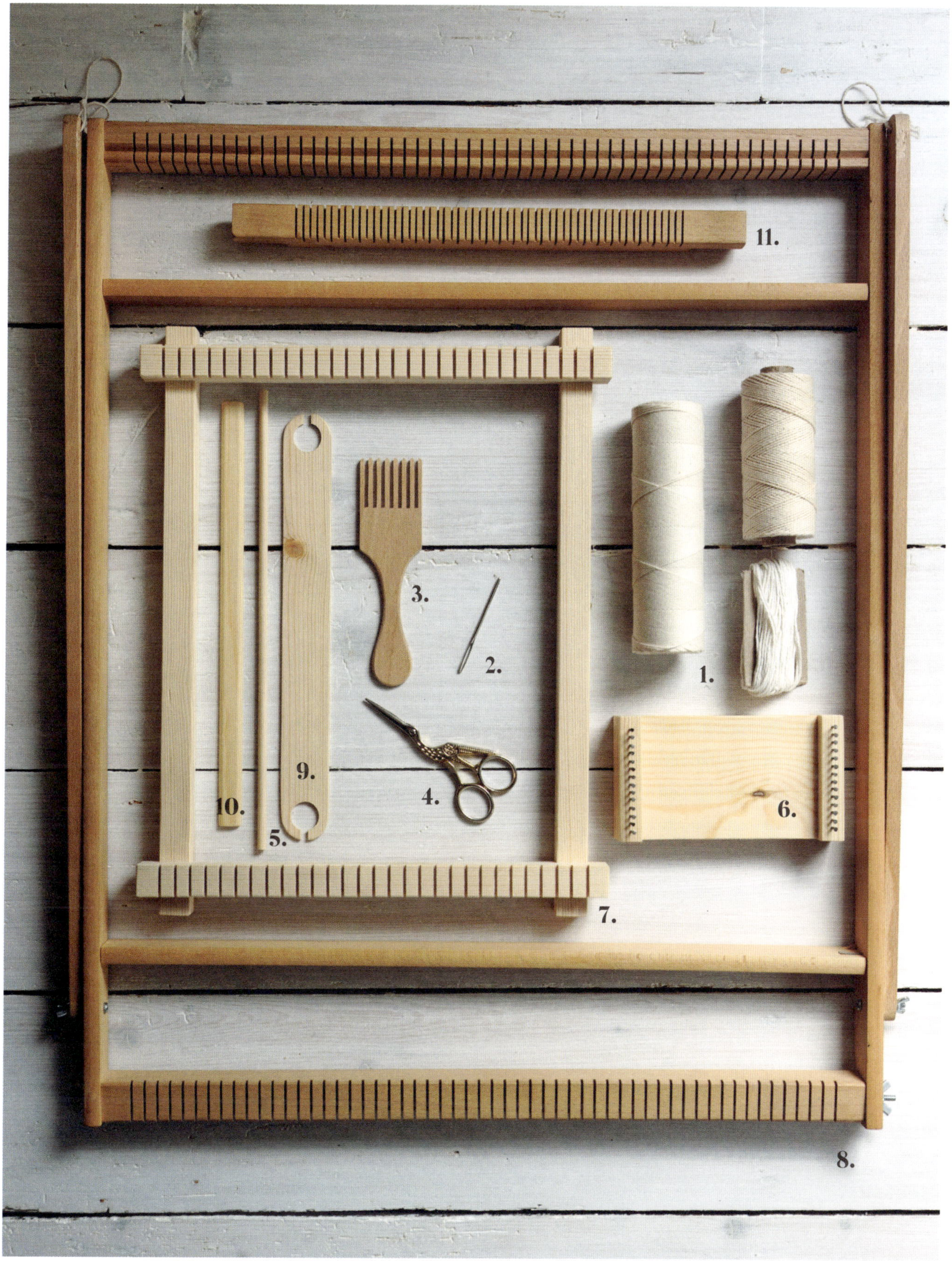
11.
3.
2.
1.
9.
4.
6.
10.
5.
7.
8.

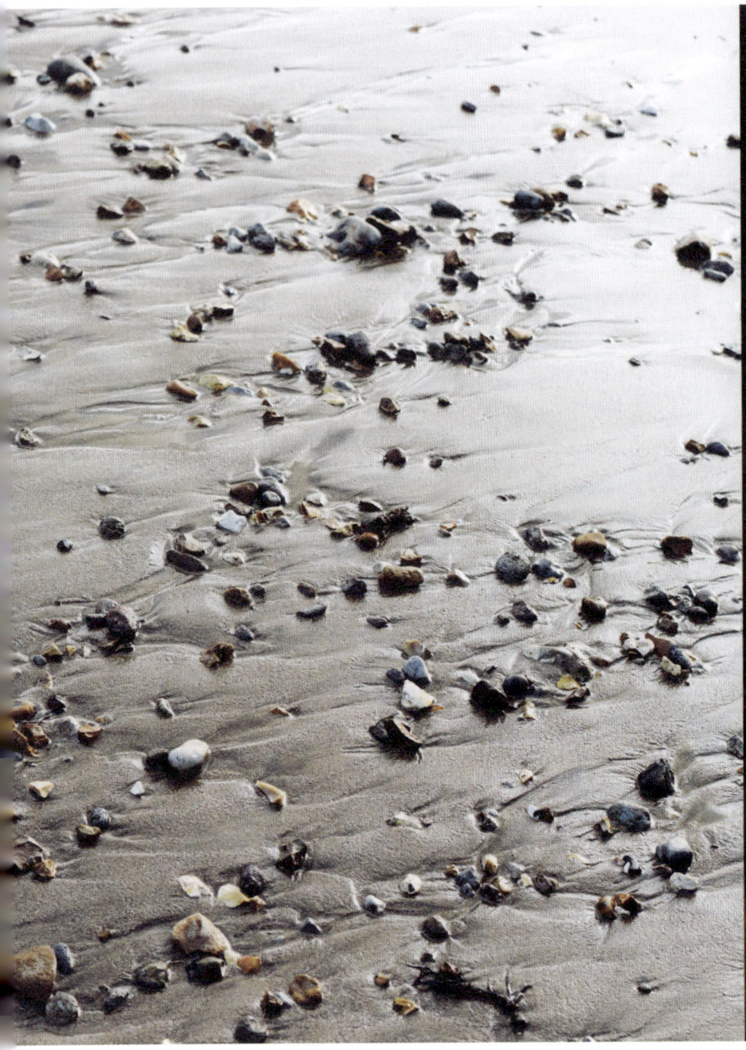
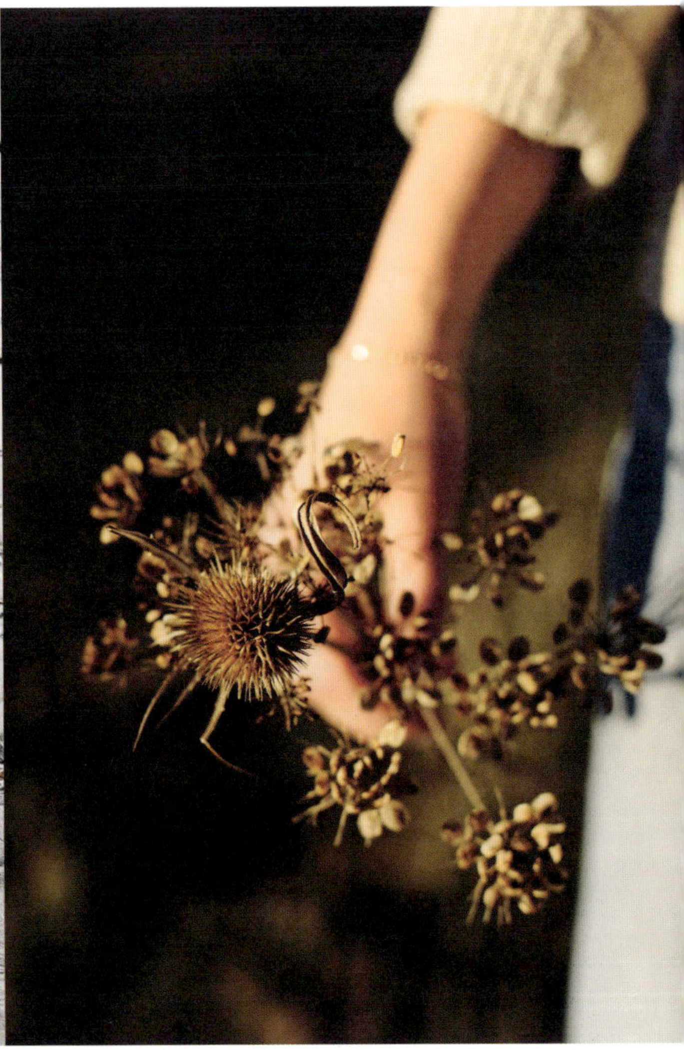

Fachbegriffe

Zum Weben gehören viele Fachausdrücke. Hier sind alle erklärt, die in diesem Buch verwendet werden.

ANSCHLAGEN: Bezieht sich auf das Herunterdrücken jeder Schussreihe mit dem Kamm, sodass sie lückenlos auf der vorhergehenden Reihe liegt.

AUFBÄUMEN: Bespannen des Webrahmens mit Kettfäden.

BOGENFÖRMIGER SCHUSS: Einlegen des Schussfadens beim Weben in Leinwandbindung in Bogen- oder Halbkreisform; dadurch beinhaltet der Schuss genügend zusätzlichen Faden, sodass das Gewebe sich nicht zusammenzieht (siehe „Einwebung").

EINWEBUNG/EINSPRUNG: Verschmälern der Gewebekanten durch das natürliche Zusammenziehen der Schussfäden beim Weben. Der quer verlaufende Schussfaden verläuft nicht gerade von einer Seite zur anderen, sondern legt sich um die Kettfäden. Übermäßige Einwebung (und die dadurch verzogene Form des Webstücks) entsteht dadurch, dass die Webkanten dabei zu stark nach innen gezogen werden.

FACH: Als Fach bezeichnet man den Zwischenraum zwischen den gehobenen und gesenkten Kettfäden, wenn ein Trennstab oder ein Wendekamm verwendet wird.

KETTDICHTE: Abstand zwischen den Schlitzen bzw. Nägeln oder Stiften des Rahmens. Dadurch wird der Abstand zwischen den einzelnen Kettfäden und folglich die Feinheit des Gewebes bestimmt.

KETTE: Jedes Gewebe besteht aus Kette und Schuss. Die Kette ist der Faden, der vertikal auf dem Webrahmen verläuft und das Gerüst des Gewebes bildet.

LEINWANDBINDUNG: Erstes und einfachstes Webmuster, das entsteht, wenn man abwechselnd über und unter den Kettfäden hindurchwebt, ohne einzelne Fäden zu übergehen.

SCHUSS: Als Schuss bezeichnet man den Faden, der zwischen den Kettfäden eingewebt wird, sodass Formen und Muster entstehen. Beim Weben werden diese beiden Fäden miteinander verkreuzt, sodass ein einheitliches Ganzes – das Gewebe – entsteht.

WEBKANTE: Die Kante des Gewebes, die beim Weben durch den Richtungswechsel des Schussfadens entsteht. Jedes Mal, wenn man eine neue Schussreihe beginnt oder einen Faden einwebt, bildet sich eine Schlinge um den ersten bzw. letzten Kettfaden. Es ist wichtig, dass diese Schlingen weder zu locker noch zu fest sind.

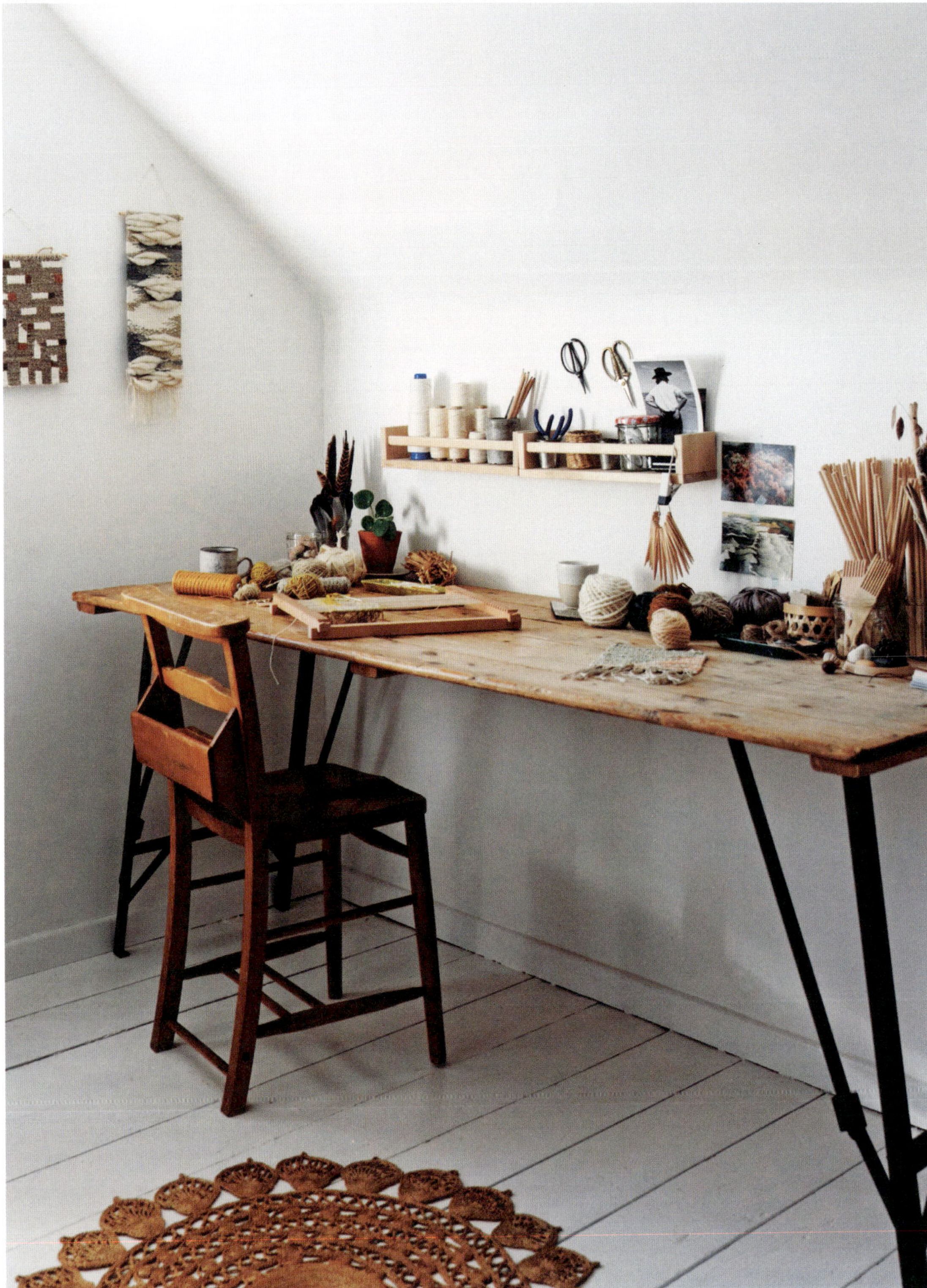

Bevor Sie beginnen

Bevor Sie zu weben beginnen, sollten Sie sich einen bequemen Sitzplatz suchen, an dem Sie Ihren Webrahmen so platzieren, dass Sie gut arbeiten können. Im Sitzen zu weben und den Webrahmen auf den Tisch zu legen ist eine gute Position für den Anfang, aber vielleicht empfinden Sie es später als bequemer, im Stehen zu weben oder zu sitzen und den Rahmen auf dem Schoß zu halten. Probieren Sie ein wenig herum, bis Sie Ihre optimale Arbeitshaltung gefunden haben.

Denken Sie daran, dass Sie das Gewebe am Ende vom Rahmen nehmen müssen und sich diesen Arbeitsschritt so einfach wie möglich machen sollten. Es gibt ein paar Dinge, die Sie dafür schon während des Webens beachten sollten, zum Beispiel nicht zu fest zu weben und die Enden der einzelnen Schussfäden einzuweben. Am besten lassen Sie auch am unteren Ende des Webrahmens 5-7,5 cm der Kettfäden frei, bevor Sie zu weben beginnen. Auf diese Weise haben Sie genügend Fadenlänge übrig, um die Kettfäden zu verknoten und so die Unterkante des Gewebes zu sichern. Manchmal schneide ich einen Streifen Karton in der gewünschten Breite zu, schiebe ihn am unteren Ende des Webrahmens zwischen den Kettfäden durch und beginne darüber zu weben. Mithilfe dieser Methode ist man gezwungen, einen sinnvollen Abstand zur Unterkante des Rahmens einzuhalten.

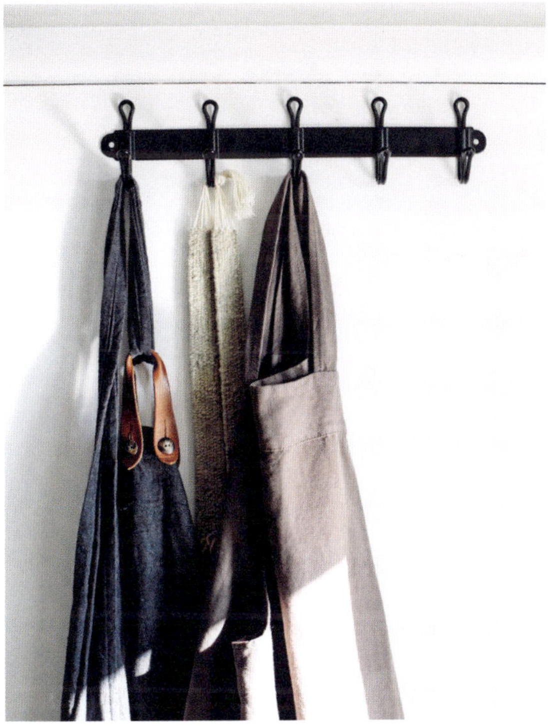

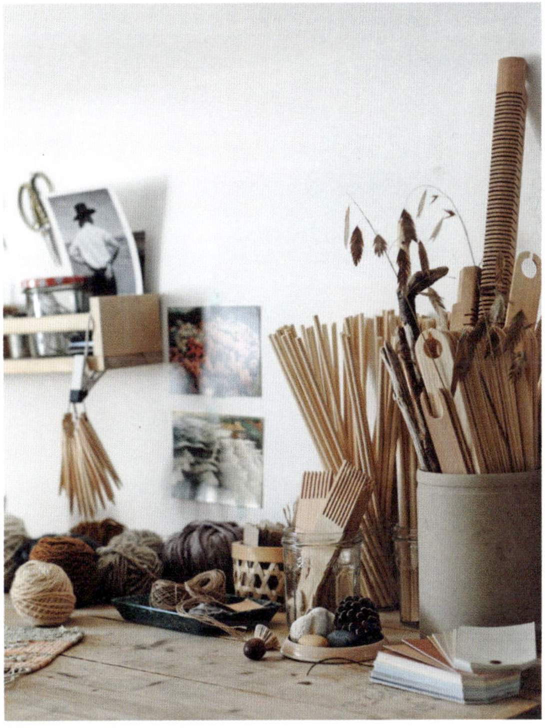

Einrichten des Webrahmens

Das Einrichten des Webrahmens ist der erste Schritt bei jedem Webprojekt. Die Kette bildet die Grundlage des Gewebes, deshalb lohnt es sich, ein wenig Zeit auf das sorgfältige Aufbäumen der Kette zu verwenden und so die korrekte Fadenspannung zu erzielen.

EINFACHE ODER DOPPELTE KETTE?

Auf einem einfachen Webrahmen haben Sie die Wahl zwischen einer einfachen und einer doppelten Kette. Bei der einfachen Kette hält jeder Nagel oder Steg des Rahmens nur einen Kettfaden. Bei einem Standard-Webrahmen haben die Kettfäden dadurch etwa einen Abstand von 1 cm zueinander. Bei der doppelten Kette hält jeder Nagel oder Steg zwei Kettfäden, sodass nur etwa 5 mm zwischen zwei Kettfäden liegen. Das bedeutet, dass ein Webrahmen mit doppelter Kette zweimal so viele Kettfäden enthält wie einer mit einfacher Kette. Eine doppelte Kette erlaubt es, kompliziertere, detailreichere Gewebe zu gestalten als eine einfache Kette. Doch weil die Zahl der Kettfäden doppelt so hoch ist, dauert es auch länger, das Gewebe zu vollenden. Heute verwende ich für meine Gewebe immer eine doppelte Kette, doch am Anfang bespannte ich meine Webrahmen häufig nur mit einer einfachen Kette.

Für jedes Projekt in diesem Buch ist angegeben, ob mit einfacher oder doppelter Kette gearbeitet wird und über wie viele Kettfäden gewebt wird.

EINFACHE KETTE

1. Halten Sie den Webrahmen so, dass die Leisten mit den Kerben (oder Stiften) oben und unten liegen. Sie können vorgeschnittene Kettfäden verwenden oder den Webrahmen direkt von einer Garnkone aus aufbäumen. Binden Sie ein Ende des Kettgarns mit einem Doppelknoten links unten um den Steg oder in der Kerbe um die Leiste des Rahmens, lassen Sie das Fadenende ein paar Zentimeter lang hängen.

2. Halten Sie den Faden straff, ziehen Sie ihn nach oben und legen Sie ihn um den linken oberen Steg bzw. in die entsprechende Kerbe. Dann den Faden wieder nach unten führen und um den nächsten Steg legen (neben jenem, mit dem Sie begonnen haben). Den Faden straff und gleichmäßig gespannt halten.

3. Weiter den Faden auf und ab um die Stege führen, bis Sie den rechten unteren Steg erreichen. Um jeden Steg liegt nun ein Faden.

4. Den Faden mit einem Doppelknoten rund um den rechten unteren Steg (oder um die Leiste des Rahmens) befestigen und bis auf ein kurzes Ende abschneiden. Die Breite Ihrer Kette bestimmt die Breite des fertigen Gewebes. Soll Ihr Webstück schmaler werden, bespannen Sie nur einen Teil des Rahmens.

Es empfiehlt sich, stets eine gerade Zahl von Kettfäden aufzuziehen, diese lassen sich beim Abnehmen des Gewebes vom Rahmen einfacher verknoten.

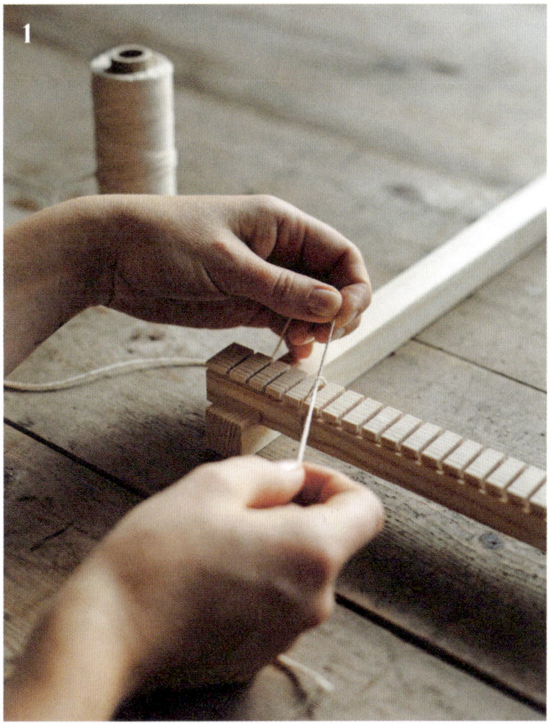
1

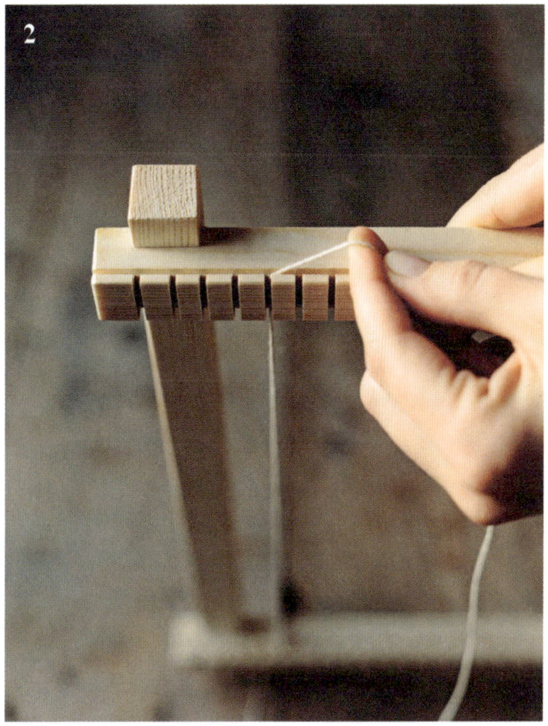
2

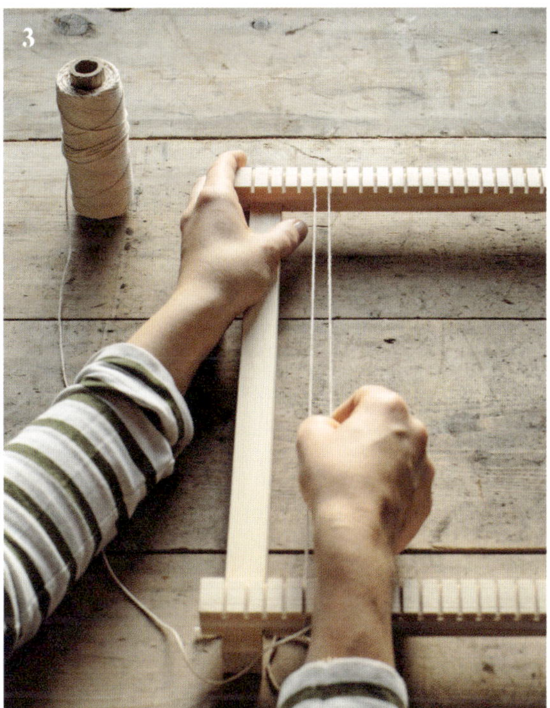
3

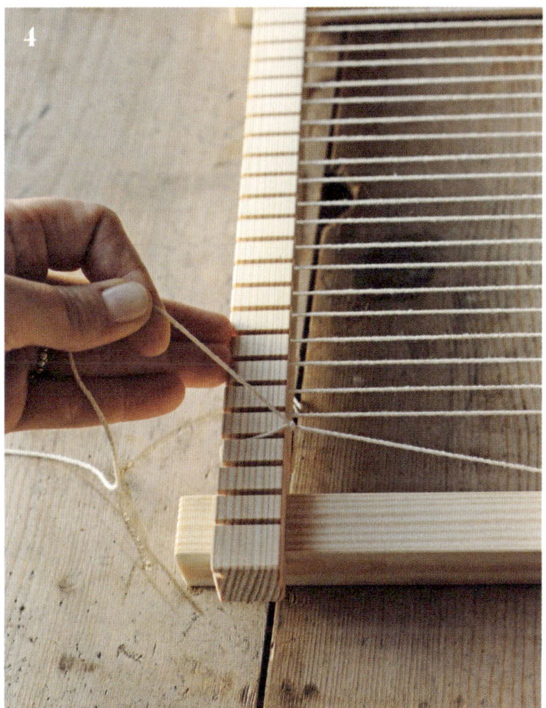
4

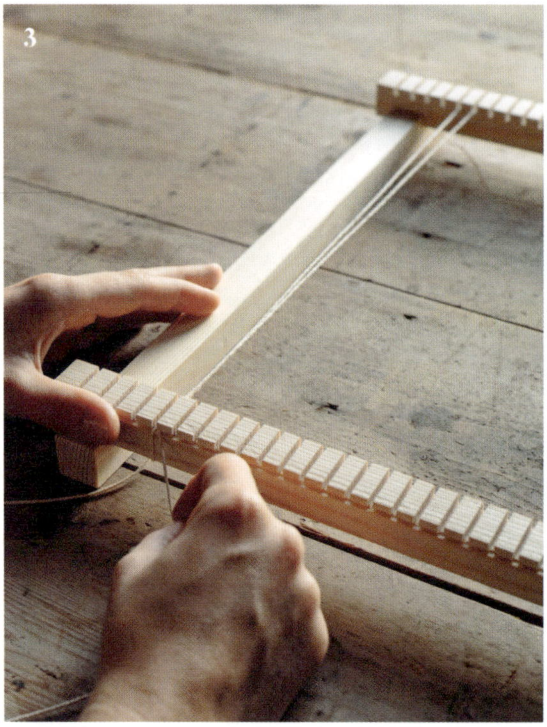

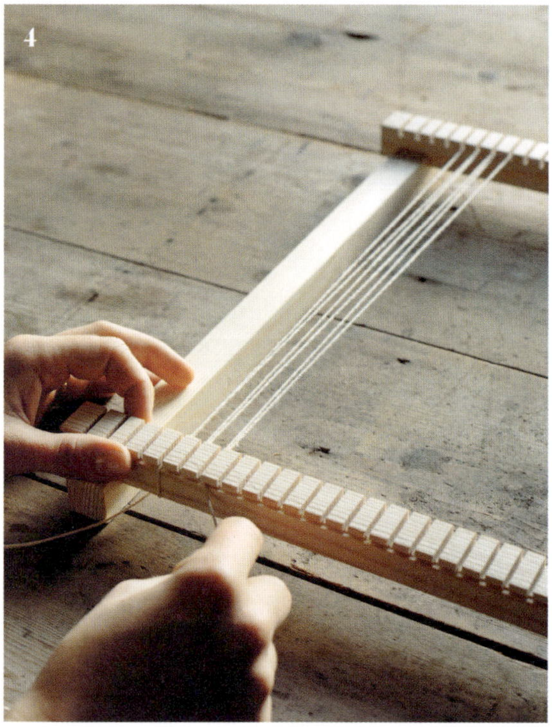

DOPPELTE KETTE

1. Halten Sie den Webrahmen so, dass die Leisten mit den Kerben oder Stiften oben und unten liegen. Sie können vorgeschnittene Kettfäden verwenden oder den Webrahmen direkt von einer Garnkone aus aufbäumen.

2. Binden Sie ein Ende des Kettgarns mit einem Doppelknoten um den linken unteren Steg des Rahmens, lassen Sie einige wenige Zentimeter langes Fadenende hängen.

3. Führen Sie den Faden straff gespannt nach oben um den linken oberen Steg und von dort aus wieder nach unten. Doch statt ihn um den nächsten Steg zu legen, führen Sie ihn um denselben Steg, mit dem Sie begonnen haben, sodass dieser nun mit zwei Fäden belegt ist.

4. Sie ziehen den Faden wieder zur oberen Leiste des Rahmens und führen ihn um den bereits belegten Steg. So fahren Sie fort und führen den Faden immer zweimal um jeden Steg. Sie können Ihre doppelte Kette überprüfen, indem Sie sich vergewissern, dass durch jede Lücke zwischen den Stegen des Webrahmens zwei Kettfäden verlaufen. Lediglich im ersten und letzten Zwischenraum liegt jeweils nur ein Faden.

5. Den Faden mit einem Doppelknoten am Steg rechts unten fixieren und bis auf ein kurzes Ende abschneiden.

6. Die Breite Ihrer Kette bestimmt die Breite des fertigen Gewebes. Soll Ihr Webstück schmaler werden, bespannen Sie nur einen Teil des Webrahmens.

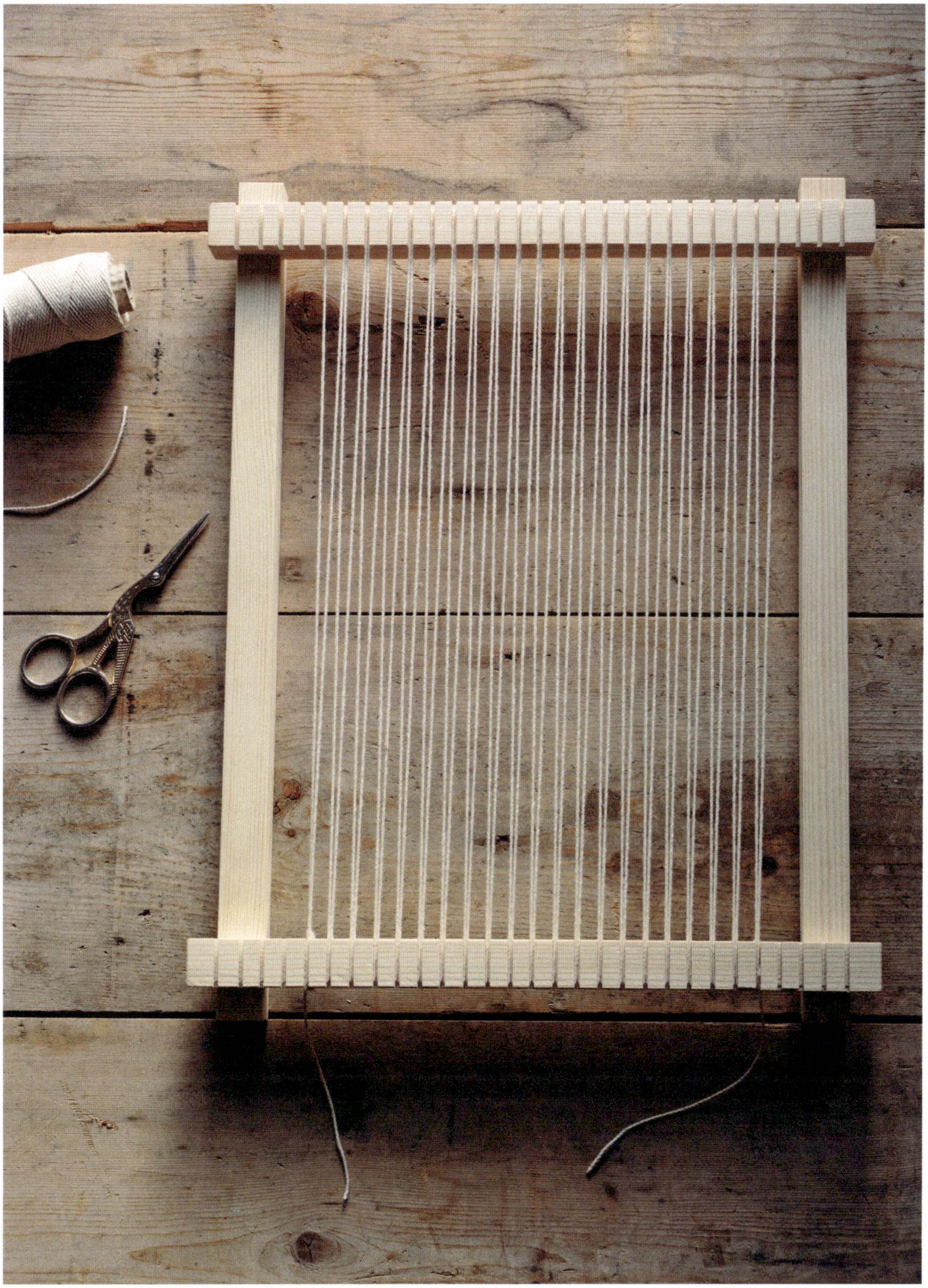

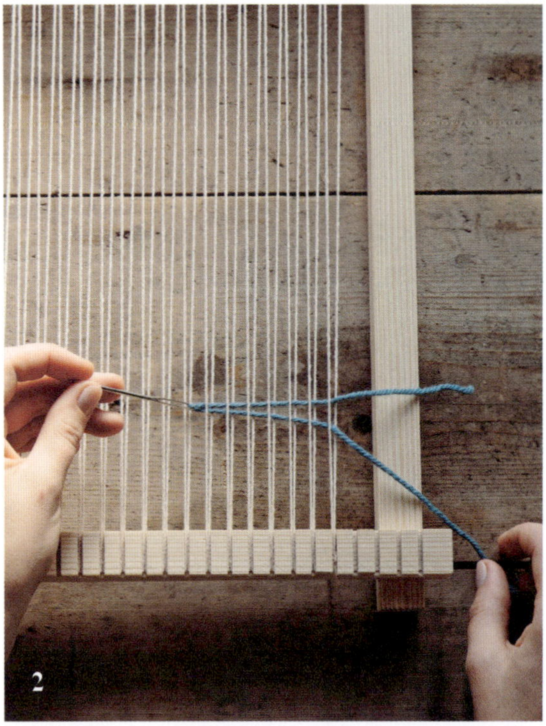
2

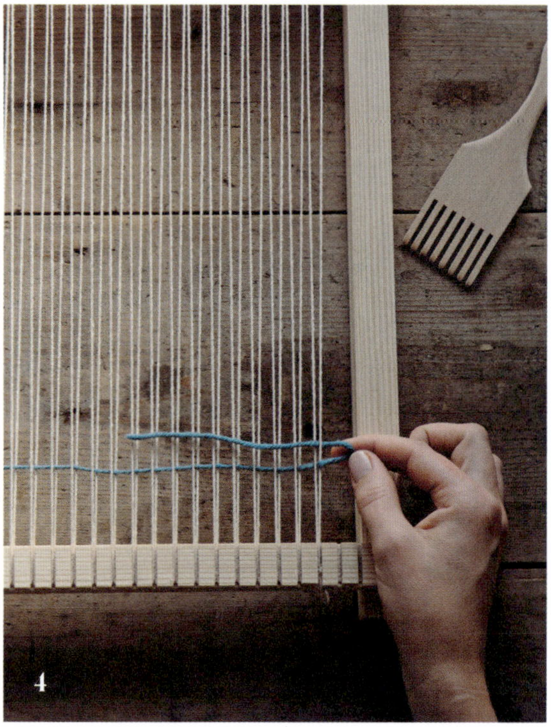
4

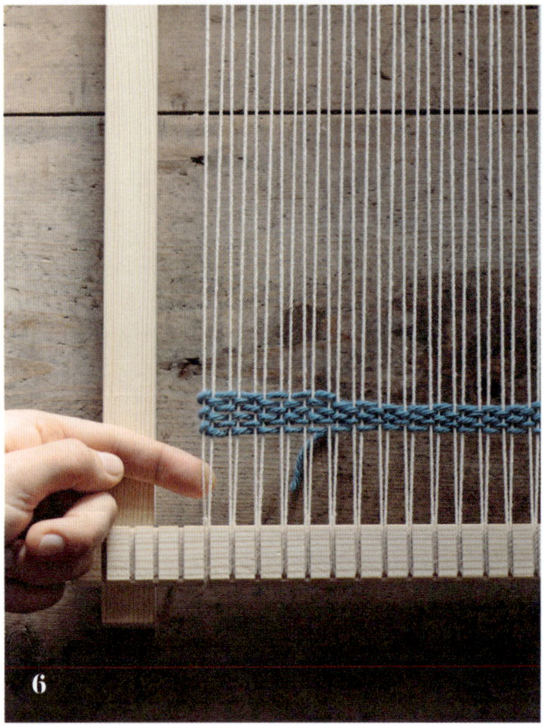
6

So wird gewebt

Dies sind die Grundtechniken, die Sie beherrschen müssen, um mit dem Weben zu beginnen. Am besten üben Sie erst einmal mit Garnresten.

LEINWANDBINDUNG

Die Leinwandbindung ist das gebräuchlichste Webmuster, das überdies am leichtesten zu erlernen ist. Man kann ein ganzes Gewebe nur in Leinwandbindung arbeiten, und wenn Sie zu weben beginnen, werden Sie bald feststellen, wie vielseitig diese Technik ist. Die folgenden Arbeitsschritte sind für die Arbeit mit einer Webnadel beschrieben. Wie Sie stattdessen mit einem Schiffchen arbeiten, lesen Sie auf Seite 38.

1. Als Erstes den Schussfaden in die Nadel einfädeln. Ich empfehle Ihnen, nicht mehr als 1 m Garn auf einmal zu verwenden, weil der Faden sich sonst leicht verknotet und schwer zu handhaben ist.

2. Lassen Sie zwischen der unteren Rahmenleiste und Ihrer ersten Schussreihe eine Lücke von 5-7,5 cm frei (siehe Abb. 2), um beim Abnehmen des Gewebes vom Rahmen genügend Kettfadenlänge zum Sichern des Webstücks zu haben.

3. Halten Sie das Ende der Nadel mit dem Faden dahinter fest und beginnen Sie im unteren Teil des Rahmens zu weben (entweder von rechts nach links oder umgekehrt, je nachdem, was Ihnen leichter fällt). Führen Sie die Nadel unter dem ersten Kettfaden hindurch, über den zweiten hinweg, unter dem dritten hindurch, über den vierten hinweg und so weiter, bis Sie die andere Seite des Rahmens erreichen.

4. Ziehen Sie den Faden hinter der Nadel durch, bis auf der Seite, an der Sie begonnen haben, nur noch ein etwa 5 cm langes Fadenende vor dem ersten Kettfaden hängt. Damit haben Sie Ihre erste Schussreihe vollendet.

5. Für die zweite Schussreihe weben Sie in der Gegenrichtung über der ersten Reihe. Diesmal führen Sie die Nadel über die Kettfäden, unter denen Sie zuvor hindurchgegangen sind, und unter denen hindurch, die sie zuvor oben übergangen haben, also immer entgegengesetzt zur ersten Reihe.

6. Wenn Sie den Faden für die zweite Reihe durchziehen, straffen Sie ihn nicht zu stark, sonst zieht sich das Gewebe seitlich zusammen. Lassen Sie ihn aber auch nicht zu locker, weil sonst die Webkanten lose wirken. Der Schussfaden sollte die äußeren Kettfäden gerade berühren.

7. Auf diese Weise weiterweben (darüber, darunter, darüber, darunter) und die Schussrichtung bei jeder Reihe wechseln.

8. Nach einigen Reihen schieben Sie die Schussfäden mithilfe des Kamms nach unten, sodass sie dicht übereinanderliegen und die Kettfäden dazwischen verschwinden.

FADENENDEN EINWEBEN

Jedes Mal, wenn Sie eine neue Reihe mit einem neuen Fadenstück beginnen, bleibt ein Fadenende an einer Seite des Gewebes hängen. Um zu verhindern, dass diese Enden seitlich am fertigen Webstück baumeln, müssen Sie sie nach und nach einweben. Alternativ können Sie die Fadenenden einweben, wenn Sie mit dem Weben fertig sind, aber das ist viel zeitraubender und kniffliger.

Um ein Fadenende einzuweben, legen Sie es um den Kettfaden und weben es oberhalb der bereits vorhandenen Reihe über und unter etwa fünf Kettfäden in Gegenrichtung zur existierenden Reihe ein. Den Rest des Fadens lassen Sie auf der Rückseite des Gewebes hängen. Machen Sie es sich möglichst zur Gewohnheit, jedes Fadenende zu verweben, bevor Sie mit der nächsten vollständigen Reihe beginnen. Die nächste Reihe liegt dann über dem eingewebten Fadenende, sodass es nicht auffällt.

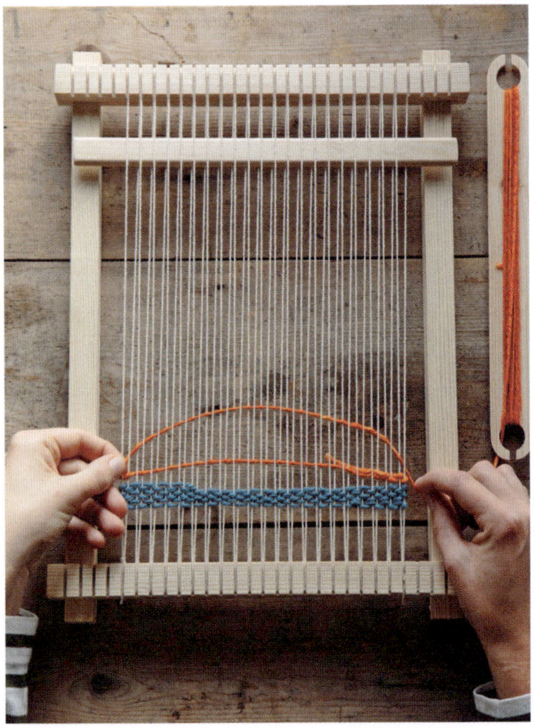

WEBEN MIT TRENNSTAB

Ein Trennstab ist ein flaches Werkzeug, das den Zwischenraum (das „Fach") zwischen den Kettfäden offen hält, sodass sich das Schiffchen oder die Nadel hindurchschieben lässt. Das erleichtert und beschleunigt das Weben in Leinwandbindung, weil man die Nadel oder das Schiffchen in einer glatten Bewegung hindurchführen kann, statt mühsam über und unter den Kettfäden weben zu müssen. Allerdings funktioniert das nur in einer Richtung.

Ein Wendekamm ähnelt in der Funktion dem Trennstab. Die geschlitzte Leiste kann vor dem Aufbäumen am Webrahmen angebracht und beim Weben vor- und zurückgekippt werden, sodass sich das Fach in beide Richtungen öffnet.

SO VERWENDEN SIE DEN TRENNSTAB:

1. Etwa 10 cm oberhalb der Stelle, an der Sie weben wollen, den Trennstab wie beim Weben in Leinwandbindung flach zwischen den Kettfäden hindurchführen (darüber, darunter usw.).

2. Den Trennstab auf die Seite drehen, sodass er hochkant steht und sich ein Zwischenraum zwischen den abwechselnden Kettfäden bildet, das sogenannte Fach.

3. Sie können nun die Nadel oder das Schiffchen durch das Fach zur anderen Seite des Rahmens schieben.

4. Für die nächste Reihe in Leinwandbindung den Trennstab wieder drehen, sodass er flach liegt, und über, unter, über, unter den Kettfäden entgegengesetzt zur Vorreihe bis zur anderen Seite des Rahmens weben.

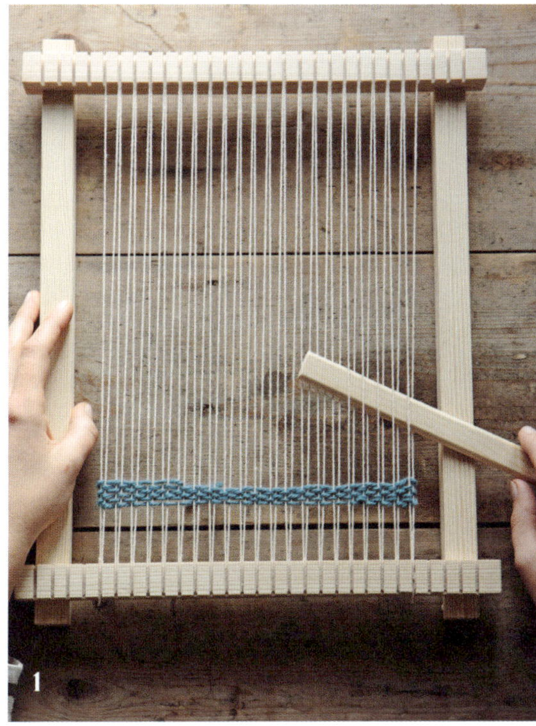

1

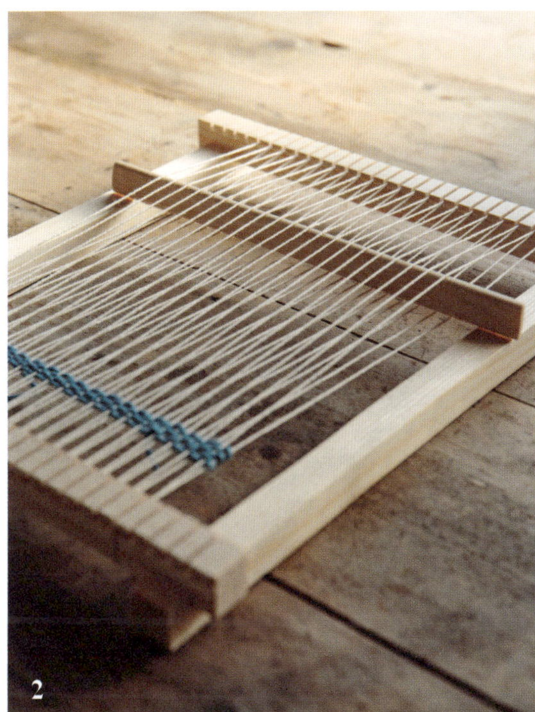

2

WEBEN MIT DEM SCHIFFCHEN

Mithilfe eines Schiffchens lassen sich große Flächen in Leinwandbindung viel schneller weben als mit der Nadel. Auf ein Schiffchen lässt sich viel Schussfaden aufwickeln, mit dem sich dann ein entsprechend umfangreiches Stück weben lässt. Andererseits hat man mit dem Schiffchen weniger Kontrolle als beim Weben mit der Nadel; deshalb eignet es sich nicht so gut für kleinere Formen.

1. Um Garn auf das Schiffchen aufzuwickeln, das Fadenende in der Mitte des flachen Schiffchenteils festhalten und den Faden durch das Loch oder den Schlitz am oberen Ende des Schiffchens führen. Dann den Faden zur anderen Seite des Schiffchens ziehen und dort durch den Schlitz oder das Loch am unteren Ende führen.

2. Weiter den Faden auf und ab um das Schiffchen wickeln, bis genug Faden darauf liegt. Das Fadenende zum Weben hängen lassen.

3. Wenn das Schiffchen mit Garn gefüllt ist, den Trennstab zwischen den Kettfäden hindurchführen (siehe Seite 37). Den Trennstab auf die Seite drehen, sodass sich das Fach zwischen den Kettfäden öffnet.

4. Nun können Sie das gefüllte Schiffchen in einer einzigen Bewegung durch das Fach schieben, um eine Schussreihe zu arbeiten. Achten Sie darauf, das Ende des Schussfadens an einer Seite der Kette hängen zu lassen und wie gewohnt einzuweben. Um die nächste Reihe zu weben, drehen Sie den Trennstab wieder in die flache Position, um das Fach zu schließen, und weben nun mit dem Schiffchen wie mit einer Nadel in Gegenrichtung über und unter den Kettfäden.

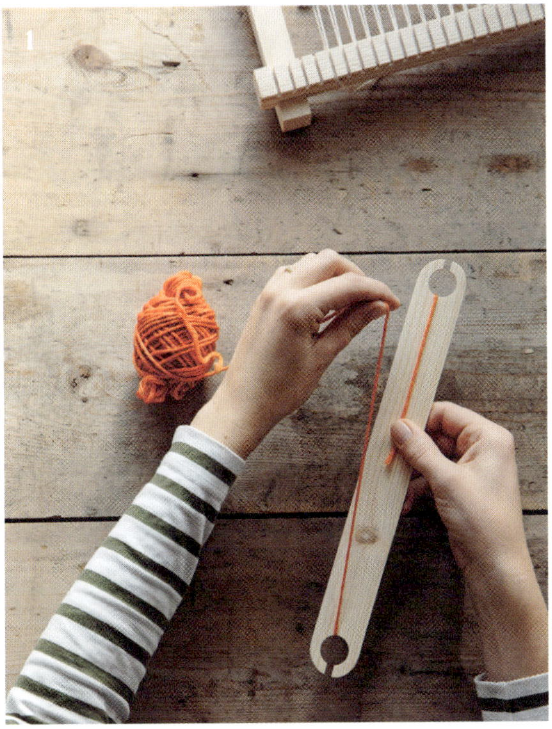
1

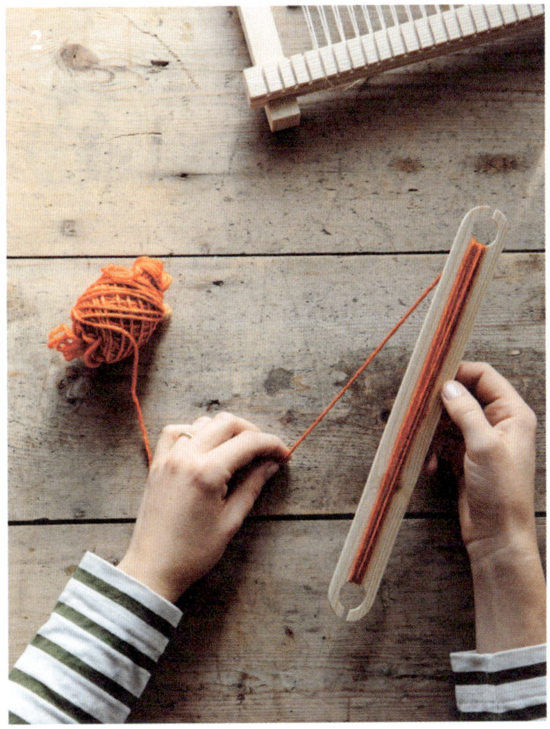
2

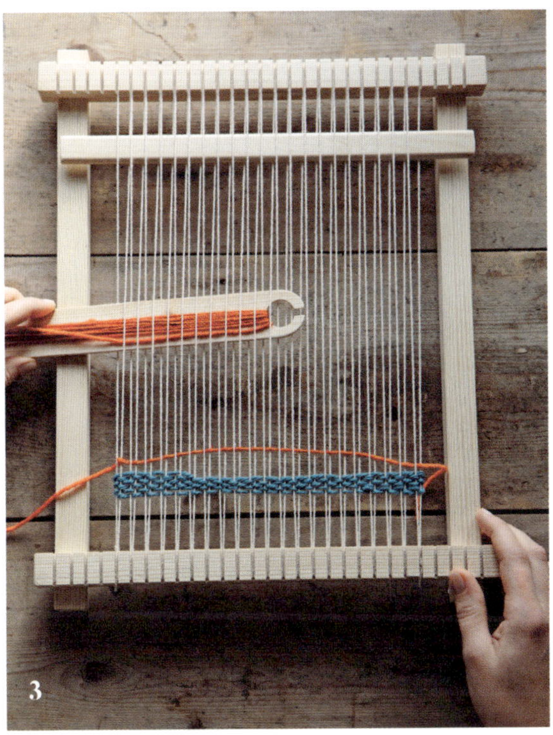
3

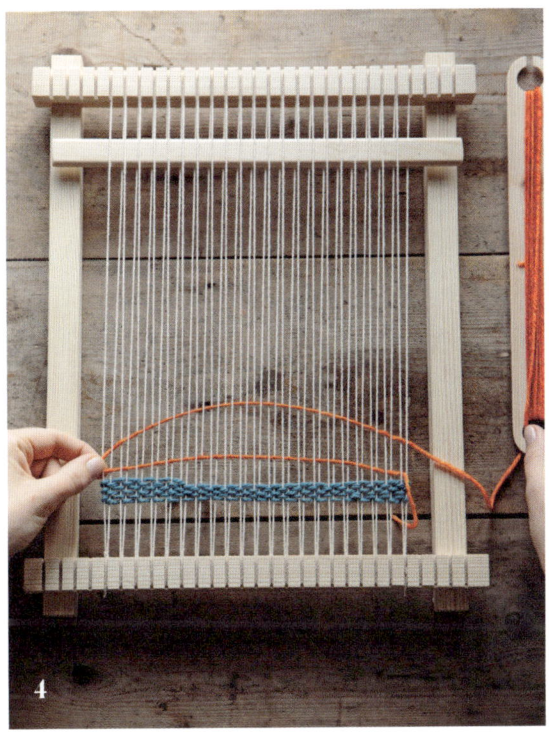
4

FADEN INNERHALB DER REIHE ANSETZEN

Es ist ganz einfach, einen neuen Faden anzusetzen, wenn der Schussfaden innerhalb einer Reihe ausgeht oder die Garnfarbe gewechselt werden soll.

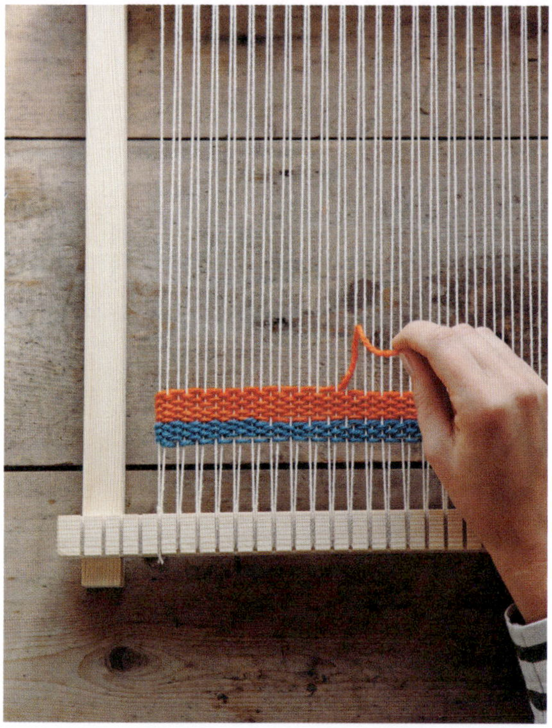

1. Den neuen Faden in die Nadel einfädeln. Das Fadenende auf der Rückseite des Gewebes hängen lassen. Die Nadel mit dem Faden an der Stelle, an der Sie den alten Faden beendet haben, nach oben ausstechen und mit dem Kettfaden verkreuzen. Mit dem neuen Faden in derselben Richtung wie zuvor mit dem alten weiterweben.

2. Die beiden Enden des alten und des neuen Fadens auf der Rückseite des Gewebes miteinander verknoten, um sie zu sichern.

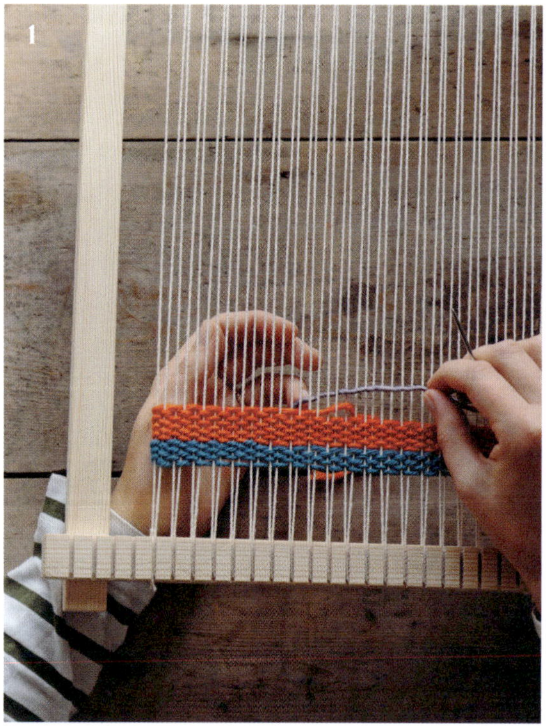

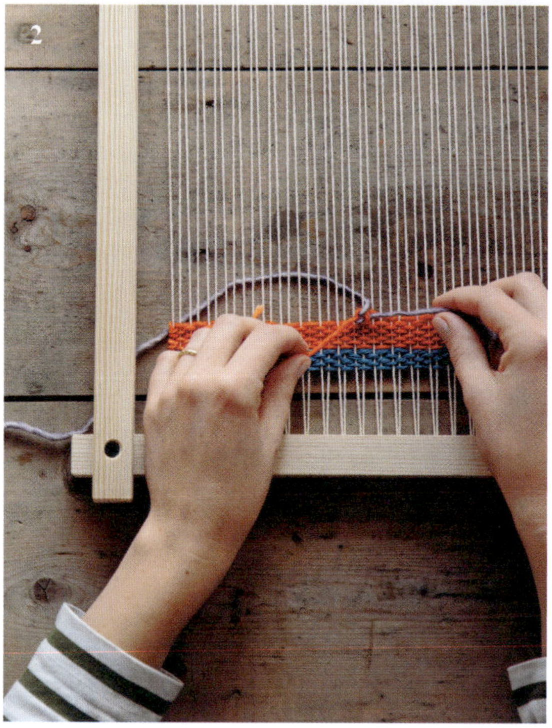

Die richtige Fadenspannung

Die richtige Fadenspannung beim Weben einzuhalten gehört am Anfang zu den schwierigsten Aufgaben. Ziel ist es, ein Gewebe mit geraden Seitenkanten und durchweg gleichmäßigem Webbild zu erreichen. Das erfordert ein bisschen Übung und gelingt mit der Zeit, aber zwei Dinge können Sie beim Weben beachten, damit Ihr Werk sauber und gerade gelingt.

Aus irgendeinem Grund ziehen wir beim Weben den Schussfaden beim Wechsel von einer Reihe zur nächsten fest an und erzeugen so unbeabsichtigt eine übermäßige Spannung im Gewebe und einen extremen Einsprung. Auch am Beginn einer neuen Reihe oder beim Einweben von Fadenenden sind wir versucht, zu stark anzuziehen, sodass die Webkanten zu straff werden und den Rand des Gewebes verformen. Um ein Gewebe mit gleichmäßiger Struktur und geraden Kanten zu erzielen, ist es wichtig, sich dieser Neigung bewusst zu sein und ihr bewusst entgegenzuwirken.

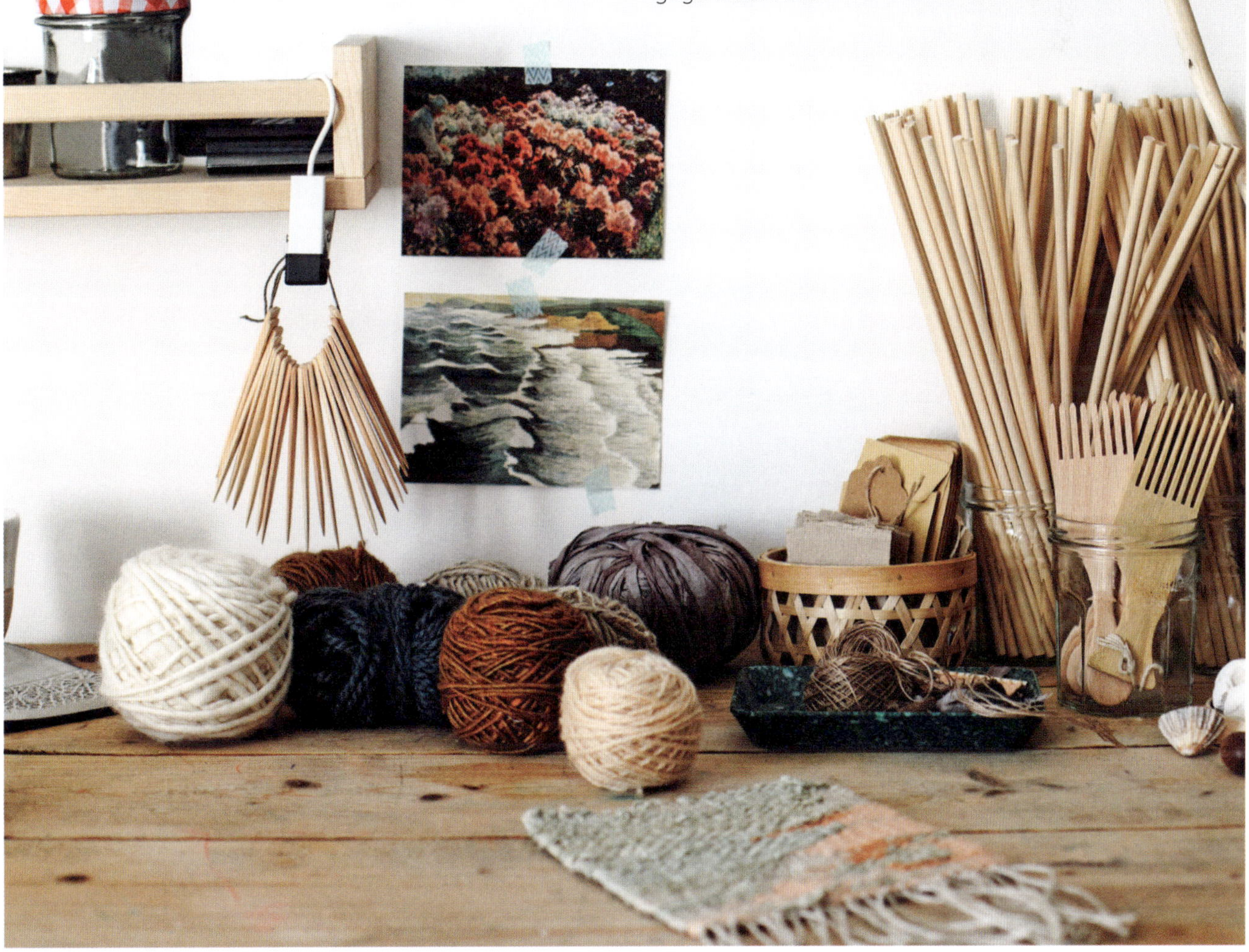

BOGENFÖRMIGER SCHUSS

Wenn man beim Weben in Leinwandbindung den Schussfaden bogenförmig einlegt, kann man verhindern, dass das Gewebe zu straff und dicht wird. Im Grunde handelt es sich dabei um eine Möglichkeit, sowohl dem natürlichen Einsprung des Schussfadens als auch der Neigung, den Faden beim Weben zu stark anzuziehen, entgegenzuwirken.

1. Um den Schussfaden in einem Bogen einzulegen, den Faden mit den Fingern in der Mitte leicht nach oben schieben, sodass eine flache Bogenform entsteht.

2. Dann mit der Seitenkante des Kamms den Bogen abschnittweise nach unten drücken, sodass sich mehrere kleinere Bogen bilden.

3. Den Kamm drehen, den Faden mit den Zinken auf der darunterliegenden Reihe anschlagen.

ACHTEN SIE AUF DIE WEBKANTEN!

Wenn Sie ein Fadenende einweben oder eine Reihe beginnen, legt sich der Schussfaden als Schlinge um den ersten oder letzten Kettfaden auf dem Rahmen. Es ist wichtig, dass die kleinen Schlingen der Webkante weder zu locker noch zu fest ausfallen. Sind sie zu locker, besteht die Kante des Webstücks später aus lauter ausgeleierten Schlaufen. Sind sie zu fest, ziehen sich die Ränder nach innen und Ihr Gewebe bekommt eine Sanduhrform. Achten Sie deshalb beim Weben auf die Webkanten und darauf, dass jede der kleinen Schlingen sich genau um den Kettfaden legt und weder zu locker noch zu fest angezogen ist.

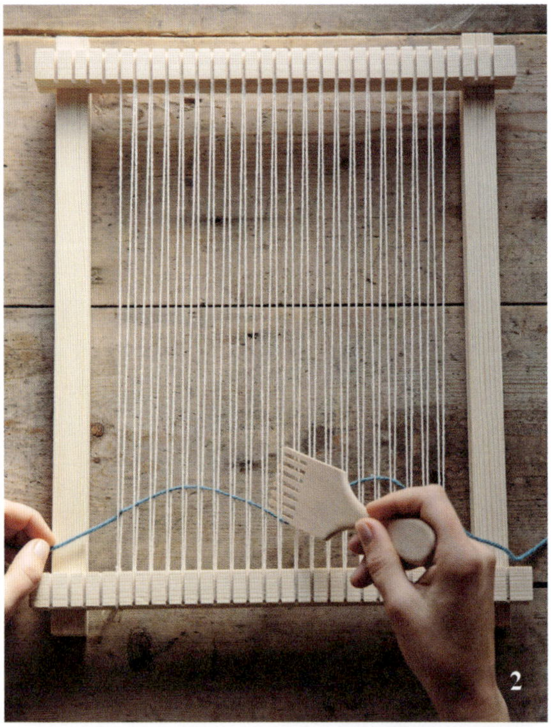

2

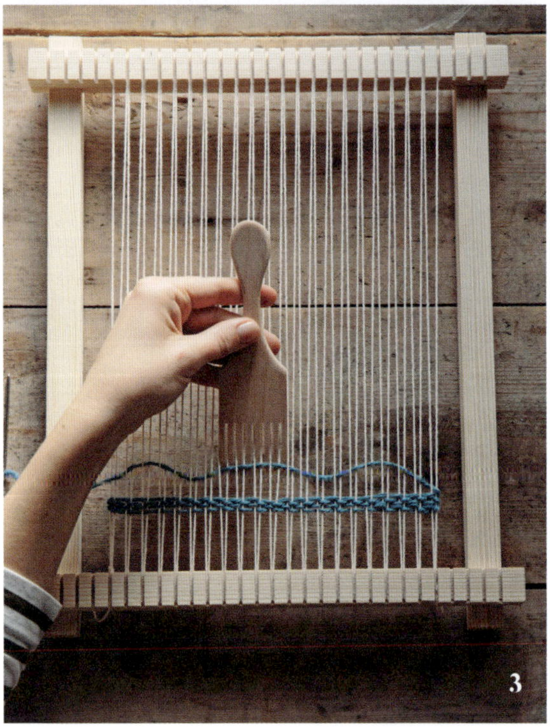

3

Struktur gestalten

Ein Gewebe kann entweder durch die Wahl des Garns oder durch Knoten, Schlingen oder andere Techniken eine plastische Struktur bekommen.

1. LEINWANDBINDUNG
2. SUMAKTECHNIK
3. FREIE SCHLINGEN
4. FRANSEN/RYA-KNOTEN (GESCHOREN)
5. FRANSEN/RYA-KNOTEN
6. DOPPELTE SUMAKTECHNIK

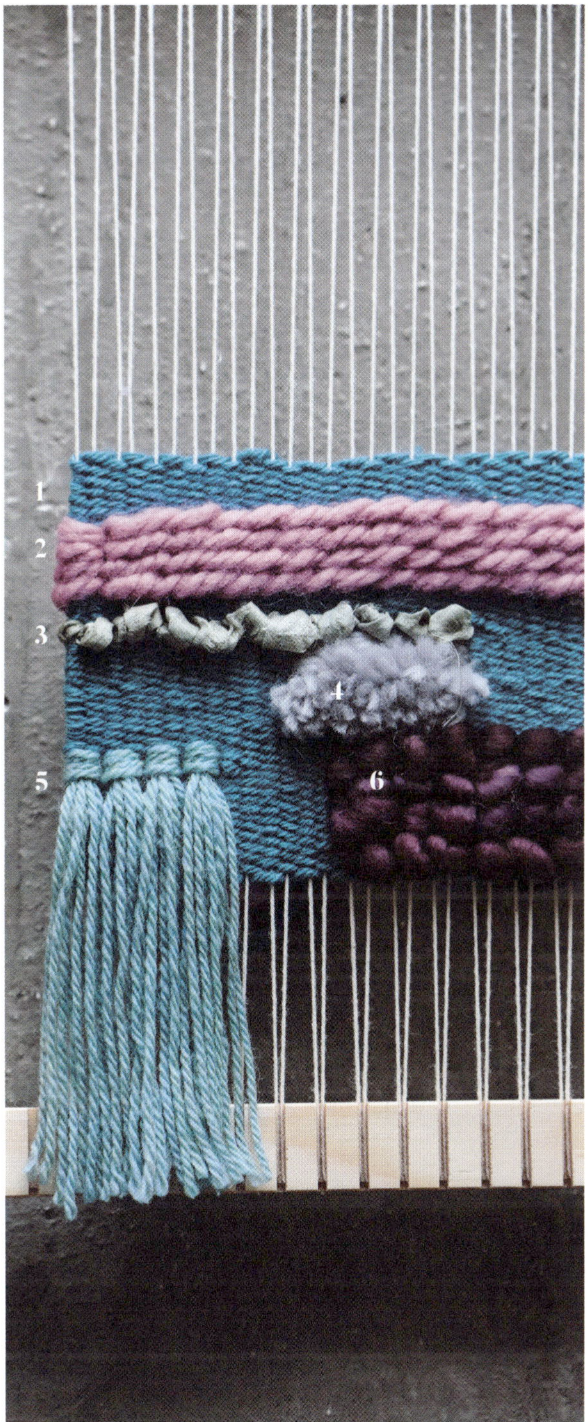

RYA-KNOTEN

Durch Fransen, die mithilfe von Rya-Knoten eingeknüpft werden, können Sie auf einfache Weise Strukturen erzeugen. Viele Webarbeiten zeigen dieses Muster an der Unterkante, aber die Fransen können auch an jeder anderen Stelle des Gewebes eingearbeitet und lang hängen gelassen oder nach Belieben kurz zurückgeschnitten werden. Wenn Sie Rya-Knoten in Ihre Webarbeit integrieren wollen, empfiehlt es sich, sie mit zwei oder drei Reihen in Leinwandbindung darüber und darunter zu verankern.

Für lange, wallende Fransen rate ich zu einem dünneren Garn, das weich fällt. Wenn Sie die Fransen kurz schneiden wollen, greifen Sie besser zu einem dickeren, schwereren Garn.

1. Entscheiden Sie zunächst, wie lang Ihre Fransen werden sollen. Dann schneiden Sie Fadenstücke zu, die etwas mehr als doppelt so lang sein sollten.

2. Fassen Sie die Fadenstücke zu einem Bündel zusammen, das Sie mittig falten. Die Mitte des Fadenbündels platzieren Sie über zwei Kettfäden.

3. Ergreifen Sie die linke Seite des Fadenbündels und legen Sie es unter den linken Faden des Kettfadenpaares und um diesen Faden herum. Anschließend verfahren Sie mit der rechten Seite des Bündels genauso und führen es erst unter den rechten der beiden Kettfäden und dann um diesen Faden herum.

4. Halten Sie beide Enden des Fadenbündels fest und ziehen Sie vorsichtig daran, sodass sich ein Knoten bildet. Schieben Sie den Knoten auf den Kettfäden an die gewünschte Stelle. Dann schneiden Sie die Fäden auf die gewünschte Länge zurück.

5. Wenn Sie einen weiteren Knoten direkt neben dem vorhergehenden arbeiten wollen, wiederholen Sie die Schritte 1-4 beim danebenliegenden Kettfadenpaar.

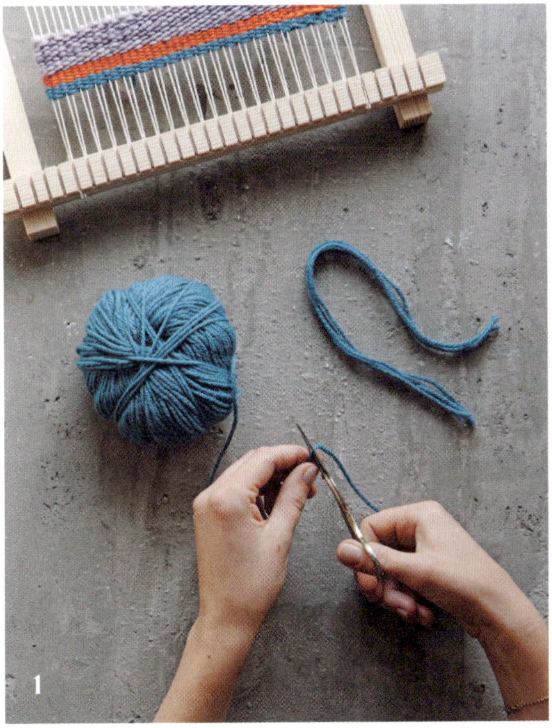
1

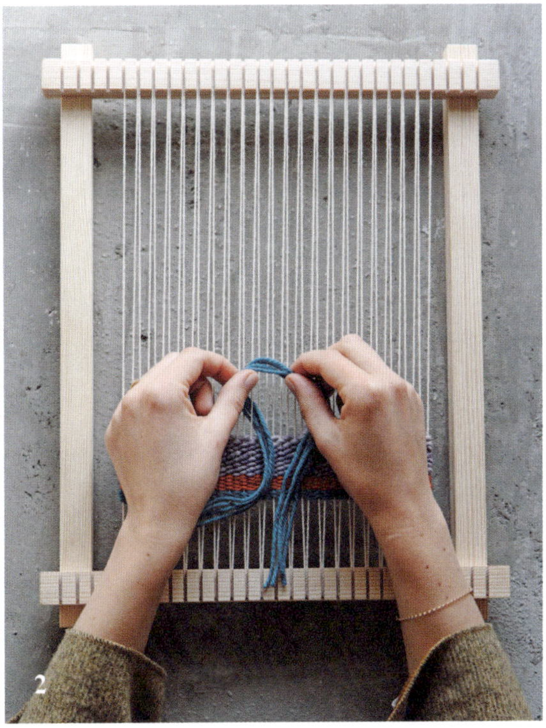
2

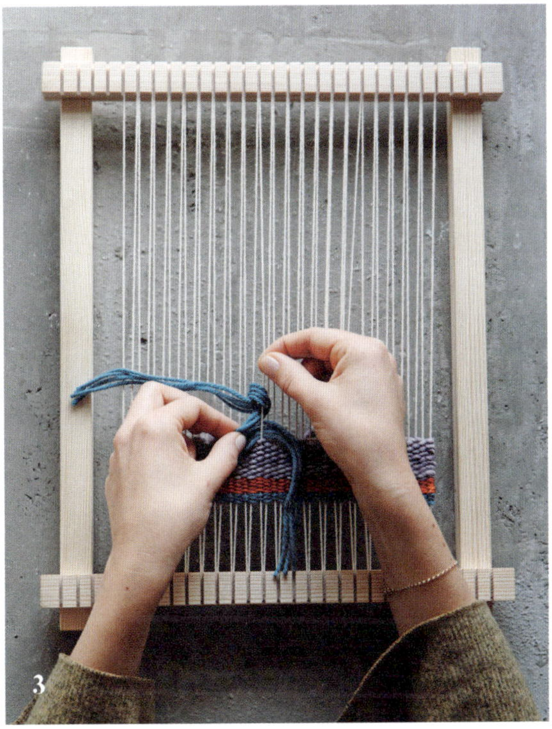
3

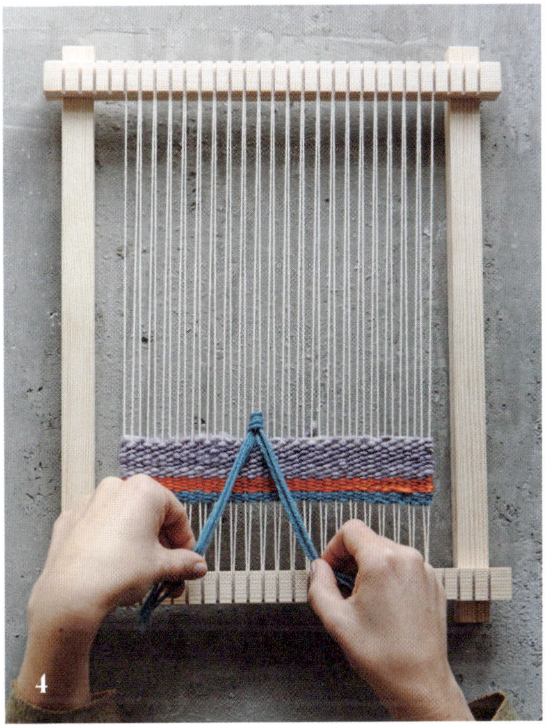
4

SCHLINGEN

Schlingen sind leicht zu arbeiten, denn es handelt sich nur um eine Variante der Leinwandbindung. Am besten wirken Schlingen aus voluminösem Garn, Garn mit festerem Griff, Stoffstreifen oder Bändern aus recycelten Saris. Sie lassen sich mit den Fingern formen oder – für eine gleichmäßige Optik – mithilfe eines Rundholzstabs oder einer Stricknadel.

FREI GEFORMTE SCHLINGEN

1. Weben Sie zunächst eine Reihe in Leinwandbindung (siehe Seite 35) und achten Sie darauf, dass am Ende der Reihe viel überschüssiges Garn übrig bleibt.

2. Dort, wo der Schussfaden über die Kettfäden läuft, erfassen Sie ihn mit den Fingerspitzen und ziehen ihn leicht nach oben, sodass eine Schlinge über dem Kettfaden entsteht. Wie groß oder klein die Schlinge werden soll, bleibt Ihnen überlassen.

3. Arbeiten Sie eine weitere Schussreihe in Leinwandbindung oberhalb der Schlingen, um sie zu sichern. Schlagen Sie beide Reihen mit dem Kamm an.

4. Für stark strukturierte Flächen kombiniere ich manchmal Schlingen und lockere „Knoten“, die nichts anderes sind als Schlingen, die rund um den Kettfaden gewickelt werden, sodass sie sich selbst verankern. Das empfiehlt sich vor allem für kleine Schlingenflächen, weil die Schlingen nicht anschließend durch Reihen in Leinwandbindung befestigt werden müssen. Ich finde es einfacher, Schlingen mit dem Finger statt mit einer Nadel zu formen und mich nur vom Garn leiten zu lassen. Nachfolgend bezeichne ich dieses Verfahren als „freie Schlingentechnik“.

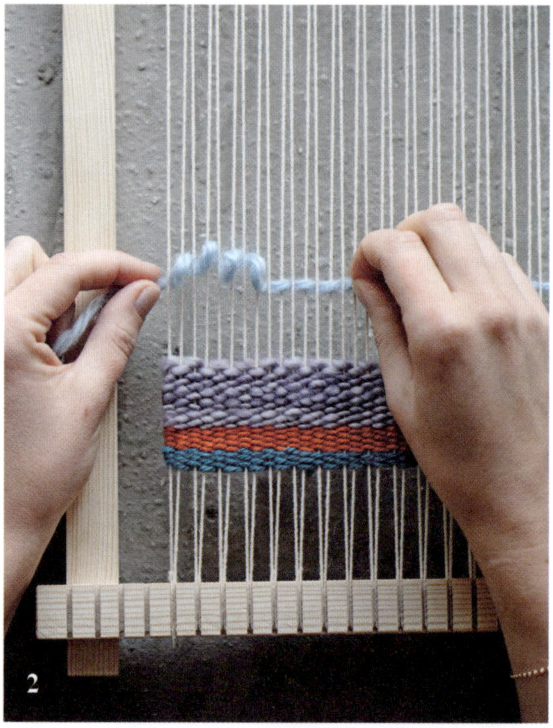

2

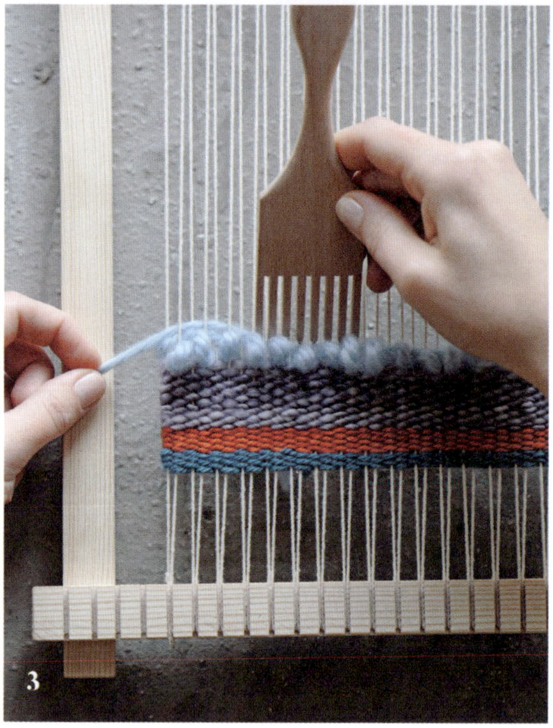

3

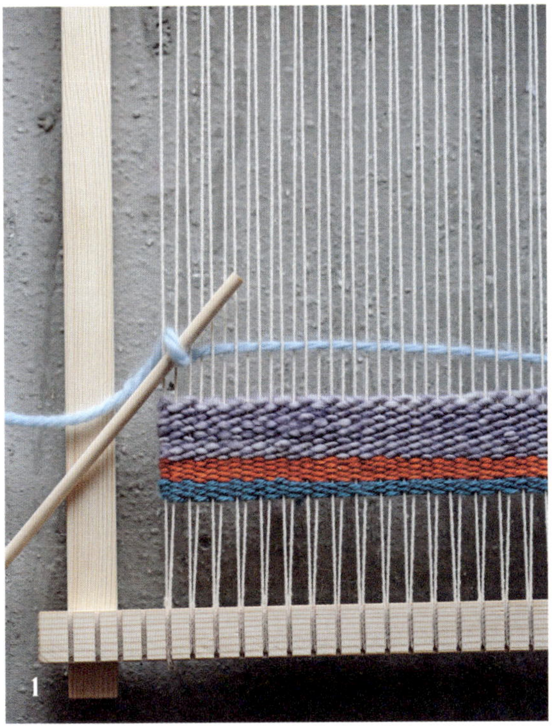

1

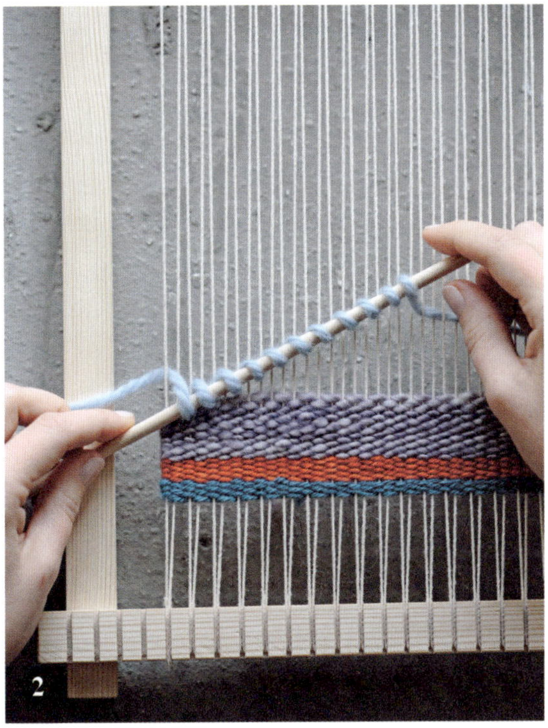

2

GLEICHMÄSSIGE SCHLINGEN

1. Für einheitlichere Schlingen schieben Sie eine Stricknadel oder einen Rundholzstab dort unter den Schussfaden, wo er den Kettfaden kreuzt; dabei helfen Ihre Finger ein wenig nach. Bei der nächsten Kreuzung zwischen Schuss- und Kettfaden den Stab wieder unter den Schussfaden schieben.

2. Auf diese Weise mit dem Stab oder der Stricknadel weiter bis zum Ende der Reihe verfahren.

3. Am Reihenende Stab oder Stricknadel an Ort und Stelle lassen und darüber eine Reihe in Leinwandbindung weben, um die Schlingen zu fixieren. Dann ziehen Sie den Stab heraus und erhalten eine Reihe perfekter Schlingen.

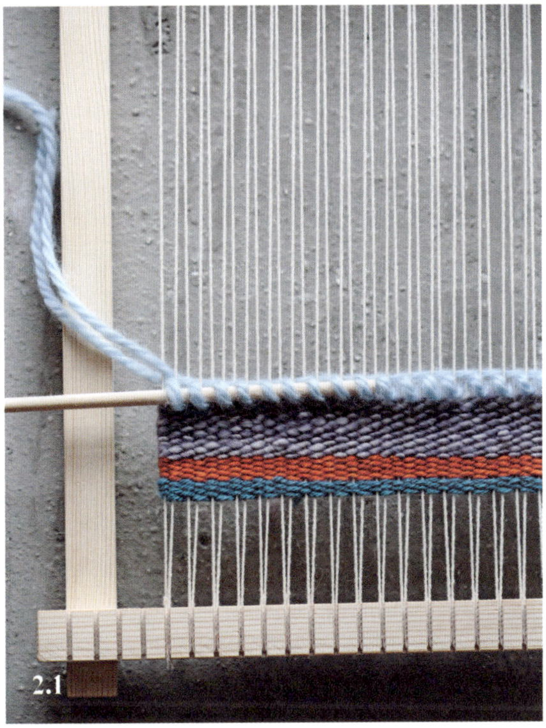

2.1

SUMAKTECHNIK

Die Sumaktechnik ergibt ein schräges Webmuster, das ein wenig an Strickmaschen erinnert. Es bildet eine reliefartig erhabene Struktur auf dem Gewebe. Es lassen sich einfache oder doppelte Sumakreihen arbeiten.

EINFACHE SUMAKREIHE

1. Einen Faden in der dreifachen Länge der vorgesehenen Webstrecke abschneiden.

2. An der linken Seite des Webrahmens beginnen. Das Ende des Fadens über die ersten beiden Kettfäden legen und auf der Rückseite hängen lassen. Das Fadenende führt also zwischen dem zweiten und dritten Kettfaden nach hinten. Nun das lange Fadenstück unter den ersten beiden Kettfäden hindurchführen und in der Lücke zwischen dem zweiten und dritten Kettfaden nach vorne holen.

3. Den Faden über die nächsten zwei Kettfäden legen, dann unter ihnen hindurch nach links und wieder nach oben führen. Dabei entsteht der erste Sumakknoten.

4. Schritt 3 wiederholen, dabei den Faden über die nächsten beiden Kettfäden nach rechts und unter ihnen wieder nach links führen.

5. Auf diese Weise so weit wie gewünscht fortfahren.

6. Um eine Sumakreihe an der rechten Kante des Webrahmens zu beginnen, den oben beschriebenen Vorgang gegengleich ausführen.

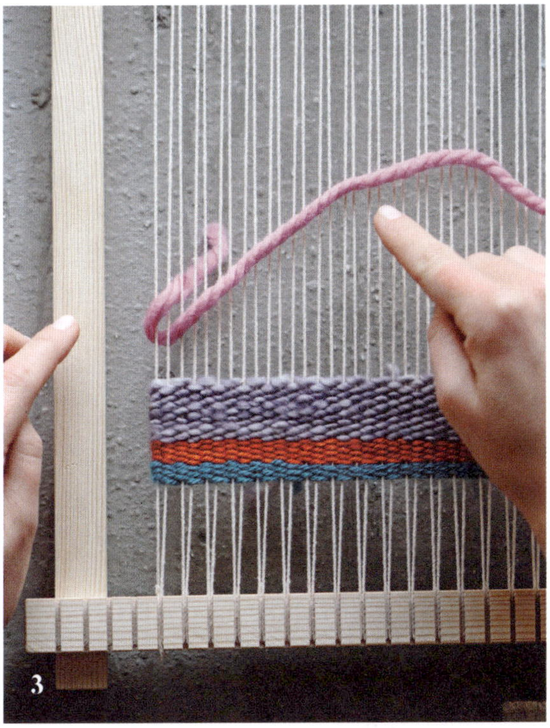
3

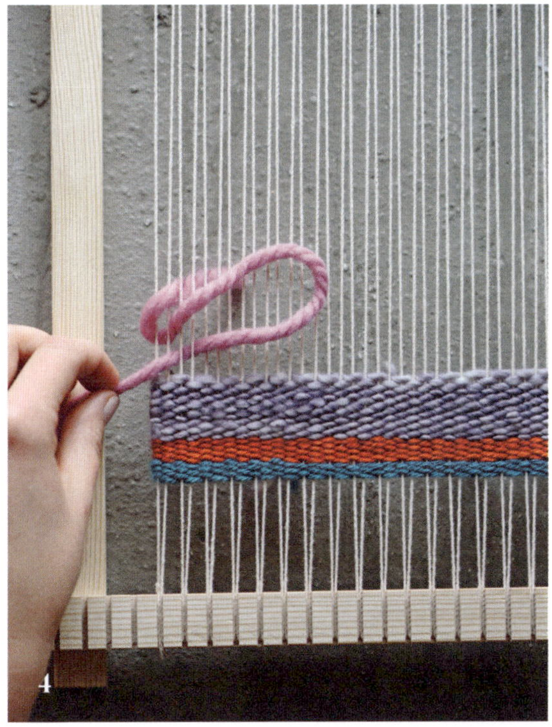
4

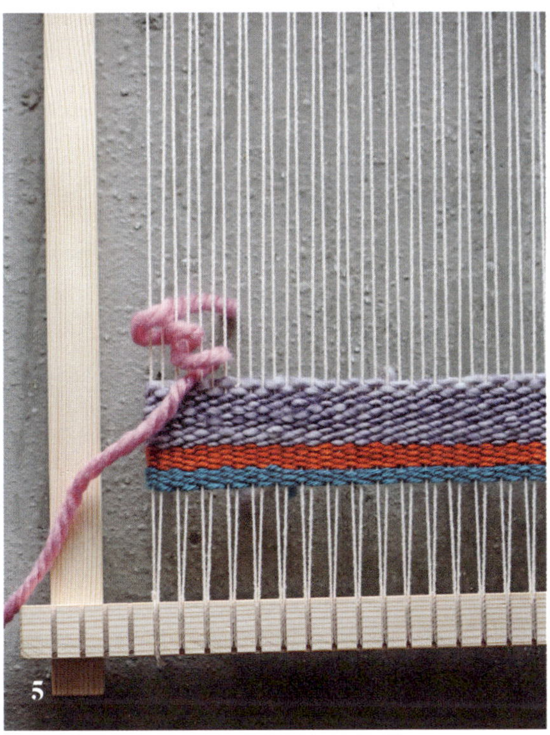
5

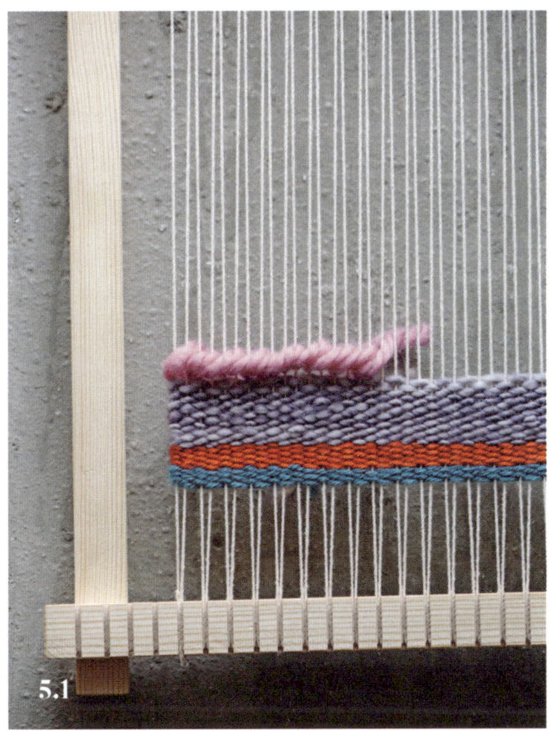
5.1

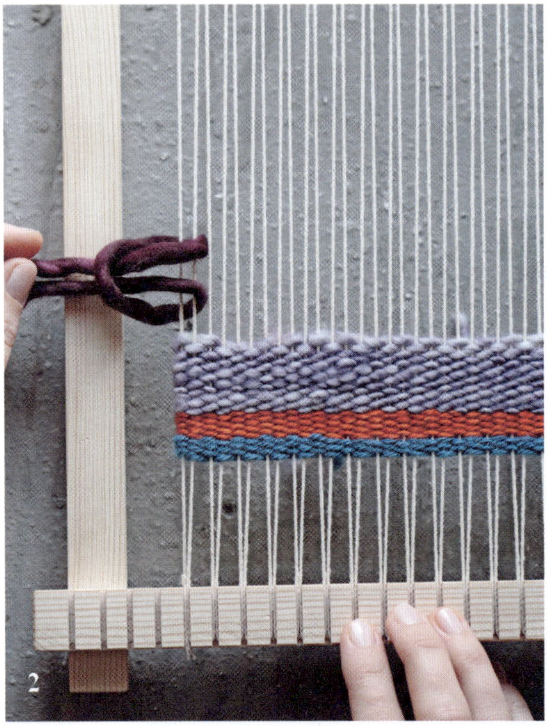

2

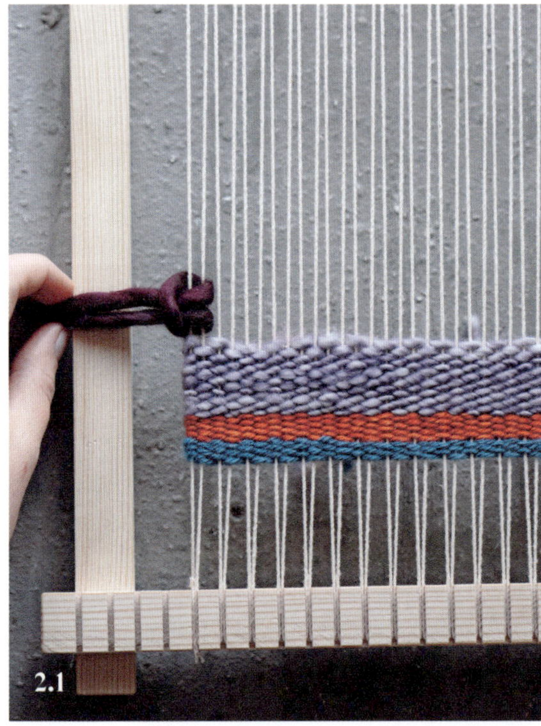

2.1

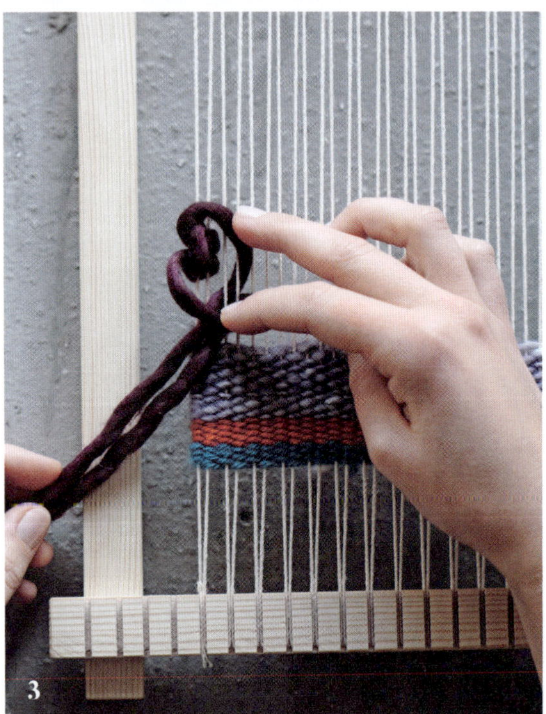

3

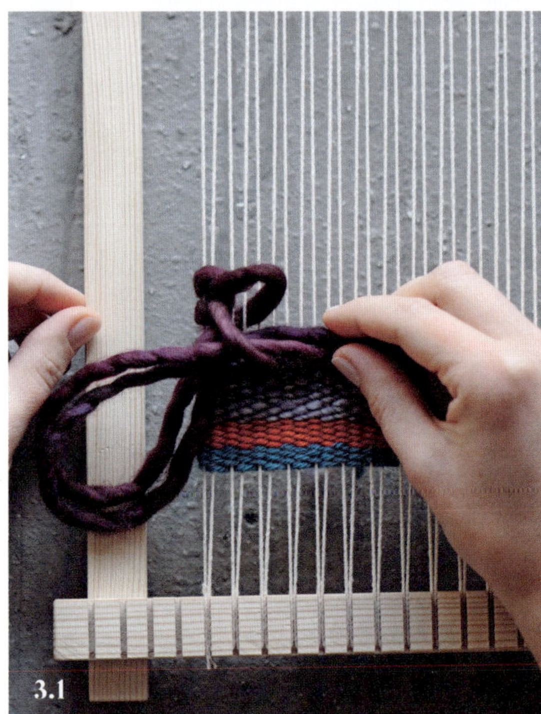

3.1

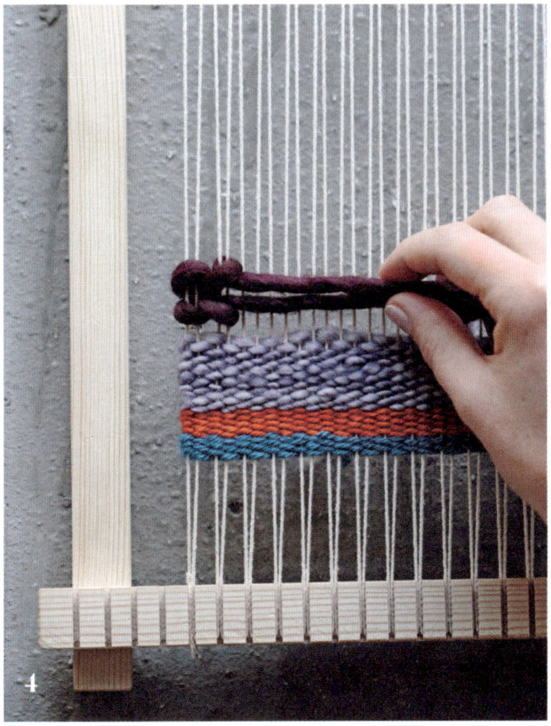

4

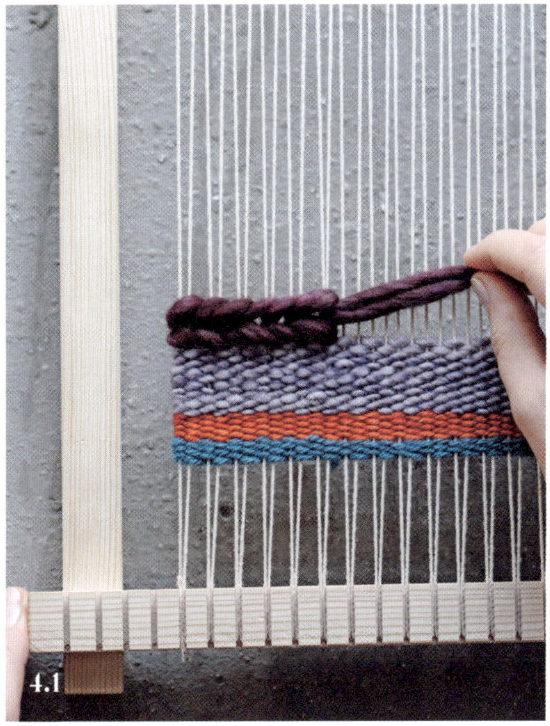

4.1

DOPPELTE SUMAKREIHE

1. Einen Faden in der drei- bis vierfachen Länge der Strecke abschneiden, die in Sumaktechnik gestaltet werden soll. Den Faden mittig zusammenlegen, sodass er eine Schlinge bildet.

2. An der linken Seite des Webrahmens beginnen. Die Schlinge nach links weisend unter die ersten beiden Kettfäden legen.

3. Dann die langen Fadenenden nach dem zweiten Kettfaden nach oben holen und durch die Schlinge führen.

4. Die beiden langen Enden des Schussfadens über die nächsten beiden Kettfäden legen, dann die Schlinge mit den Fingern öffnen, die Schussfäden unter denselben beiden Kettfäden nach links, dann wieder nach oben und durch die Schlinge führen. Auf diese Weise so weit wie gewünscht fortfahren. Dafür die Schritte 3 und 4 fortlaufend wiederholen.

5. Um eine doppelte Sumakreihe von rechts nach links zu arbeiten, an der rechten Seite des Webrahmens beginnen und die Arbeitsschritte gegengleich ausführen.

Formen und Muster einweben

Formen und Muster einzuweben gehört zu den interessantesten und kreativsten Aspekten des Webens und ermöglicht es Ihnen, absolut einzigartige Werke zu schaffen. Es gibt verschiedene Techniken zum Gestalten von Formen, je nachdem, welchen Effekt Sie erzielen wollen. Formen und Muster arbeitet man am besten in Leinwandbindung, denn dabei lässt sich die Zahl der überwebten Kettfäden gemäß der gewünschten Form einfach erhöhen oder verringern.

FORMEN MIT GERADEN KANTEN

Ein Webrahmen ist eine Art Raster, und deshalb lassen sich darauf Quadrate, Dreiecke und Rechtecke einfacher gestalten als organische Formen wie Kreise und Ovale. Um Formen mit geraden Kanten zu schaffen, muss nur bis zu einem bestimmten Punkt innerhalb der Reihe gewebt und dann die gewünschte Form Reihe für Reihe aufgebaut werden. Für ein Quadrat oder Rechteck wird in jeder Reihe über dieselbe Zahl an Kettfäden gewebt; für ein Dreieck webt man in jeder Reihe über einen Kettfaden weniger, sodass eine Schräge entsteht (siehe Abbildungen auf Seite 54/55).

Für solche Formen mit geraden Kanten kann es hilfreich sein, zu Beginn ein Stück Karton zwischen die Kettfäden zu schieben. Das verhindert, dass man zu nah an die untere Kante des Webrahmens webt, und trägt zu einer sauberen, geraden Kante der Form oder Reihe bei.

ORGANISCHE FORMEN

Organische Formen lassen sich wegen der Rasterstruktur des Webrahmens etwas schwieriger meistern. Das Auge muss überlistet werden, damit es eine gerundete Form sieht, wo eigentlich gerade Kanten sind.

1. Schneiden Sie die gewünschte Form aus Karton aus und weben Sie diese Vorlage an der Stelle zwischen den Kettfäden ein, an der diese Form später im Gewebe erscheinen soll.

2. Lassen Sie die Kartonschablone an Ort und Stelle und weben Sie in Leinwandbindung immer bis zu deren Kanten. Wenn Sie die Vorlage vollständig umwebt haben, entfernen Sie das Kartonstück und füllen den Negativraum in Leinwandbindung aus.

Hinweis
Rundungen und Wellen innerhalb des Gewebes gestalten Sie, indem Sie einen langen Faden in Leinwandbindung dort einweben, wo Ihre Wellen enden sollen. Weben Sie jeweils bis zu diesem Faden, der als Hilfslinie dient, und füllen Sie den Negativraum später in Leinwandbindung aus.

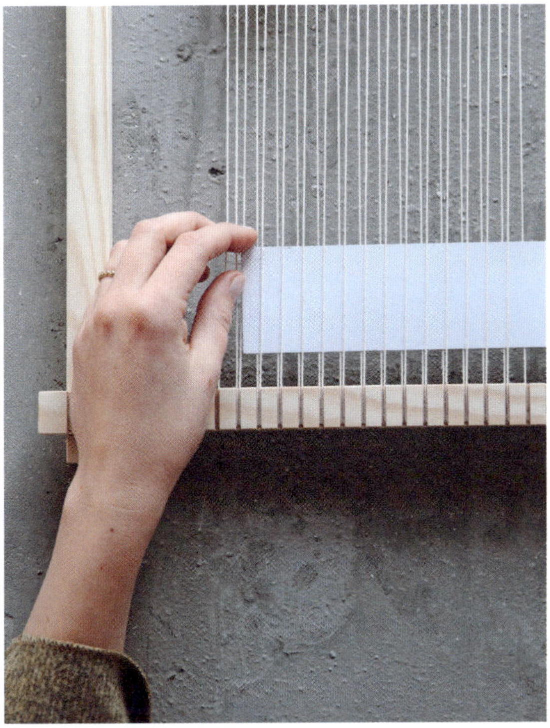

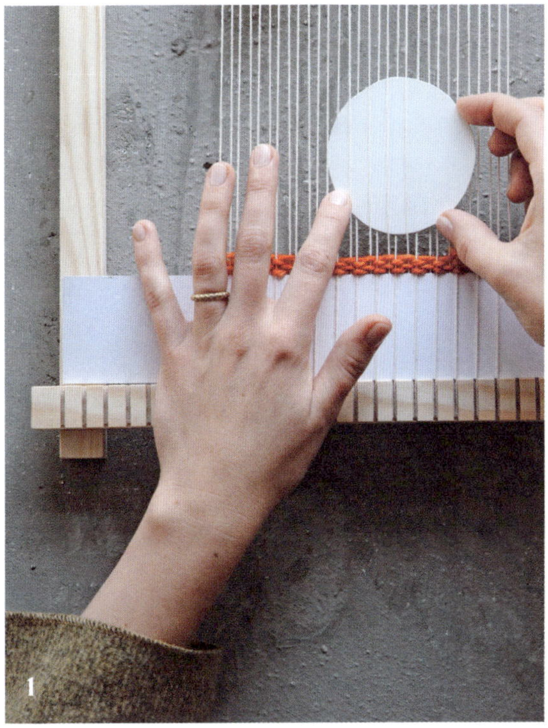

1

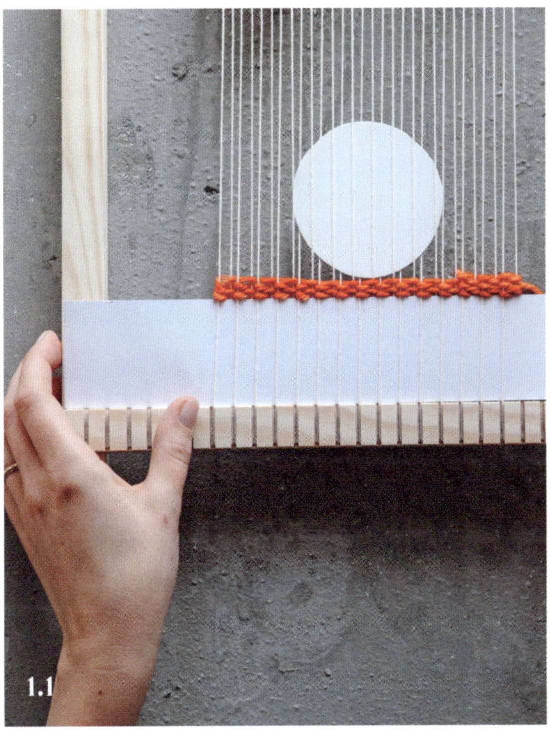

1.1

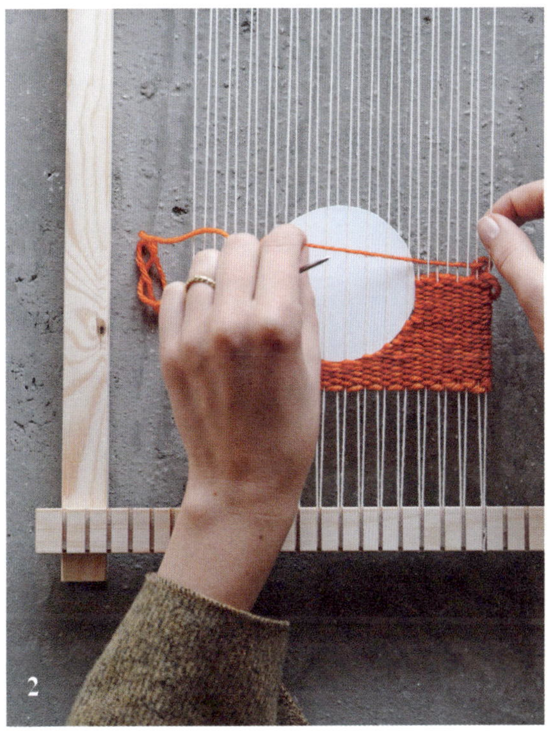

2

FORMEN MITEINANDER VERBINDEN

Es gibt zwei Methoden, um verschiedene Formen innerhalb der Webarbeit miteinander zu verbinden. Welche die richtige ist, hängt davon ab, ob die Formen klar gegeneinander abgegrenzt sein oder ineinander übergehen sollen.

INEINANDERGREIFENDE FORMEN

Bei dieser Methode verzahnen sich die Formen miteinander, indem die Fäden zwischen ihnen verschränkt werden. Sie eignet sich gut, wenn die Formen ineinander übergehen sollen, und deshalb wende ich sie oft an, um in meinen Webarbeiten vielfältige Farben und Formen aufzubauen, die miteinander verschmelzen. Allerdings lässt sich auf diese Weise keine klare Trennung zwischen den Formen erzielen, wie sie bei der Blockmethode möglich ist.

1. Weben Sie die erste Form.

2. Um eine neue Form hinzuzufügen, weben Sie in Leinwandbindung bis zur vorhandenen Form. Wenn Sie die Kante dieser bereits existierenden Form erreichen, trennen Sie mit der Nadel die beiden Reihen der vorhandenen Form, die an die Reihe angrenzen, die Sie gerade weben. Dann weben Sie um den letzten Kettfaden der vorhandenen Form herum und in die Gegenrichtung zurück.

3. Beide Formen haben nun einen Kettfaden gemeinsam.

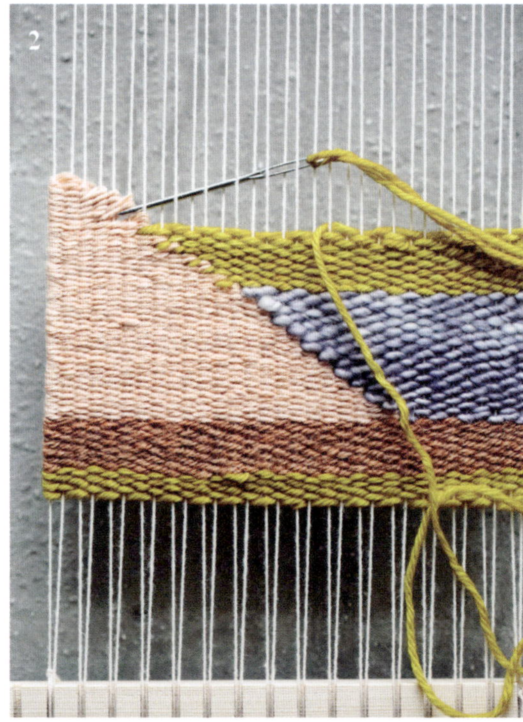

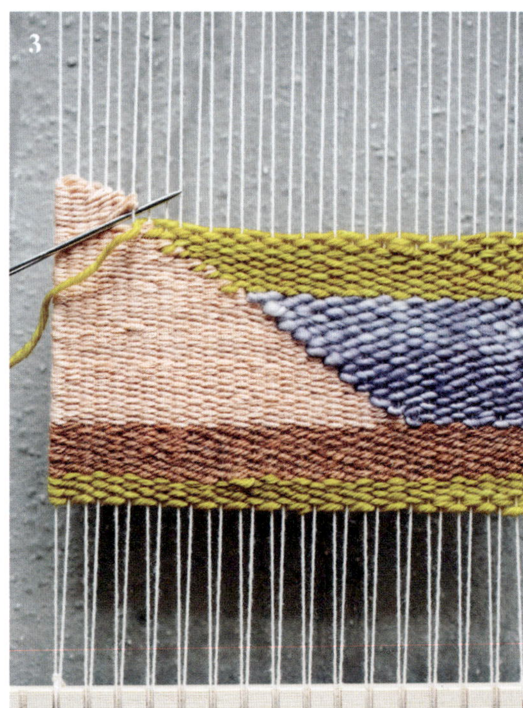

BLOCKTECHNIK

Diese Technik des Formenwebens hat den Vorteil, dass die Formen klar voneinander getrennt sind und nicht ineinander übergehen. Wenn Sie nach dieser Methode arbeiten, müssen Sie jedoch darauf achten, Lücken oder Löcher an der Stelle zu vermeiden, an der eine Form an die andere stößt. Dazu lassen Sie an den Kanten jeder Form reichlich Schussgarn (dafür ziehen Sie den Faden beim Wenden nicht fest an), sodass die Kanten beider Formen einander berühren.

1. Die erste Form weben.

2. Um die benachbarte Form anzuschließen, in Leinwandbindung bis zur bereits vorhandenen Form weben.

3. Wenn Sie die Kante der vorhandenen Form erreichen, stoppen Sie beim direkt neben dieser Form gelegenen Kettfaden, wenden um diesen Kettfaden herum und weben in der Gegenrichtung zurück. Nicht die Schussfäden verkreuzen oder um einen Kettfaden der vorhandenen Form herumweben.

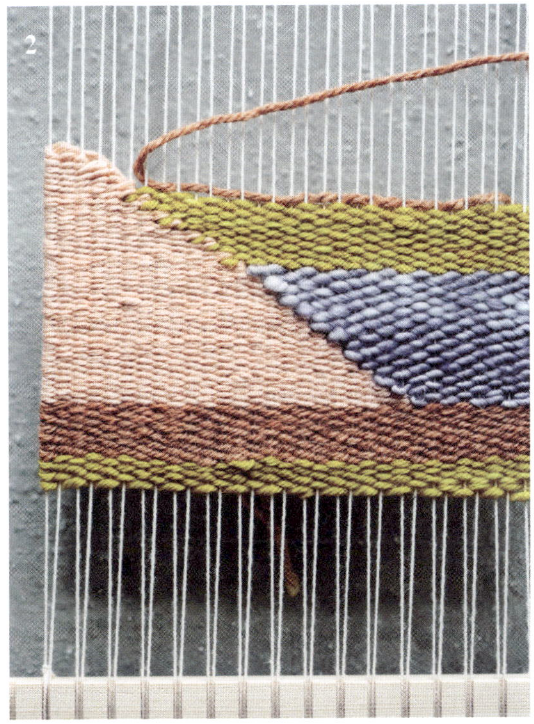

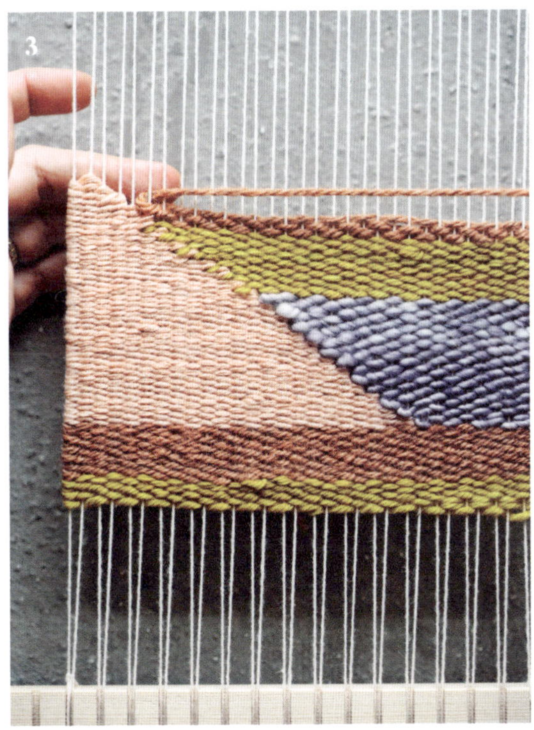

Eine Webarbeit beenden

Herzlichen Glückwunsch! Ihr Webstück ist fertig. Jetzt ist es Zeit, das Gewebe vom Rahmen abzunehmen, die Rückseite zu versäubern, Ober- und Unterkante zu sichern und das Werk zum Aufhängen vorzubereiten.

DIE RÜCKSEITE DES GEWEBES

Bevor Sie Ihre Webarbeit vom Rahmen nehmen, können Sie die Seitenkanten und die Rückseite versäubern. Hoffentlich haben Sie die meisten Fadenenden der Schussfäden bereits während der Arbeit eingewebt. Alle Fäden, die Sie möglicherweise übersehen haben, können Sie nun im Gewebe verstechen. Auf der Rückseite Ihrer Webarbeit hängen vermutlich viele lose Fadenenden. Wenn Sie befürchten, einige davon könnten herausfallen oder sich auflösen, können Sie jedes davon mit einer Nadel unsichtbar verweben oder alle losen Enden miteinander verknoten, um sie zu sichern. Wenn Sie alle ordentlich fixiert haben, können Sie die Fadenenden dicht an der Rückseite des Gewebes abschneiden. Das Versäubern kann nötigenfalls auch noch nach dem Abnehmen des Gewebes vom Rahmen erfolgen.

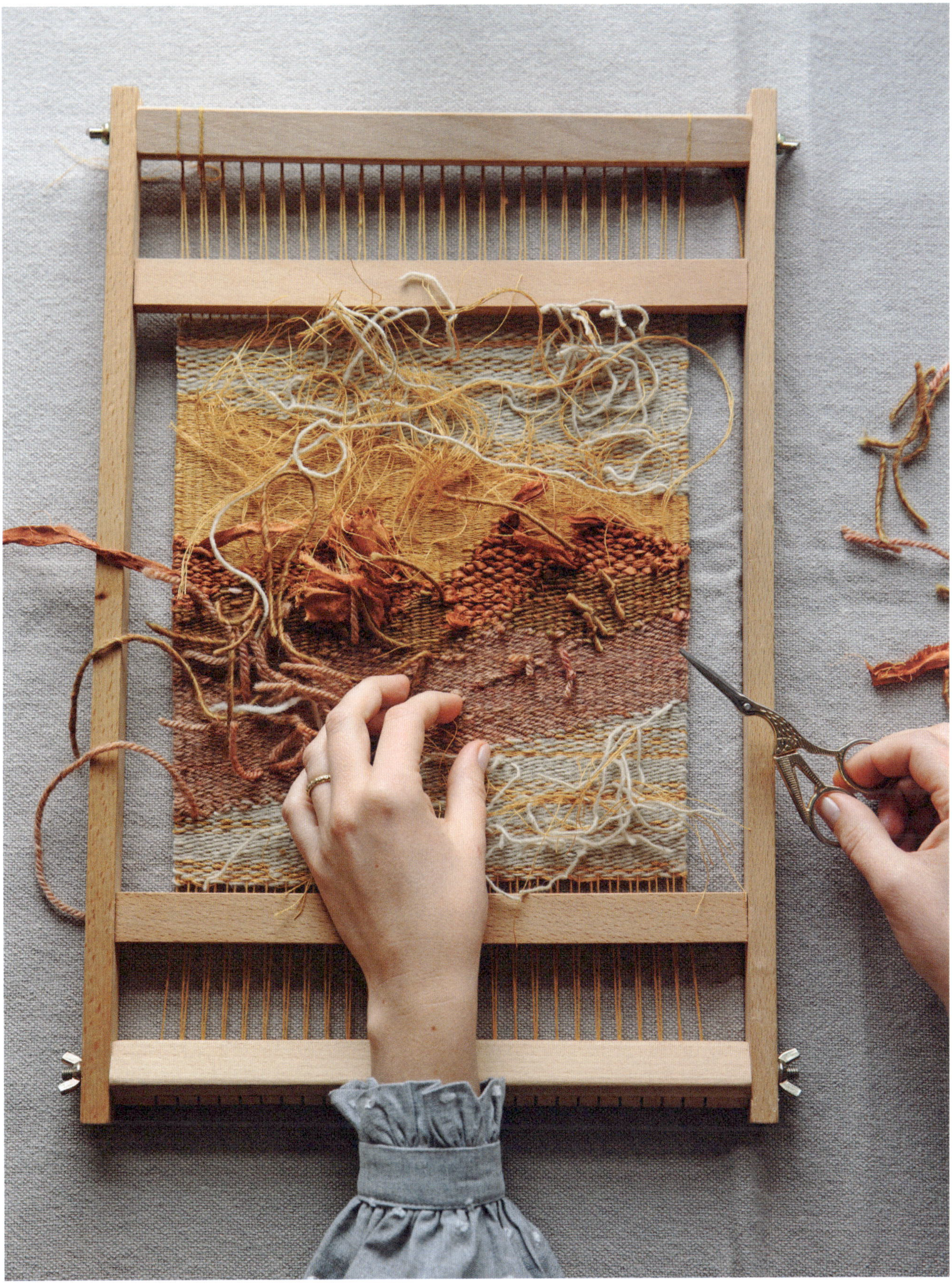

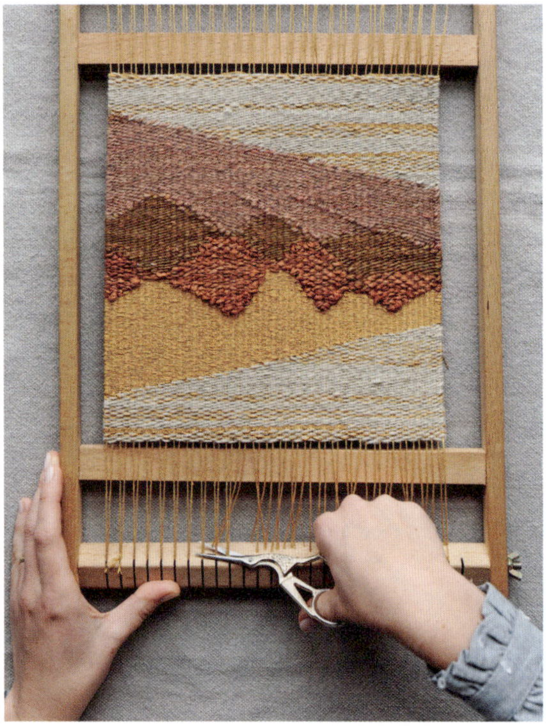

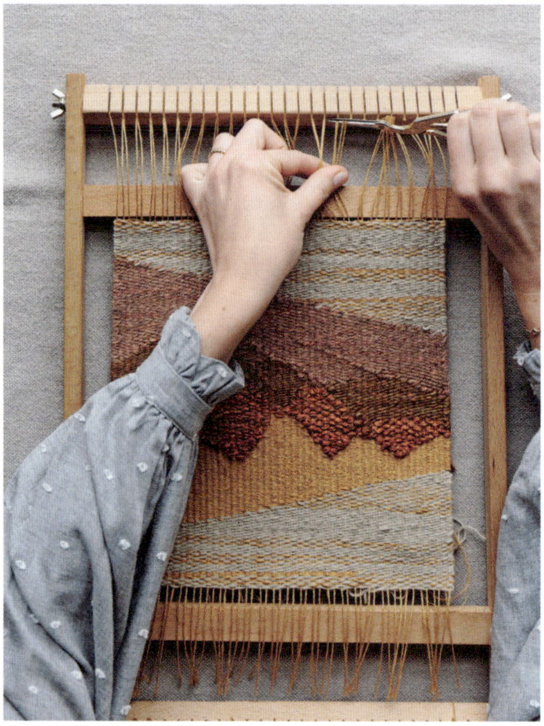

DAS GEWEBE VOM RAHMEN ABNEHMEN

Wenn Sie sich daran machen, das Gewebe vom Rahmen abzunehmen, werden Sie verstehen, wie wichtig es ist, einige Zentimeter Raum zwischen Ober- und Unterkante des Gewebes und dem Webrahmen frei zu lassen. Auf diese Weise bleibt Ihnen genug von den Kettfäden übrig, um sie zu verknoten und die Webarbeit oben und unten zu sichern.

Um das Gewebe vom Rahmen zu nehmen, müssen Sie die Kettfäden von den Stegen, Nägeln oder Stiften an beiden Enden des Rahmens entfernen. Es empfiehlt sich, dabei immer einen Faden nach dem anderen abzunehmen. Sie können entweder die Kettfäden über den Stegen des Webrahmens lockern oder sie mit einer Schere durchschneiden, um sie frei zu bekommen. Wenn Sie die Kettfäden durchschneiden, achten Sie darauf, sie so dicht wie möglich an den Stegen zu kappen, weil Sie einige Zentimeter Garn brauchen, um Ober- und Unterkante der Webarbeit zu sichern.

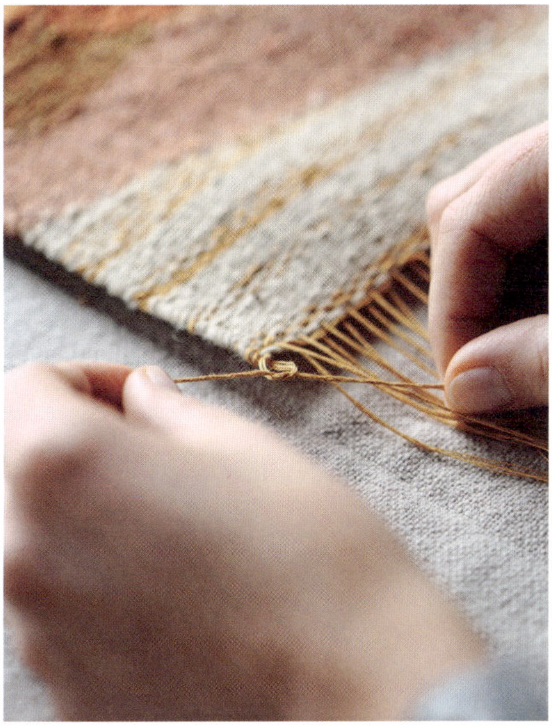

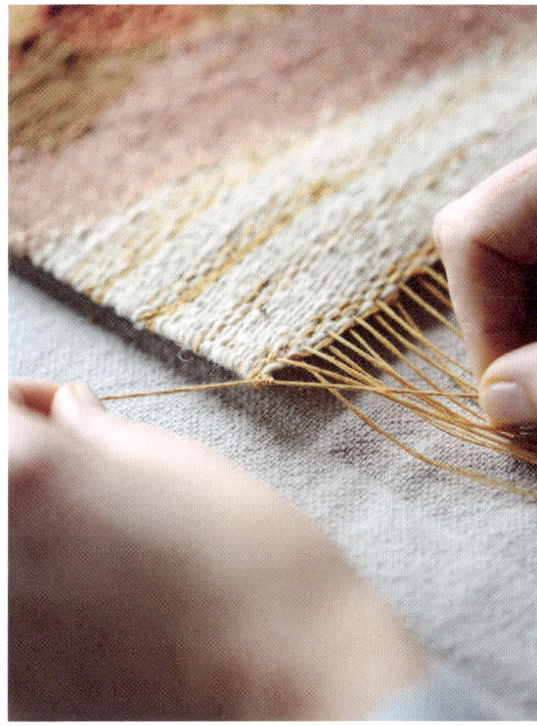

SICHERN VON OBER- UND UNTERKANTE

Wenn Sie die Webarbeit vom Rahmen abgenommen haben, müssen Sie die losen Kettfäden an der Ober- und Unterkante des Gewebes verknoten, um sie zu sichern. Dazu knüpfen Sie je zwei Kettfäden mit einem Knoten oder Doppelknoten zusammen. Verfahren Sie mit jedem Kettfadenpaar an der Gewebekante auf diese Weise.

Egal, wie Sie die Fäden verknoten – wichtig ist, dass Sie die Knoten so arbeiten, dass sie dicht an der Oberseite des Gewebes sitzen, weil sie sonst die Gewebekante verziehen. Ziehen Sie die Knoten nicht zu fest an, damit sich die Kante nicht verformt.

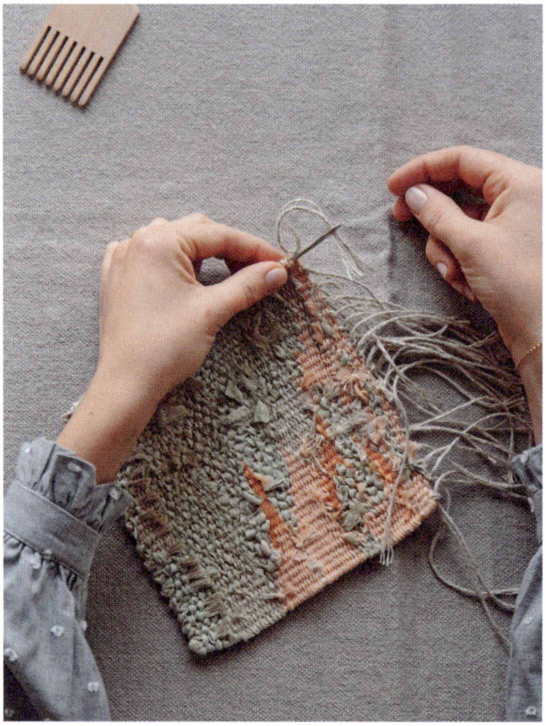 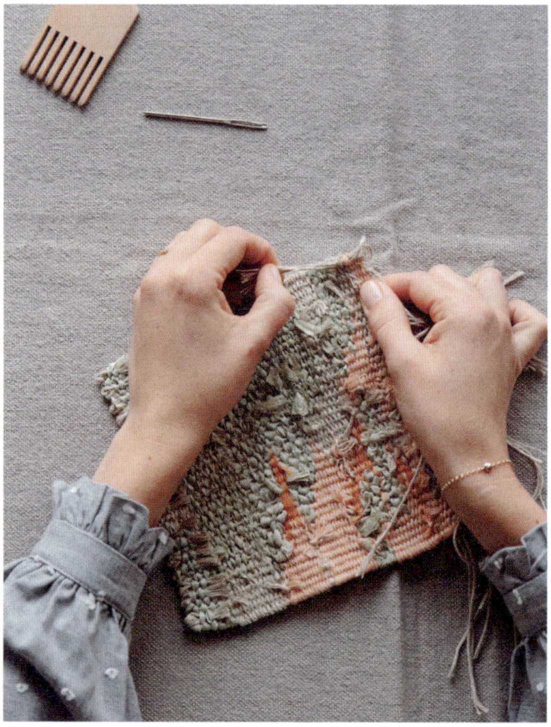

FADENENDEN EINWEBEN

Wenn Sie die Enden der Kettfäden verknotet haben, können Sie sie im Gewebe verstechen, um sie zu verbergen. Wenn Sie die Unterkante des Gewebes mit einer Fransenkante verzieren, sitzen die Knoten unsichtbar hinter den Fransen. Wenn Sie keine Fransen haben, möchten Sie die Kettfadenenden vielleicht vernähen, damit die Unterkante der Webarbeit sauber und gerade wirkt.

Um die Fadenenden zu vernähen, fädeln Sie sie in eine Sticknadel ohne Spitze ein und führen die Nadel auf der Rückseite des Gewebes durch drei oder vier Webreihen. Dann schneiden Sie das überstehende Fadenende ab. So verfahren Sie bis zum Ende der Kante.

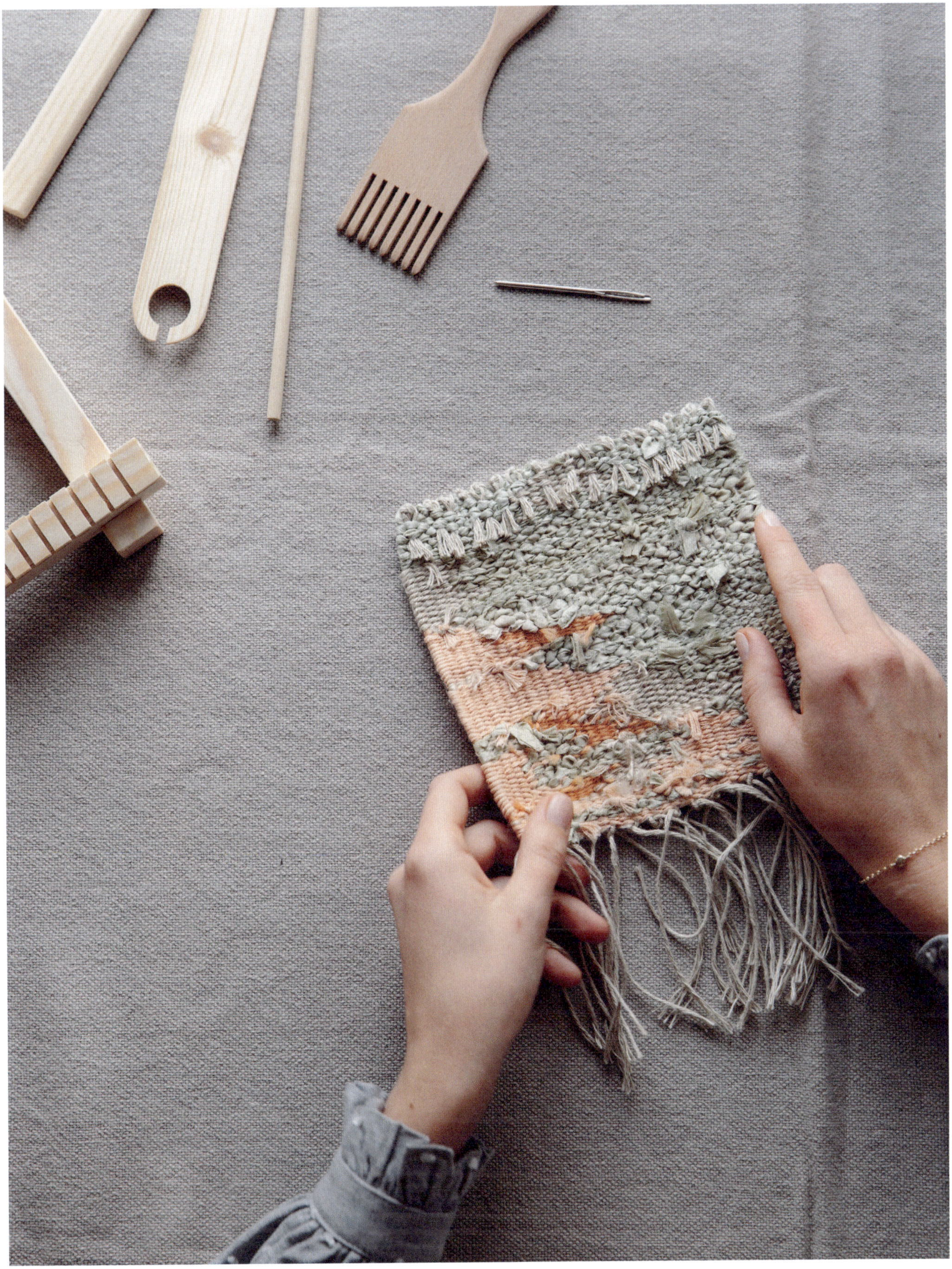

ANBRINGEN DES RUNDSTABS

Wie Sie die Oberkante Ihrer Webarbeit fertigstellen, hängt davon ab, ob und wie Sie Ihr Werk an einem Rundstab aufhängen wollen. Dafür gibt es verschiedene Möglichkeiten, je nachdem, wie das Ergebnis aussehen soll und wie viel Geduld Sie mitbringen.

1. MÖGLICHKEIT: Rundstab mit separatem Faden annähen (siehe Abbildungen rechts)

Nehmen Sie das Gewebe vom Rahmen und sichern Sie es, wie auf Seite 58-61 beschrieben.

Wenn Sie alle Kettfadenenden vernäht haben, fädeln Sie einen festen Faden in die Sticknadel ein und beginnen an einem Ende der Oberkante, Schlingen über den Rundstab hinweg zu nähen, um ihn an der Gewebeoberkante zu befestigen. Achten Sie darauf, den Faden zwischendurch immer wieder anzuziehen, und vernähen Sie die Fadenenden an beiden Seiten auf der Rückseite der Webarbeit.

2. MÖGLICHKEIT: Tunnel für den Rundstab

Nehmen Sie das Gewebe vom Rahmen und sichern Sie es, wie auf Seite 58-61 beschrieben. Bei dieser Methode müssen Sie die Kettfäden an der Oberkante des Gewebes nicht vernähen, weil die Knoten nach dem Umfalten der Oberkante auf der Rückseite des Gewebes verborgen sind.

Die Oberkante der Webarbeit so umfalten, dass die Kettfadenenden und die Knoten unsichtbar auf der Rückseite liegen. Den Rundstab in den so entstandenen Tunnel einschieben und den Umschlag mit Stecknadeln auf ganzer Breite feststecken. Den Stab wieder herausziehen und den Tunnel entlang der durch die Stecknadeln markierten Linie mit der Nähmaschine oder von Hand annähen. Die Stecknadeln entfernen und den Stab wieder in den Tunnel schieben.

HÄNGEN SIE IHRE WEBARBEIT AUF

Jetzt müssen Sie nur noch einen festen Faden oder eine Schnur an beide Enden des Rundstabs binden und einen Platz suchen, an dem Ihr Werk gesehen und bewundert werden kann.

1. MÖGLICHKEIT: Rundstab mit separatem Faden annähen

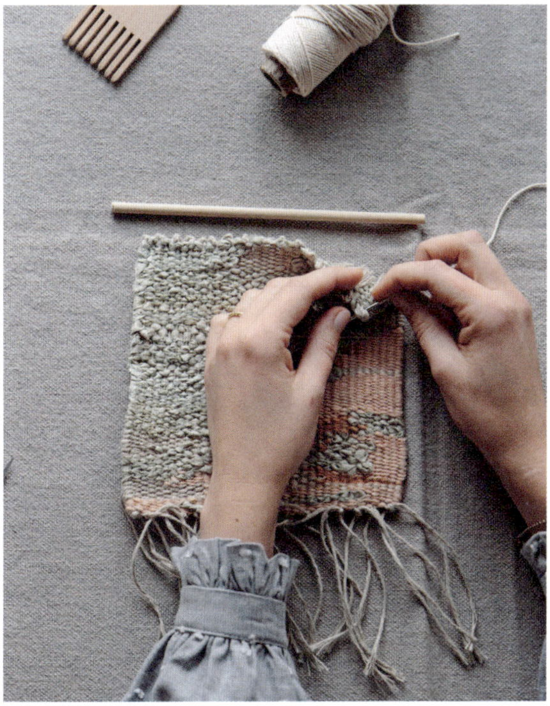

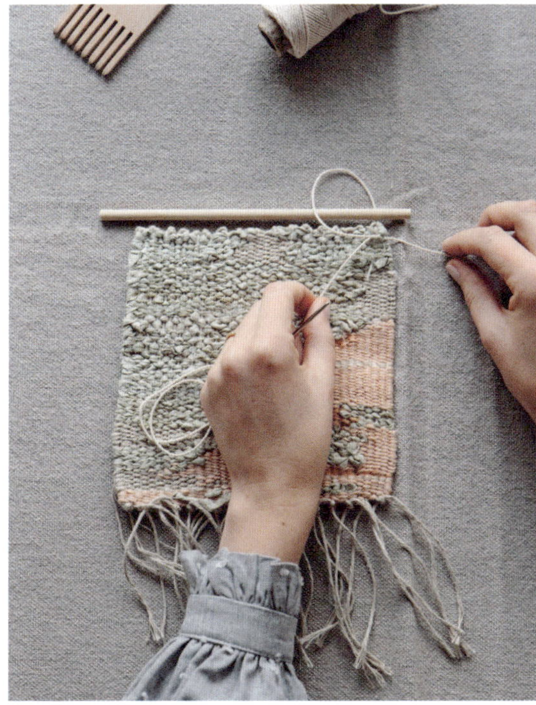

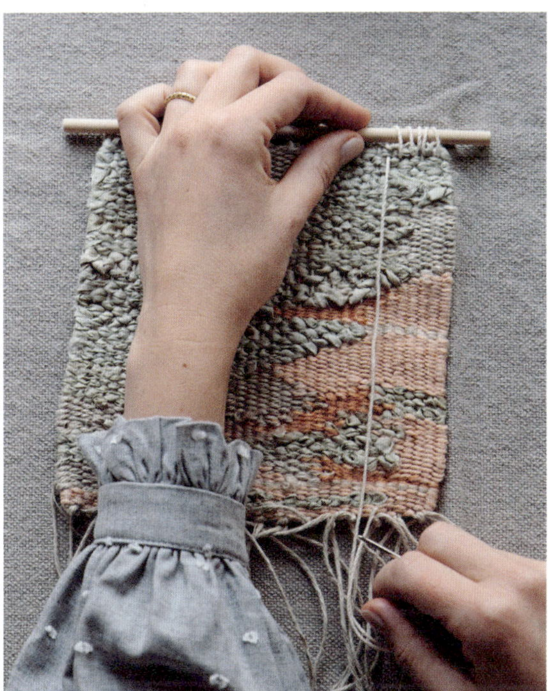

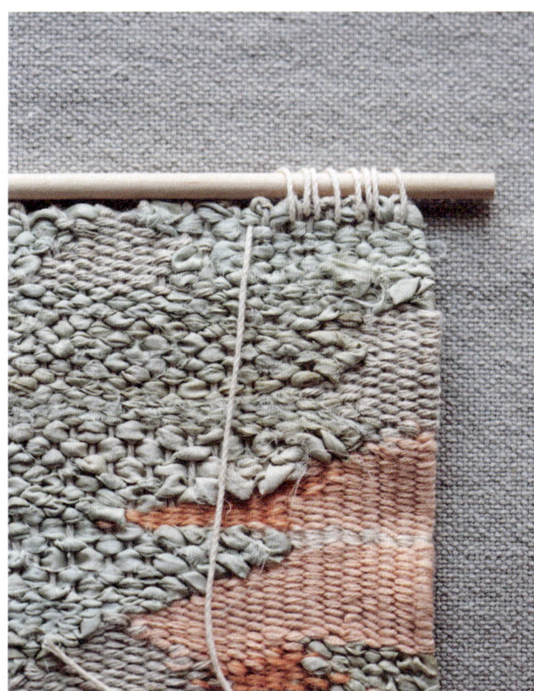

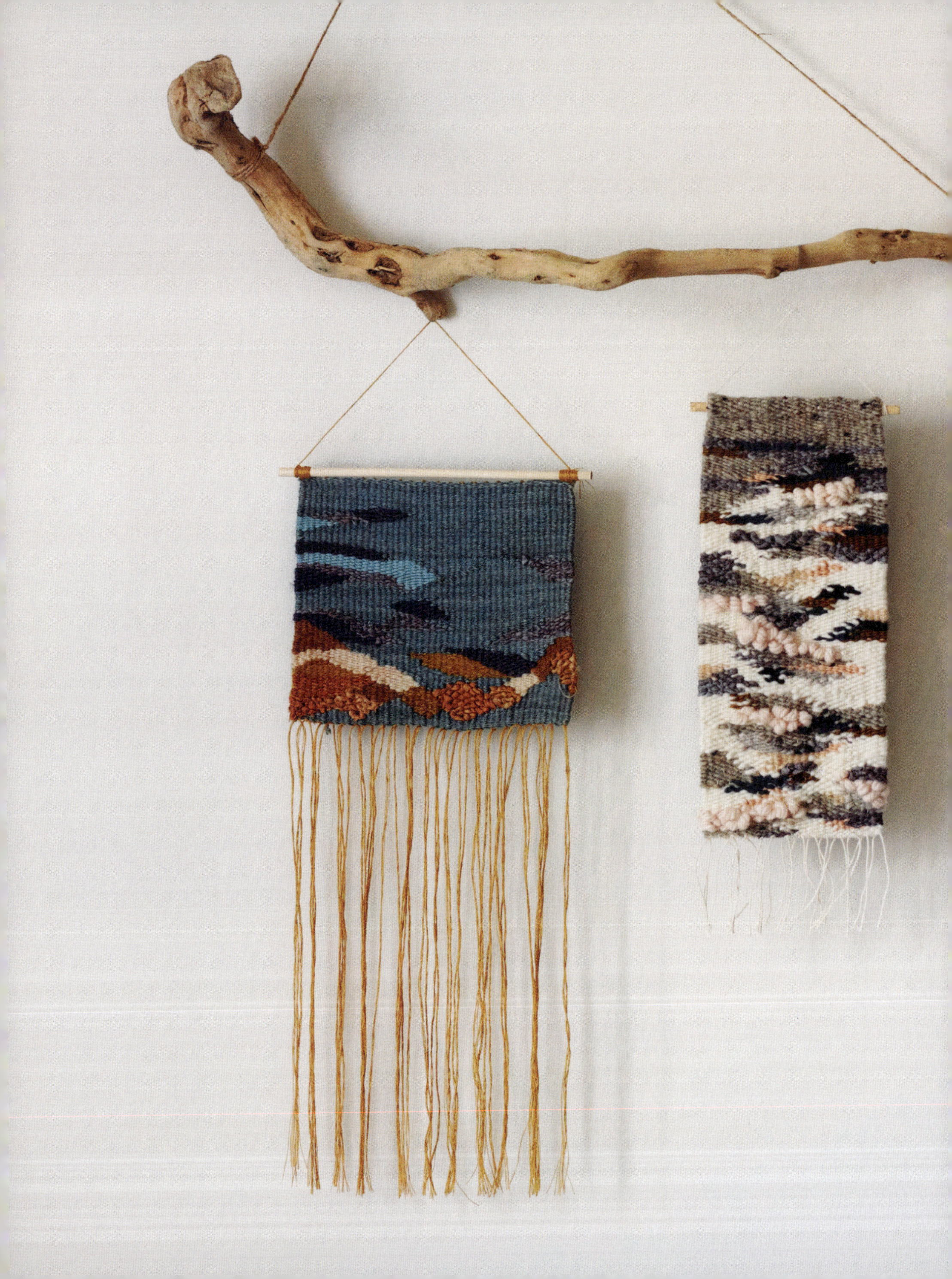

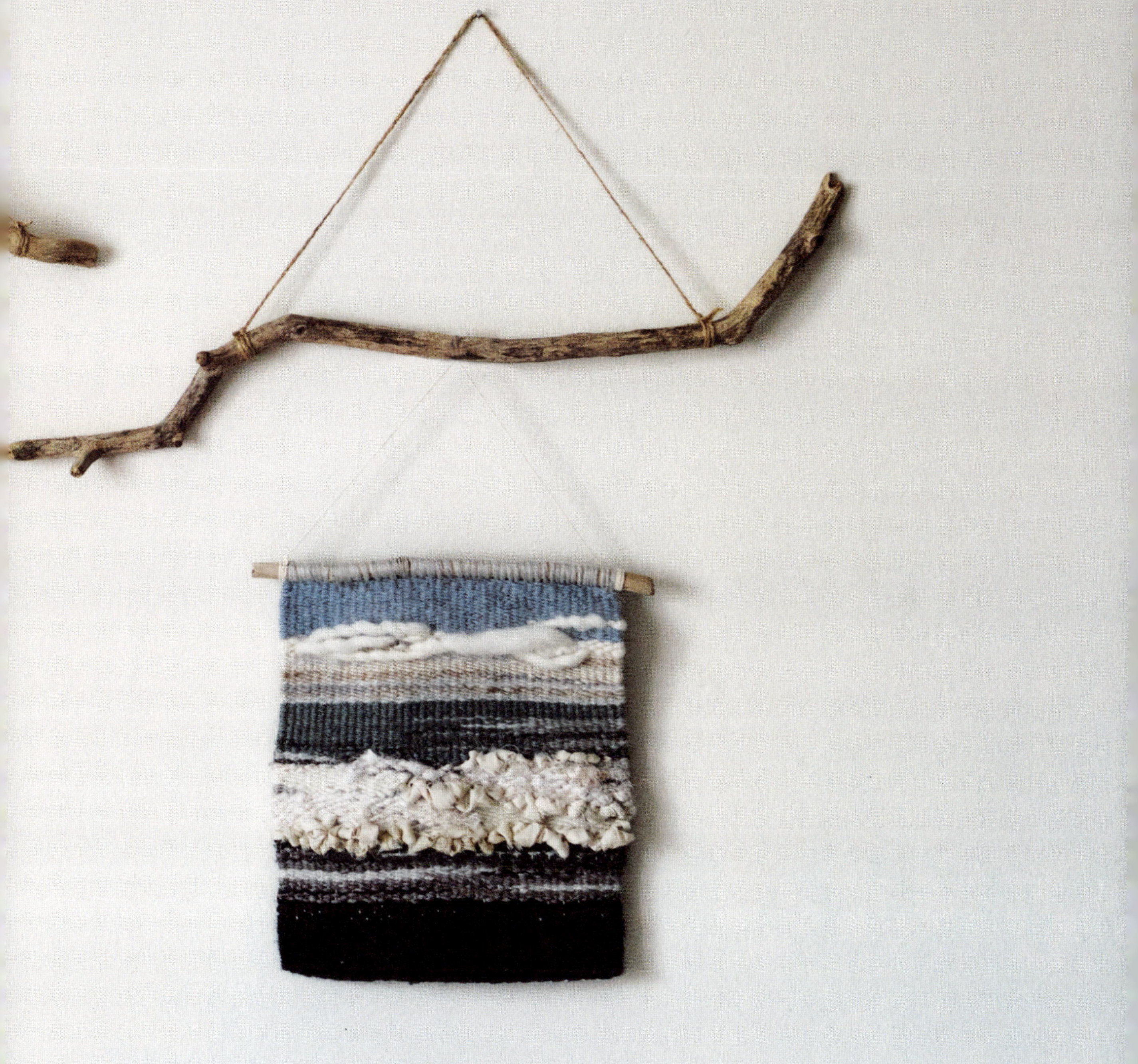

Die Projekte

Streuwiese [BROSCHE]

Dies ist ein großartiges Projekt zum Aufbrauchen von Garnresten, die bei anderen Projekten übrig geblieben sind, denn es erfordert nur ganz wenig Material. Sie können es sehr leicht vergrößern oder verkleinern und ganz nach Lust und Laune mit Farben und Texturen spielen. Zu meiner Brosche habe ich mich durch die Farben von trockenem Gras und Samenständen inspirieren lassen, die mir jedes Jahr auffallen, wenn der Sommer in den Herbst übergeht und das Licht weicher und verschwommener wird. Solche Schmuckstücke eignen sich gut als Geschenke, weil sie im Nu fertig sind und für jede Empfängerin individuell angefertigt werden können. Verwenden Sie jedes beliebige Garn, das Sie zur Hand haben, wenn Sie in Ihrem Restekorb nicht die unten aufgeführten Farben finden.

MATERIAL

- Schmuckwebrahmen
- Festes, dünnes Leinenkettgarn
- Sari-Seidenbänder in Hellgrün, Wollweiß und Rostbraun
- Wollgarn in Rostbraun und Braun
- Sari-Seidengarn in Wollweiß
- Leinengarn in Beige
- Sticknadel ohne Spitze
- Schere
- Filzrest für die Rückseite der Brosche
- Nähnadel und Baumwollnähgarn zum Annähen des Filzes auf der Rückseite
- Broschennadel
- Sekundenkleber

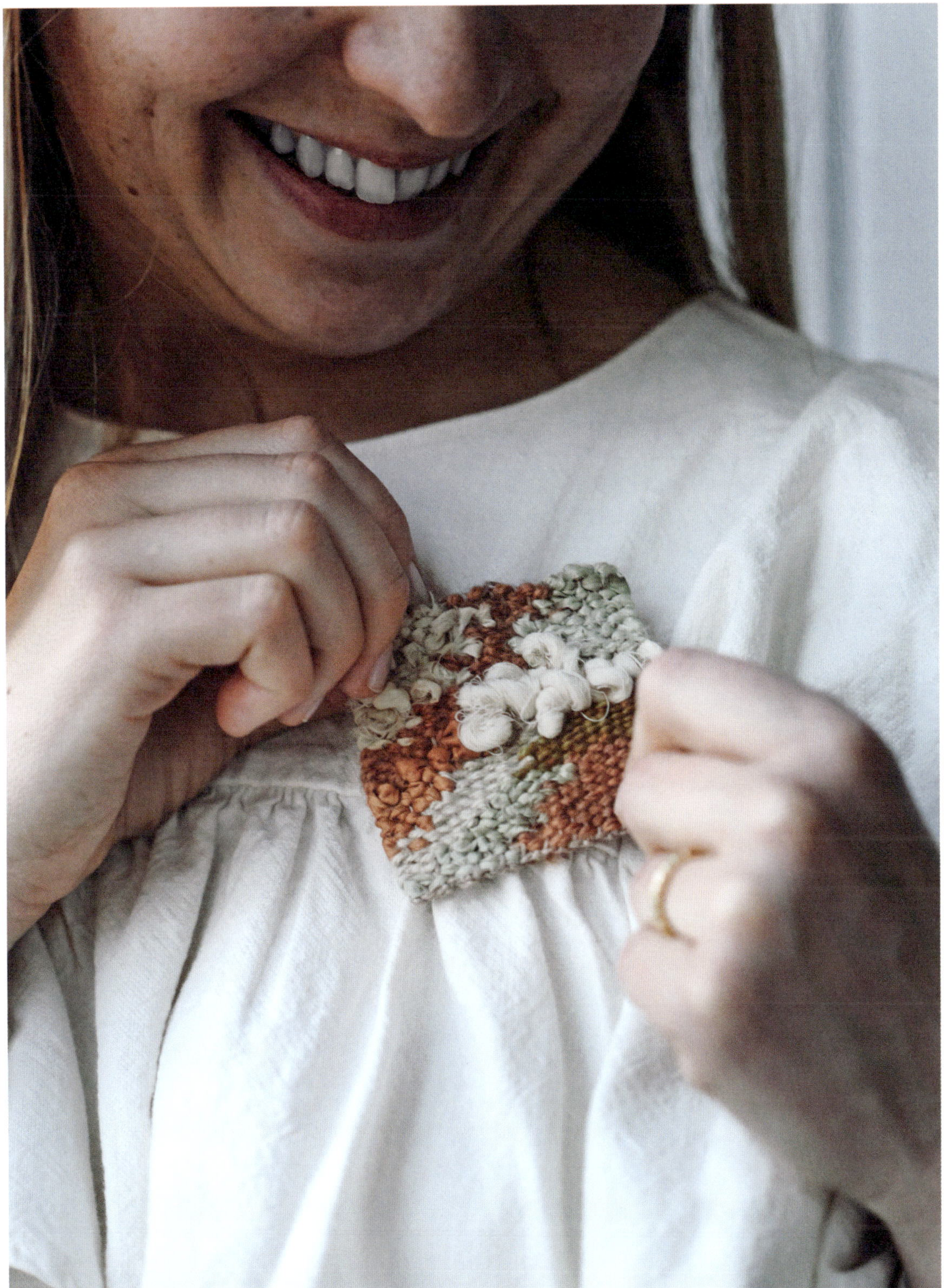

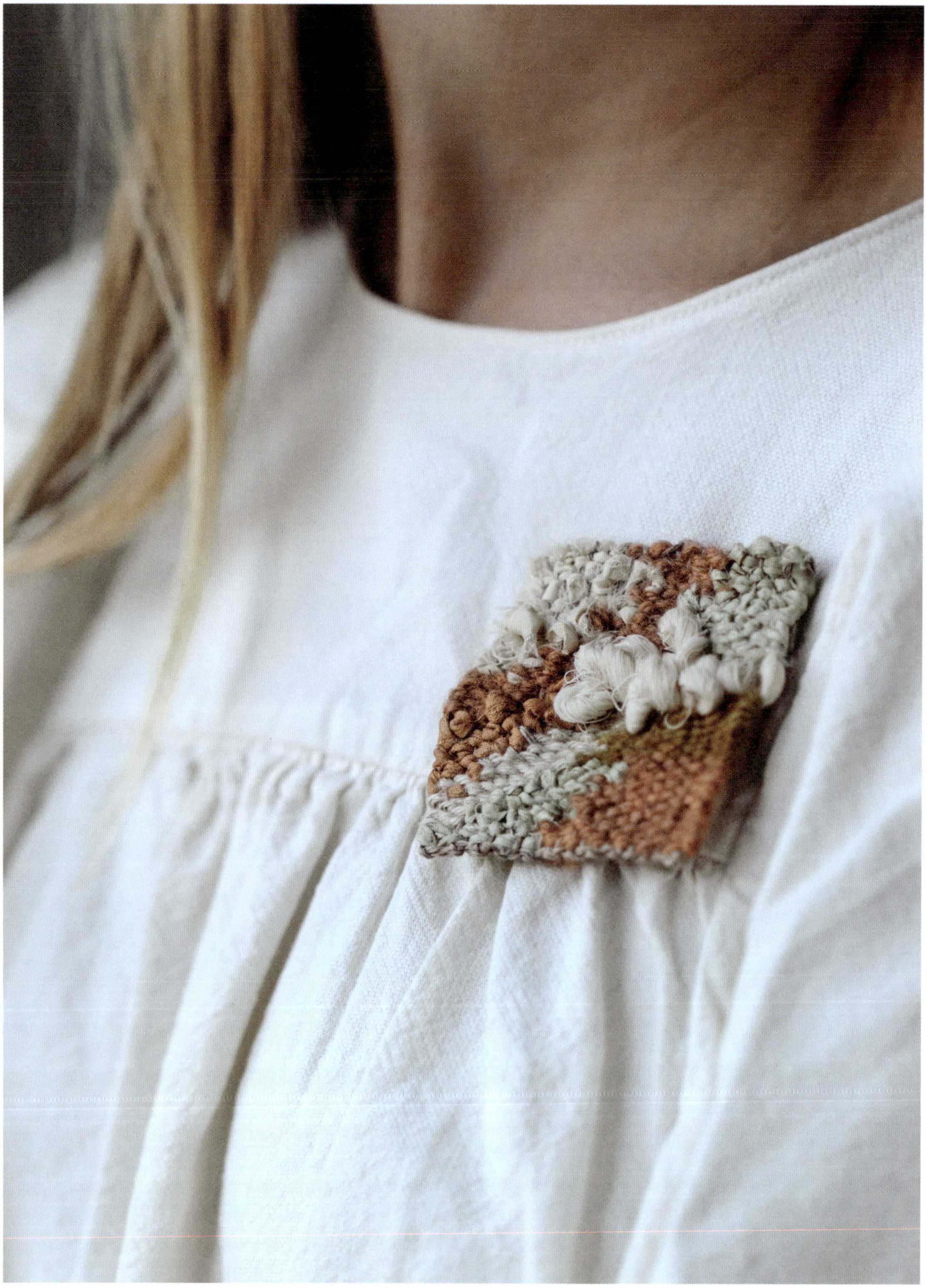

1. Den Schmuckwebrahmen mit 22 Kettfäden bespannen (die Kette wird um elf Nägel gelegt).

2. Zwei Reihen in Leinwandbindung (siehe Seite 35) mit dem feinen Leinenkettgarn weben: So entsteht die Unterkante der Brosche.

3. Die drei Formen im unteren Teil der Brosche mit rostbraunem Garn, grüner Sari-Seide und Leinengarn gestalten. Über der rostfarbenen Form in der rechten unteren Ecke eine weitere Form mit dem braunen Garn arbeiten. Alle Farbflächen ineinandergreifend weben (siehe Seite 54).

4. Anschließend oberhalb der braunen Form eine durch Schlingen strukturierte Fläche mit wollweißem Sari-Seidengarn anlegen. Dazu an der rechten Seite des Webstücks beginnen und drei Schlingenreihen über etwa die halbe Breite arbeiten. Gehen Sie dabei in der Technik der frei geformten Schlingen vor (siehe Seite 46).

5. Links neben dem freien Schlingenteil weben Sie mit rostbraunem Sari-Seidenband eine kleine Fläche oberhalb der Leinengarnform und schließen darüber eine weitere Form mit dem rostbraunen Garn an, sodass die rostfarbene Fläche bis zur Oberkante der Brosche, also über den frei geformten Schlingenteil hinauswächst (siehe Grafik).

6. Die letzten beiden Formen rechts und links im oberen Teil der Brosche weben Sie mit Sari-Seidenband in Wollweiß und Hellgrün, wie in der Grafik gezeigt. Auch hier verbinden Sie alle Formen durch ineinandergreifendes Weben.

7. Wenn das Gewebe ca. 6,5 cm hoch ist, schneiden Sie es vom Webrahmen und verknoten die Kettfäden (siehe Seite 58/59).

8. Vernähen Sie die Kettfäden an beiden Enden im Webstück (siehe Seite 60).

9. Schneiden Sie ein Filzrechteck für die Rückseite so zu, dass es an allen Seiten 5 mm kleiner ist als die gewebte Brosche. Das Filzstück nähen Sie mit Nähgarn und Nähnadel auf die Rückseite des Gewebes und befestigen die Broschennadel mit Sekundenkleber daran.

Wolken über den Klippen
[ARMBAND]

Diese Armbänder sind überaus einfach anzufertigen. Sie sind im Handumdrehen fertig und eignen sich bestens, um allerlei Garnreste von anderen Projekten zu verarbeiten. Sie können Ihr Armband so schlicht oder prunkvoll gestalten, wie Sie möchten. Als grobe Anregung für das Muster dienten die Gipfel schottischer Berge, die bis in die Wolken aufragen. Ich habe eine reduzierte Farbpalette verwendet: Das ist eine einfache Methode, um Webmodelle einheitlich und harmonisch wirken zu lassen. Außerdem habe ich feines, nicht kratzendes Garn verwebt, weil das Armband schließlich am Handgelenk anliegt. Ich trage diese Schmuckstücke sehr gern – sie fühlen sich wie eine kleine Liebkosung am Arm an.

Die Konstruktion des Armbandes ist ziemlich clever: Man webt einfach ein langes, schmales Stück auf dem Webrahmen, nimmt es ab und verbindet beide Enden zu einer zylindrischen Form, die man über den Arm streifen kann. Die Weite lässt sich leicht anpassen, indem man ein wenig länger oder kürzer webt oder beim Zusammennähen die Enden mehr oder weniger weit überlappen lässt.

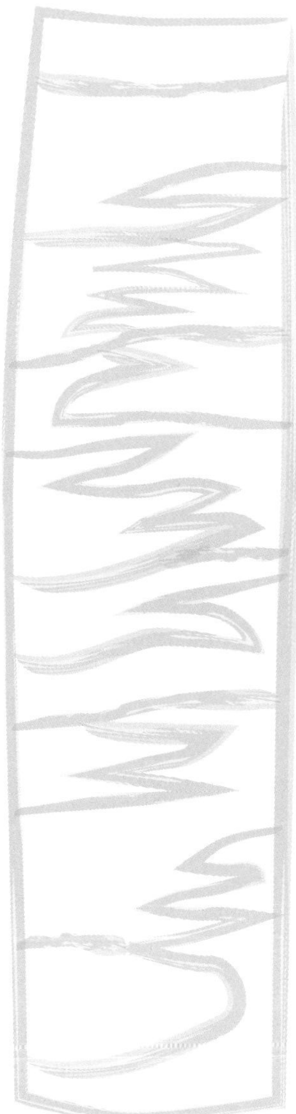

MATERIAL

- Kleiner Webrahmen, 30 cm x 40 cm
- Dickes Leinengarn für Kette und Schuss
- Leichtes Wollgarn in Braun, Violett und Orange
- Sticknadel ohne Spitze
- Schere
- Stecknadeln
- Nähnadel und festes Baumwoll- oder Leinengarn zum Zusammennähen der Bandenden

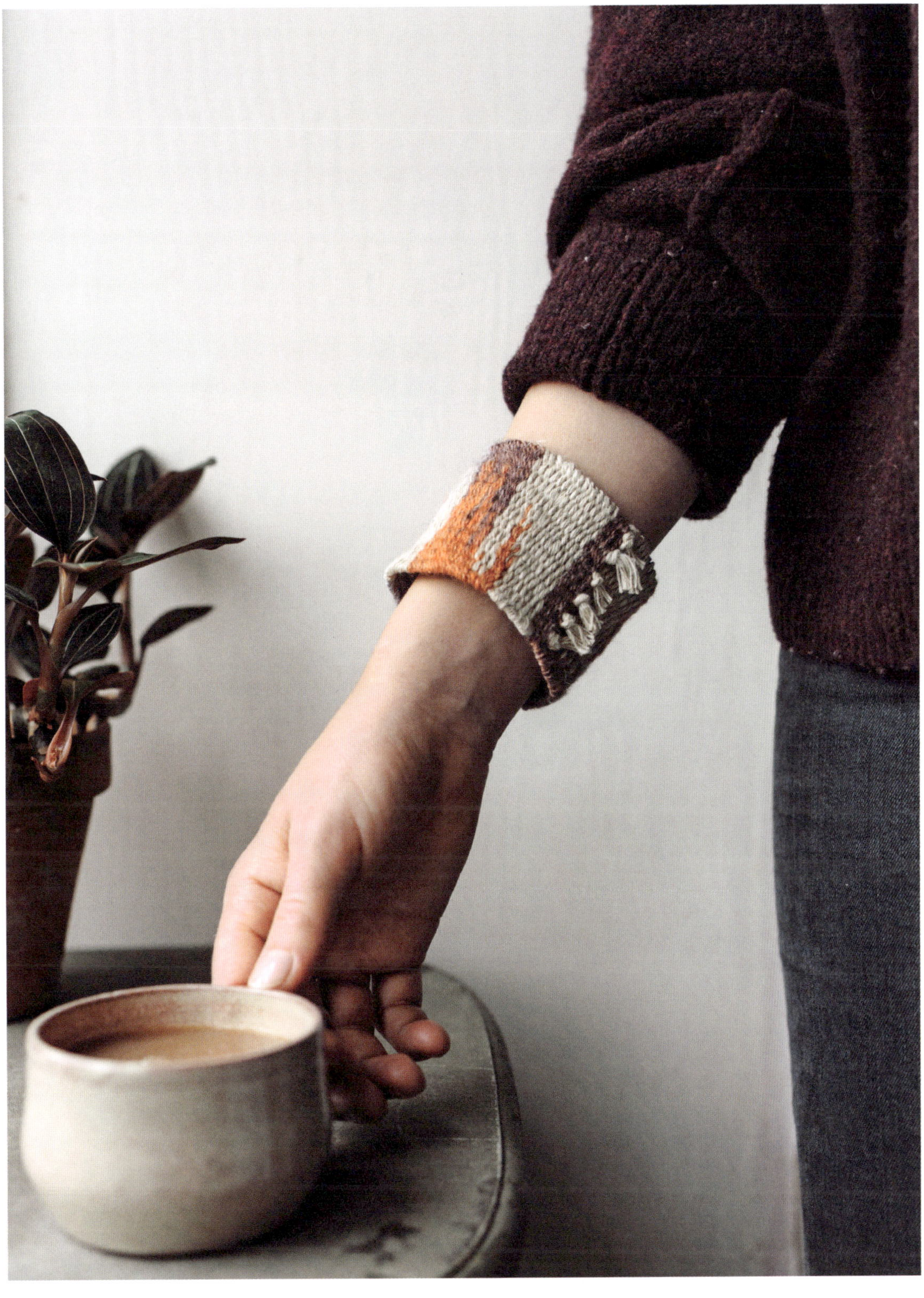

1. Mit dem Leinengarn eine doppelte Kette über zwölf Stege aufbäumen (siehe Seite 32).

2. Mit braunem Garn sechs Reihen in Leinwandbindung weben (siehe Seite 35). Dies ist die Kante des Armbandes.

3. Mit dem Leinengarn die abgestufte Form kreieren, die in der Grafik auf Seite 70 dargestellt ist.

4. Mit dem orangefarbenen Garn in ineinandergreifender Technik über den Rest der Breite weben (siehe Seite 54).

5. Weiter Zickzackformen (siehe Grafik) in abwechselnden Farben weben und die Farbflächen jeweils ineinandergreifen lassen.

6. Wenn Ihr Webstück etwa 23 cm lang ist, zum Abschluss noch einmal sechs Reihen Leinwandbindung in Braun weben.

7. Das Gewebe vom Rahmen schneiden und die Kettfäden an beiden Enden verknoten (siehe Seite 58/59).

8. An einem Ende des Webstücks die Kettfadenenden vernähen (siehe Seite 60). Am anderen Ende die Knoten an der Kante sichtbar lassen.

9. Das Ende mit den sichtbaren Knoten über das andere Ende legen, sodass die Ringform entsteht. Die Kante mit den Knoten sollte deshalb auf dem anderen Gewebeende liegen, damit die Knoten auf der Außenseite des Armbandes zu sehen sind. Die Enden des Bandes mit Stecknadeln fixieren und darauf achten, dass sie sauber übereinstimmen.

10. Den festen Baumwoll- oder Leinenfaden in die Nähnadel einfädeln und die beiden Bandenden entlang der gesteckten Linie zusammennähen. Ich habe zwei parallele Nähte gearbeitet, um eine feste Verbindung zu schaffen.

Hinweis

Die Maße dieses Projekts habe ich an den Umfang meines eigenen Handgelenks angepasst. Am besten messen Sie Ihr eigenes Handgelenk ab, bevor Sie beginnen, damit Ihr Armband Ihnen auch wirklich passt. Sie können auch einen Ihrer eigenen vorhandenen Armreife mit einem Maßband abmessen und Ihr neues Armband in entsprechender Länge weben.

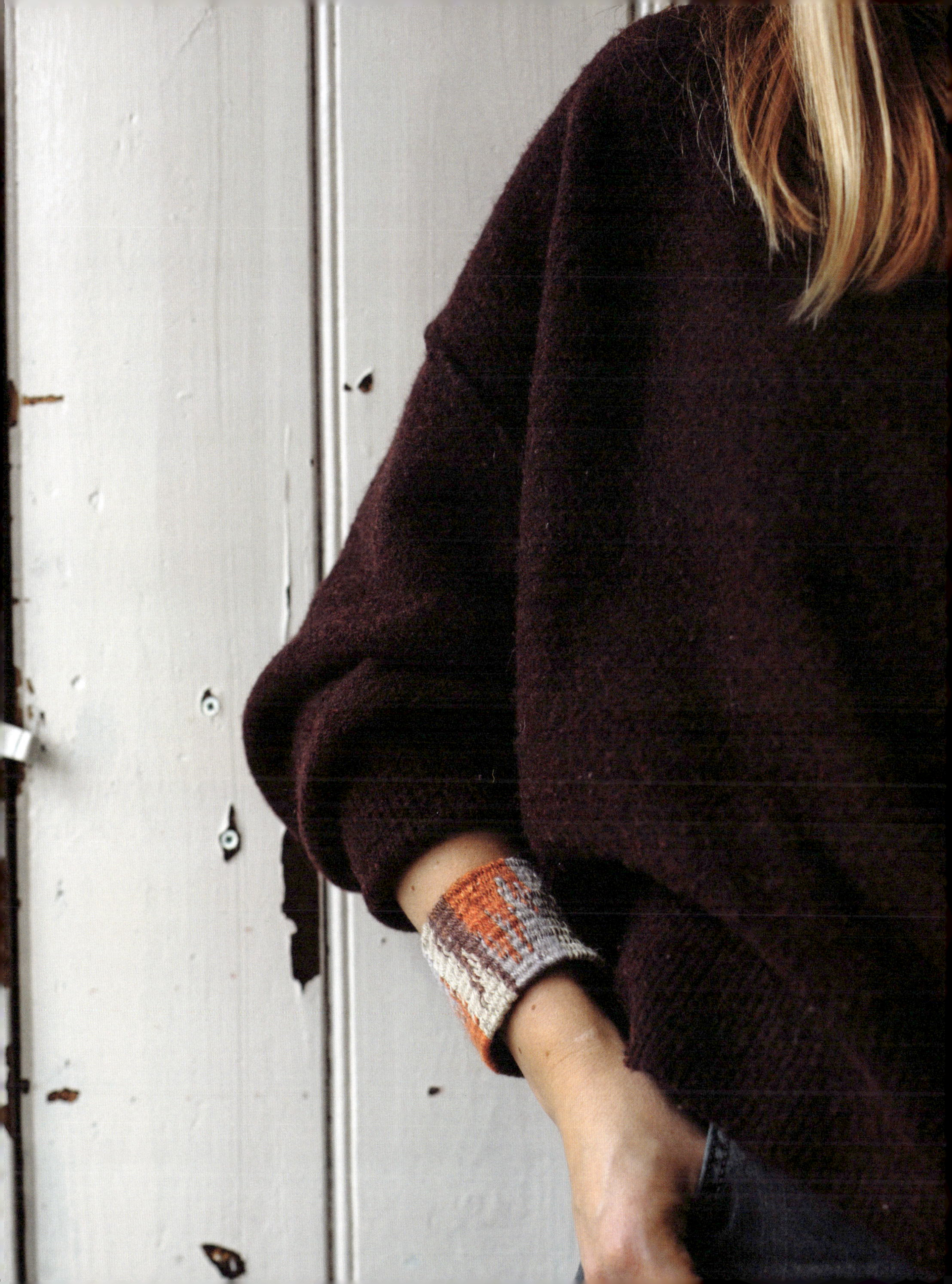

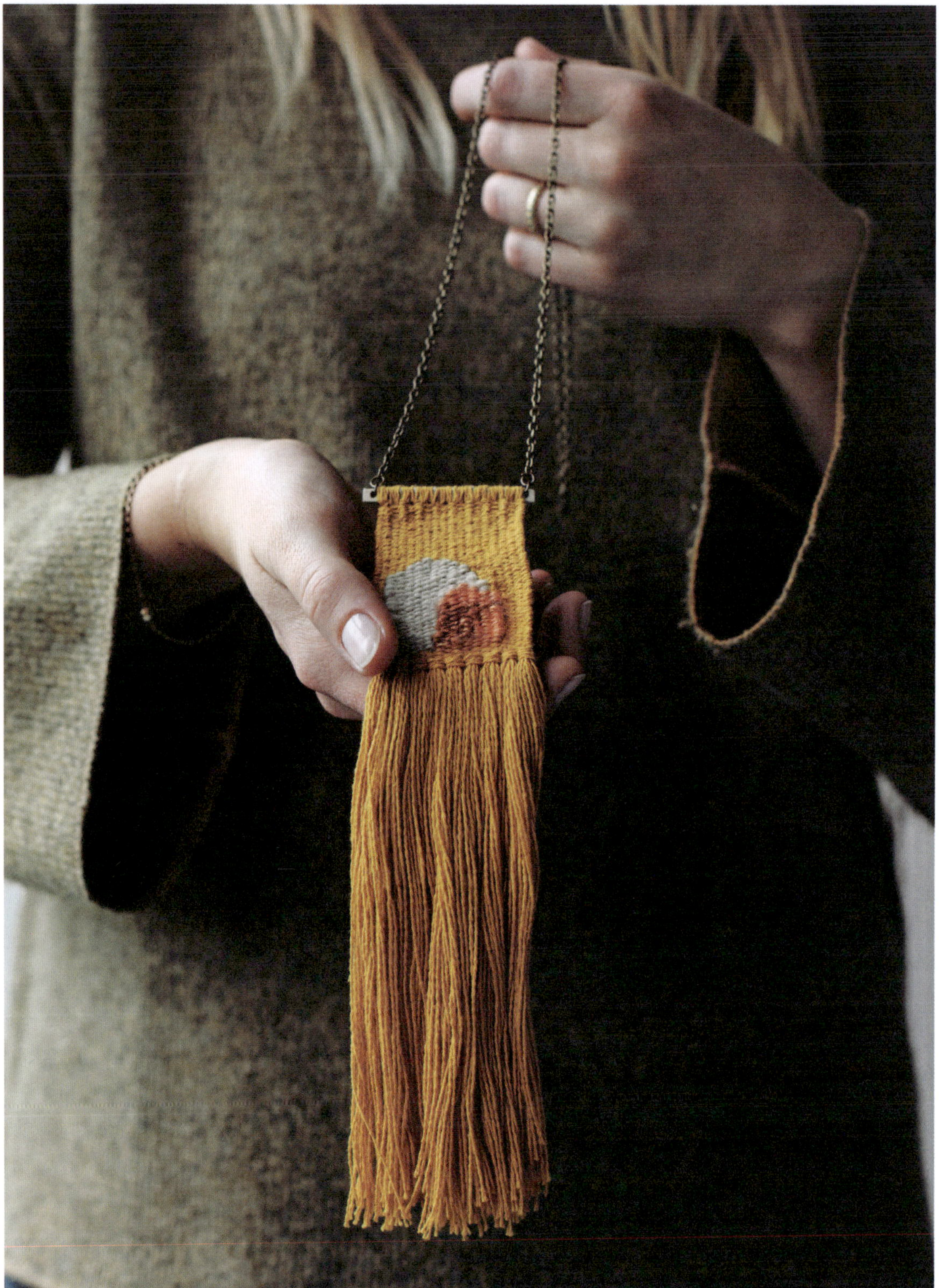

Sonnenaufgang und Moos
[ANHÄNGER]

Diese beiden Kettenanhänger verleihen jedem Outfit ein wenig Struktur und das gewisse Etwas. Sie sind ganz einfach anzufertigen und können ganz nach Belieben abgewandelt werden, wenn Sie die Grundtechnik erst einmal verstanden haben. Der gelbe Anhänger ist ein heiter anmutendes Schmuckstück, zu dem mich lange, heiße Sommertage im Garten, Sonnenblumen und laue Abende inspiriert haben. Auf Seite 78 sehen Sie einen moosgrünen Anhänger, eine dezentere Variante, die auf Schwarz hinreißend wirkt.

SONNENAUFGANG – ANHÄNGER

MATERIAL

- Schmuckwebrahmen
- Schmuckstab aus Holz oder Metall, 5 cm lang, an beiden Enden durchbohrt
- Festes, dünnes Leinenkettgarn
- Feines Baumwollgarn in Gelb
- Wollgarn in Pfirsichrosa und Hellbeige
- Sari-Seidenband in Rostbraun
- Fester Karton
- Bleistift
- Schere
- Sticknadel ohne Spitze
- Kettelzange für Schmuck
- Kette und Biegeringe

1. Halten Sie den Schmuckwebrahmen vor sich und platzieren Sie den Schmuckstab so an der Oberkante des Rahmens, dass er oberhalb der Nägel liegt.

2. Bespannen Sie den Rahmen mit 18 Kettfäden (die Kette wird um neun Nägel gelegt). Wenn Sie den Kettfaden um die oberen Nägel des Webrahmens legen, führen Sie ihn unter dem Schmuckstab hindurch und wieder darüber hinweg, sodass der Stab von den Kettfäden umschlossen wird (siehe Foto auf Seite 78).

3. Wenn Sie den Webrahmen bespannt haben, wenden Sie ihn, sodass die Oberkante mit dem von Kettfäden eingeschlossenen Schmuckstab zu Ihnen zeigt.

4. Mit gelbem Baumwollgarn weben Sie 20 Reihen in Leinwandbindung (siehe Seite 35).

5. Zeichnen Sie eine gerundete Form mit einer 3,5 cm breiten flachen Unterkante und einer 2,5 cm hohen geraden Seitenkante auf den Karton. Die beiden anderen Seiten werden abgerundet. Diese Vorlage schieben Sie zwischen die Kettfäden (siehe Seite 52). Achten Sie darauf, dass die Kartonvorlage mit der Rundung zu Ihnen zeigt, da der Anhänger von oben nach unten gewebt wird.

6. Innerhalb dieser Form gestalten Sie eine weitere, kleinere Form (die Fläche in Pfirsichrosa und Rostbraun). Sie können diese Form entweder aus einem weiteren Stück Karton ausschneiden und einsetzen oder die Form auf den Kettfäden markieren, sodass Sie sich daran orientieren können.

7. Weben Sie mit dem gelben Baumwollgarn rund um die Kartonform weiter.

8. Entfernen Sie die Vorlage aus Karton und füllen Sie den freien Raum mit Wollgarn in Natur und Pfirsichrosa sowie mit rostbraunem Sari-Seidenband in Leinwandbindung aus. Die Grafik auf Seite 75 dient Ihnen dabei als Anhaltspunkt.

9. Wenn Sie die Form fertig ausgewebt haben, weben Sie weitere drei Reihen mit gelbem Baumwollgarn in Leinwandbindung.

10. Nun bringen Sie die Fransenkante aus zwei Reihen langer Rya-Knoten an (siehe Seite 44). Knüpfen Sie zwei Reihen aus jeweils neun Rya-Knoten ein, von denen jeder aus sieben ca. 30 cm langen Fäden des gelben Garns besteht.

11. Wenn Sie die Fransenkante beendet haben, schneiden Sie Ihren Anhänger oberhalb der Fransen so dicht wie möglich an den Nägeln des Webrahmens ab und verknoten die Kettfäden (siehe Seite 59). Den Überstand unter den Knoten schneiden Sie ab (die Knoten bleiben hinter den Fransen verborgen).

12. An der Oberkante des Webrahmens ziehen Sie die Kettfäden und den Schmuckstab vorsichtig von den Nägeln des Rahmens und achten dabei darauf, dass der Schmuckstab nicht herausrutscht.

13. Bringen Sie mithilfe der Kettelzange in jedem der beiden Löcher an den Enden des Schmuckstabs einen Biegering an und hängen Sie dort die Kette ein.

14. Damit der Anhänger nicht auf dem Schmuckstab hin und her rutscht, können Sie ihn mit gelbem Faden rund um Stab und Oberkante des Gewebes annähen und dabei die Kettfäden verdecken.

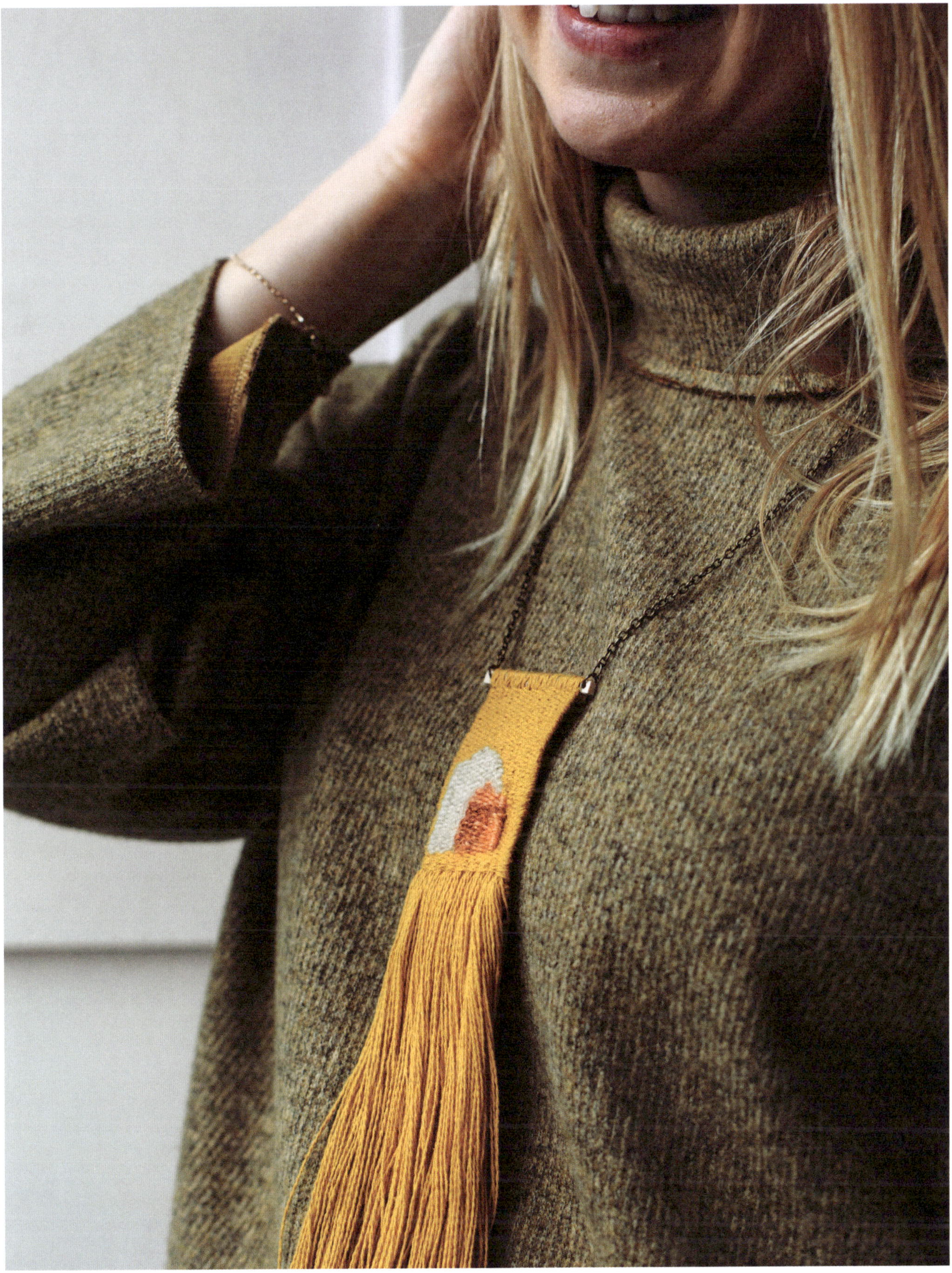

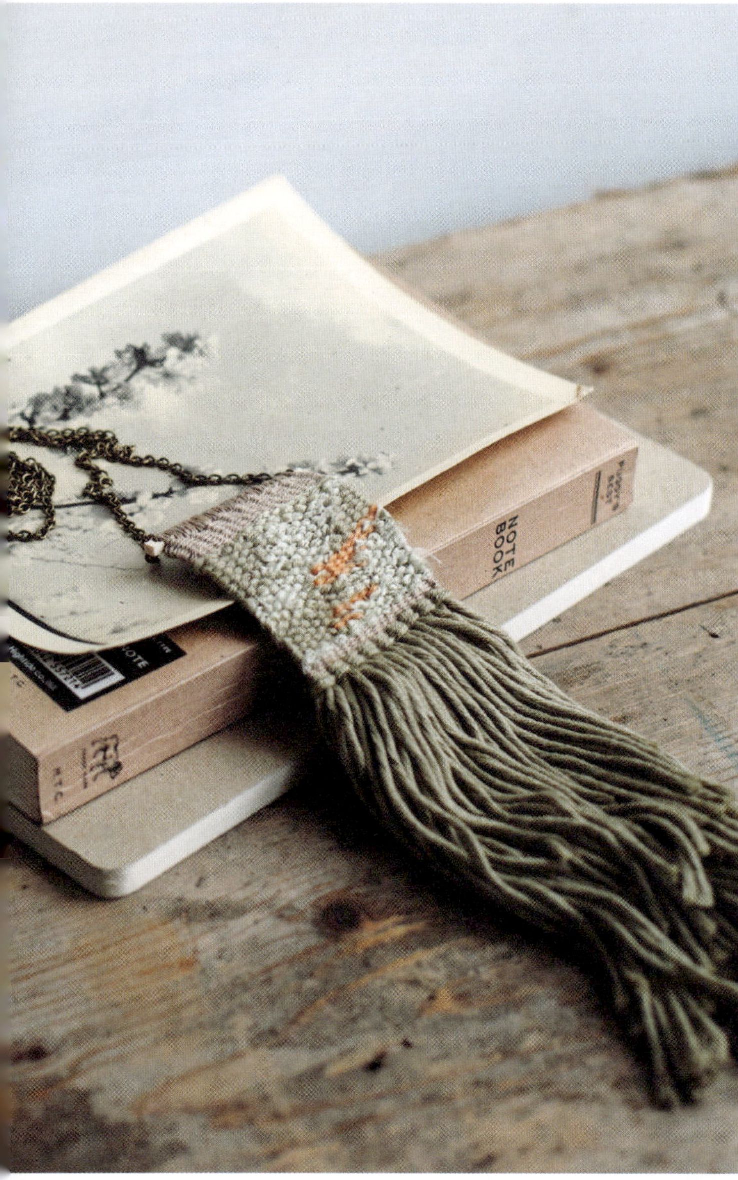
NOTE
BOOK

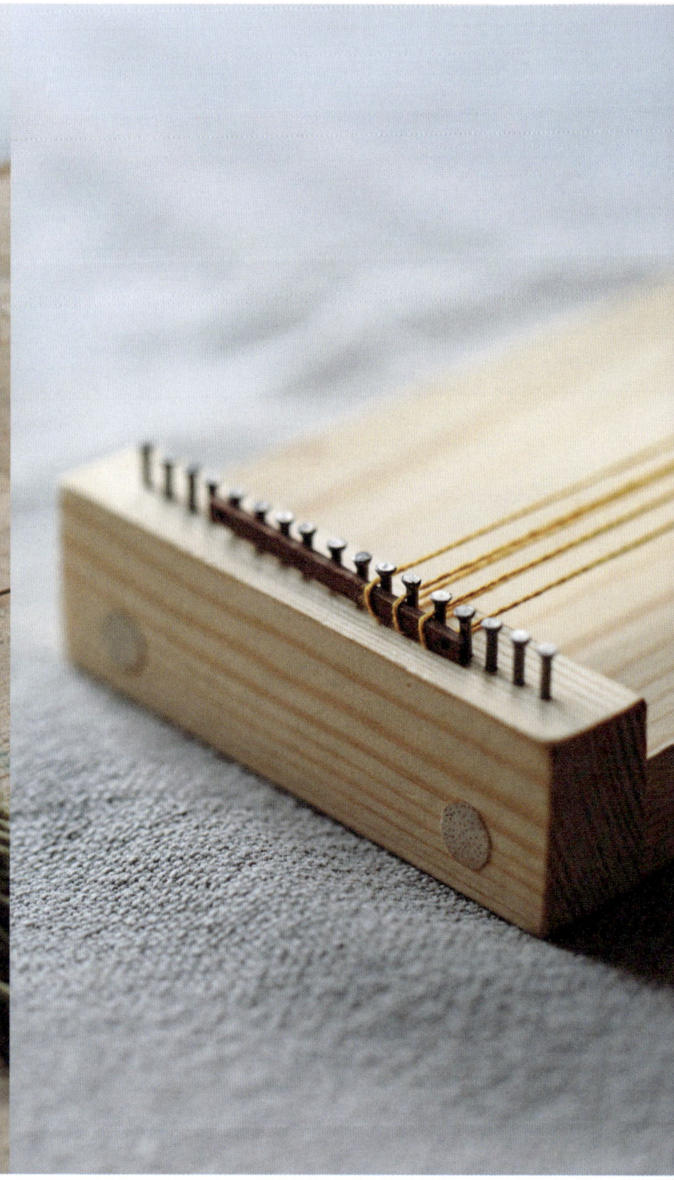

MOOS – ANHÄNGER

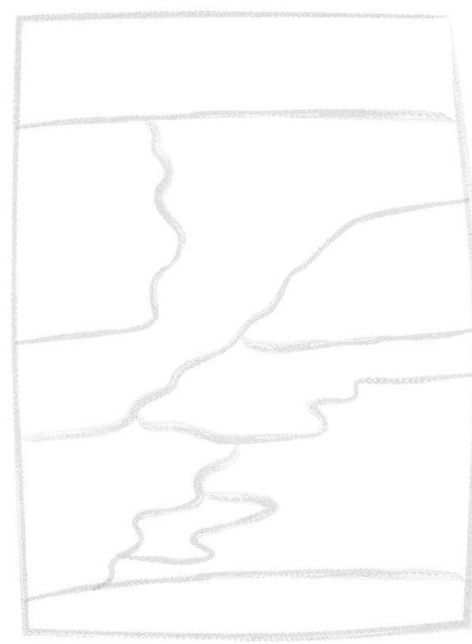

MATERIAL

- Schmuckwebrahmen
- Schmuckstab aus Holz oder Metall, 5 cm lang, an beiden Enden durchbohrt
- Festes, feines Leinenkettgarn
- Baumwollgarn in Olivgrün
- Wollgarn in Pfirsichrosa
- Sari-Seidenband in Hellgrün
- Schere
- Sticknadel ohne Spitze
- Kettelzange für Schmuck
- Metallkette und Biegeringe

1. Bespannen Sie den Webrahmen mit 18 Kettfäden und fixieren Sie den Schmuckstab, wie beim Anhänger Sonnenaufgang auf Seite 76, Schritt 1-3, beschrieben.

2. Dann weben Sie das Motiv gemäß der Grafik (rechts oben) in Leinwandbindung, wobei Sie die Farbflächen ineinandergreifen lassen (siehe Seite 54).

3. Beenden Sie die Webarbeit und nehmen Sie das Gewebe vom Rahmen, wie auf Seite 76, Schritt 10-14, beschrieben.

Meeresalgen [HALSKETTE]

Dieser reizvolle Halsschmuck ist ein echter Hingucker. Er fällt durch seine interessante Struktur ins Auge und trägt sich sehr angenehm. Die Inspiration dazu lieferten die Farben und Strukturen von Meeresalgen, die sich sanft in der Flut wiegen, an die Felsen gespült werden und immer wieder in der Sonne glitzern.

Für dieses Projekt wird ein großer Webrahmen gebraucht, um die notwendige Länge für die seitlichen Bänder zu erzielen. Gearbeitet wird hauptsächlich mit Rya-Knoten und in Leinwandbindung. Die Fransenstruktur entsteht dadurch, dass die Lagen der Rya-Knoten auf unterschiedliche Längen geschnitten werden. Wählen Sie am besten ein weiches, nicht kratzendes Garn für den Teil, der beim Tragen des Schmuckstücks am Hals anliegt. Ich habe ein weiches Baumwollgarn in Hellgrau verwendet, aber weiches Leinen-, Seiden- oder Merinowollgarn eignet sich ebenfalls gut.

MATERIAL

- Großer Webrahmen, 50 cm x 60 cm
- Festes Baumwollkettgarn
- Baumwollgarn in Hellgrau
- Dünnes Wollgarn in Rostbraun und Jeansblau
- Sticknadel ohne Spitze
- Schere

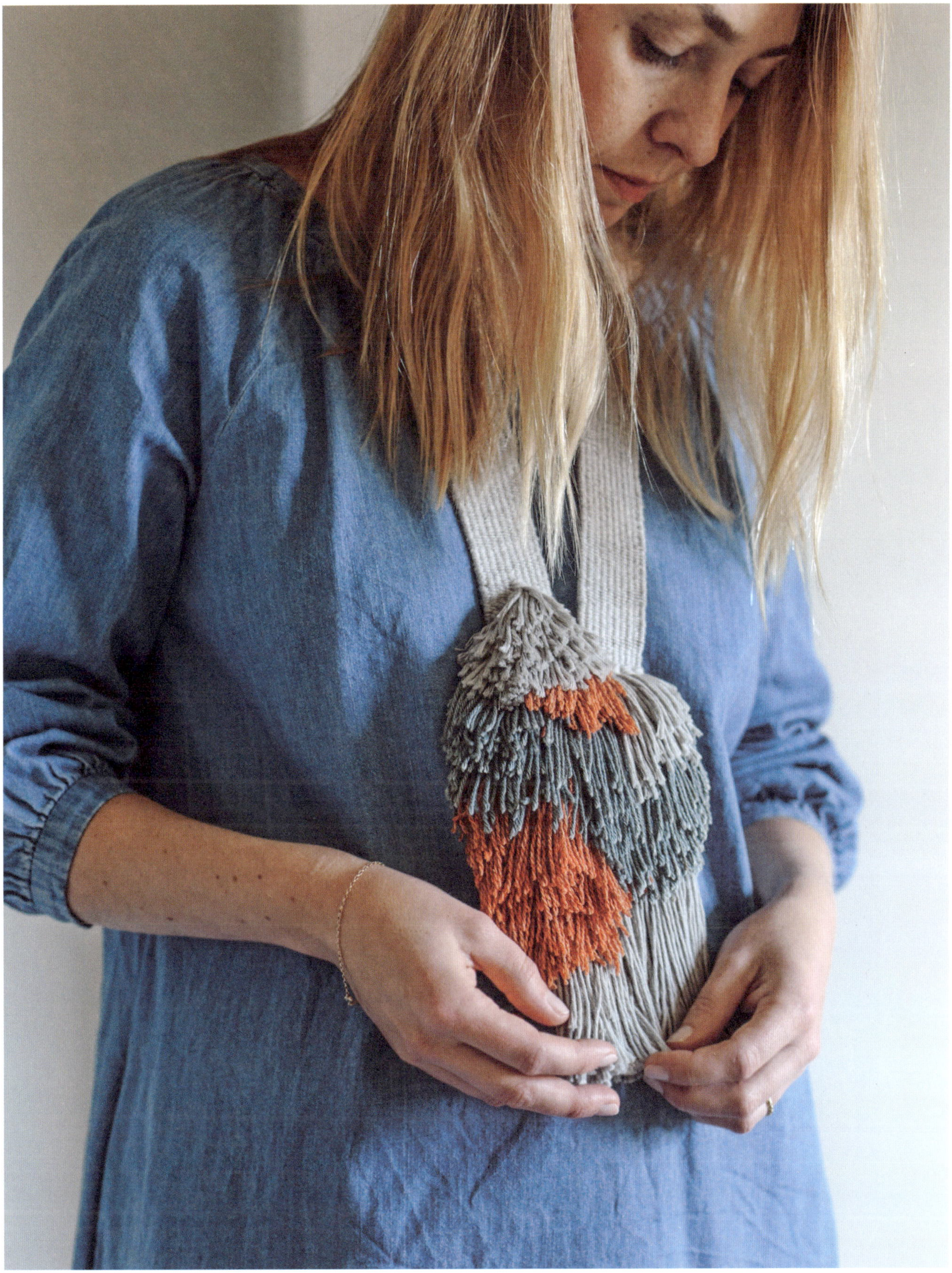

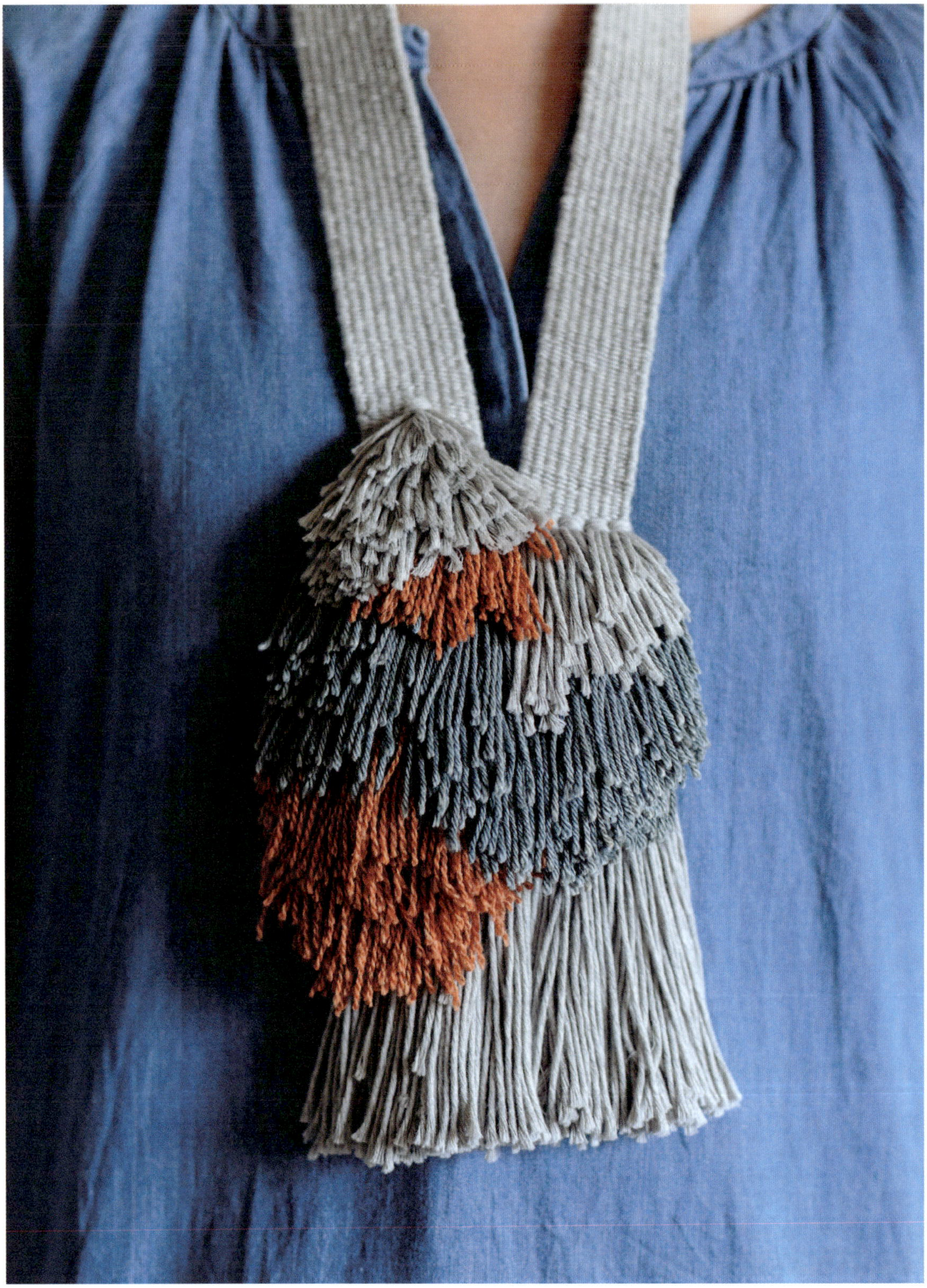

1. Bespannen Sie den Webrahmen in der Technik der doppelten Kette (siehe Seite 32) mit 20 Kettfäden.

2. Weben Sie zuerst mit hellgrauem Baumwollgarn zwei Reihen in Leinwandbindung (siehe Seite 35), um die Unterkante des Gewebes zu festigen.

3. Nun beginnen Sie mit den Rya-Knoten (siehe Seite 44), die Ihrem Halsschmuck die Fransenoptik verleihen. Sie knüpfen die Fransen in umgekehrter Reihenfolge ihres Erscheinens auf dem Schmuckstück ein. Das heißt, dass Sie mit den längsten Fransen beginnen und mit den kürzesten enden.

4. Messen Sie zunächst die Fäden für die untere Lage aus hellgrauen Fransen ab. Jeder Rya-Knoten in dieser Lage besteht aus fünf jeweils 15 cm langen Fäden.

5. Die ersten zwei Reihen bestehen aus jeweils zehn hellgrauen Rya-Knoten.

6. Zwischen den Fransenreihen weben Sie jeweils zwei Reihen in Leinwandbindung in derselben Garnfarbe wie die Fransen, um die Rya-Knoten zu fixieren.

7. Die dritte Reihe von Rya-Knoten besteht aus drei hellgrauen Rya-Knoten an der rechten Seite; sie sind genauso lang wie die Knoten in den ersten beiden Reihen. Dazu kommen sieben Rya-Knoten aus rostbraunem Garn an der linken Seite. Die rostbraunen Rya-Knoten bestehen jeweils aus fünf etwa 12 cm langen Fäden.

8. Die vierte Rya-Reihe besteht aus sechs rostbraunen Rya-Knoten (aus jeweils 12 cm langen Fäden) an der linken Seite und vier jeansblauen Rya-Knoten (jeweils aus fünf ca. 9 cm langen Fäden) an der rechten Seite, siehe Foto.

9. Die fünfte Rya-Reihe besteht aus fünf rostbraunen Rya-Knoten (Fadenlänge wieder 12 cm) und fünf jeansblauen Rya-Knoten (Fadenlänge wieder 9 cm).

10. Die sechste Rya-Reihe besteht aus vier rostbraunen Rya-Knoten (Fadenlänge 12 cm) und sechs jeansblauen Rya-Knoten (Fadenlänge 9 cm).

11. Die siebte Rya-Reihe besteht aus vier rostbraunen Rya-Knoten (Fadenlänge 12 cm) und sechs jeansblauen Rya-Knoten (Fadenlänge 9 cm).

12. Die achte Rya-Reihe besteht aus drei rostbraunen Rya-Knoten (Fadenlänge 12 cm) und sieben jeansblauen Rya-Knoten (Fadenlänge 9 cm).

13. Die neunte Rya-Reihe besteht aus fünf jeansblauen Rya-Knoten und fünf hellgrauen Rya-Knoten (Fadenlänge jeweils ca. 7-9 cm). (Alle Fransen werden später in Wunschlänge bzw. gemäß Foto zugeschnitten.)

14. Nach dem Ende der neunten Rya-Reihe beginnen die beiden Arme der Halskette. Dazu bis zum zehnten Kettfaden weben und von dort aus wieder zurück, sodass eine Lücke zwischen dem zehnten und elften Kettfaden entsteht und die beiden Hälften nicht mehr miteinander verbunden sind.

15. Auf der linken Seite der Halskette müssen Sie noch einige weitere Rya-Knoten einknüpfen, während Sie auf der rechten Seite mit hellgrauem Baumwollgarn in Leinwandbindung weiterweben.

16. Die zehnte Rya-Reihe (nur auf dem linken „Arm" der Halskette) besteht aus drei jeansblauen und zwei rostfarbenen Rya-Knoten (Fadenlänge jeweils ca. 5 cm).

17. Die elfte Rya-Reihe (nur auf dem linken „Arm") besteht aus zwei jeansblauen und drei rostbraunen Rya-Knoten (Fadenlänge ca. 5 cm).

18. Die zwölfte Rya-Reihe (nur auf dem linken „Arm") besteht aus zwei jeansblauen und drei rostbraunen Rya-Knoten (Fadenlänge ca. 5 cm).

19. Die 13. Rya-Reihe (nur auf dem linken „Arm") besteht aus fünf hellgrauen Rya-Knoten (Fadenlänge ca. 4 cm).

20. Die 14. Rya-Reihe (nur auf dem linken „Arm") besteht aus vier hellgrauen Rya-Knoten (Fadenlänge ca. 4 cm). Sie sollten mittig platziert und zu beiden Seiten in Leinwandbindung eingerahmt werden.

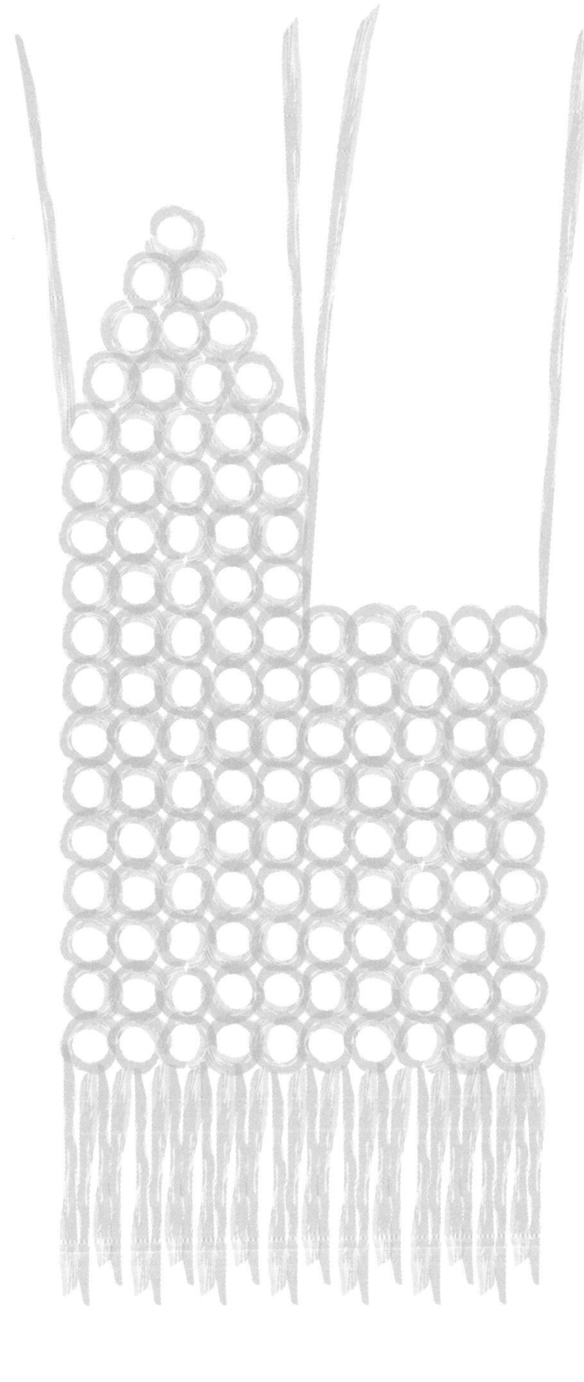

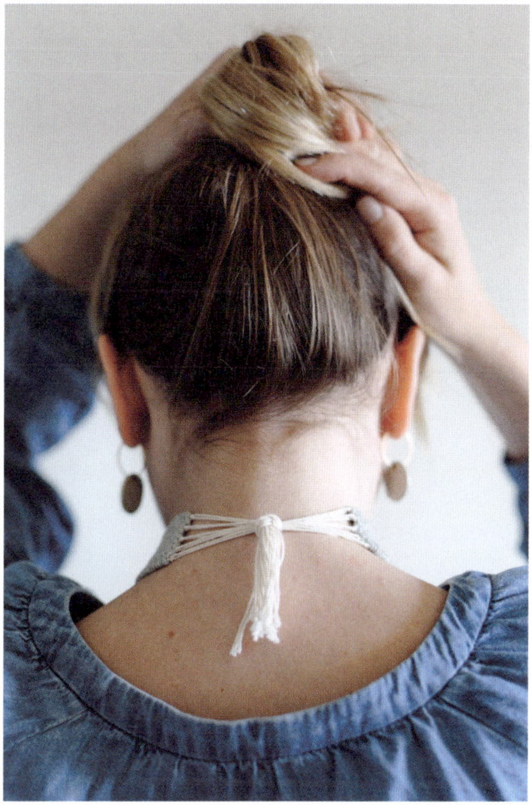

21. Die 15. Rya-Reihe (nur auf dem linken „Arm") besteht aus drei, die 16. Reihe aus zwei und die 17. (und letzte) Reihe aus einem hellgrauen Rya-Knoten (Fadenlänge 4 cm) – jeweils mittig platziert und zu beiden Seiten in Leinwandbindung eingerahmt.

22. Weben Sie mit dem hellgrauen Garn auf beiden Seiten („Armen") der Halskette in Leinwandbindung weiter, bis der rechte „Arm" ca. 31 cm lang ist. Der leinwandbindige Teil auf der linken Seite ist wegen der zusätzlichen Rya-Knoten kürzer, aber beide „Arme" enden oben an derselben Stelle des Webrahmens.

23. Nun den Halsschmuck an beiden Enden vom Rahmen schneiden (siehe Seite 58) und die Kettfäden verknoten (siehe Seite 59).

24. Schneiden Sie die überstehenden Kettfäden unterhalb der Knoten an der Unterkante der Halskette ab. Am oberen Ende der Webarbeit lassen Sie die Kettfäden lang und verknoten sie mit einem einfachen Knoten. Auf diese Weise werden die beiden „Arme" der Halskette miteinander verbunden. Der Knoten liegt beim Tragen des Halsschmucks im Nacken.

25. Schneiden Sie die Fransen des Halsschmucks gemäß Fotos oder Wunsch auf Länge und Form zurück.

Alles im Fluss [LESEZEICHEN]

Dieses Projekt eignet sich ebenfalls perfekt als Geschenk, weil es schön und zugleich nützlich ist. Es wird in einer speziellen Technik mit Farbübergängen gewebt, bei der ein reizvoller Verlaufseffekt innerhalb der Webarbeit entsteht. Ich habe Garne in dezent abgestuften Farben verwendet, um den Eindruck der wechselnden Farben und Schattierungen fließenden Wassers zu erzielen. Wenn Sie andere Farben wählen, sollten Sie darauf achten, dass sie zueinander passen. Legen Sie dazu die Fäden einmal nebeneinander, bevor Sie zu weben beginnen.

MATERIAL

- Kleiner Webrahmen, 30 cm x 40 cm
- Festes Leinenkettgarn
- Wollgarn in Hellbeige, Hellblau, Dunkelblau und Violett
- Sticknadel ohne Spitze
- Schere

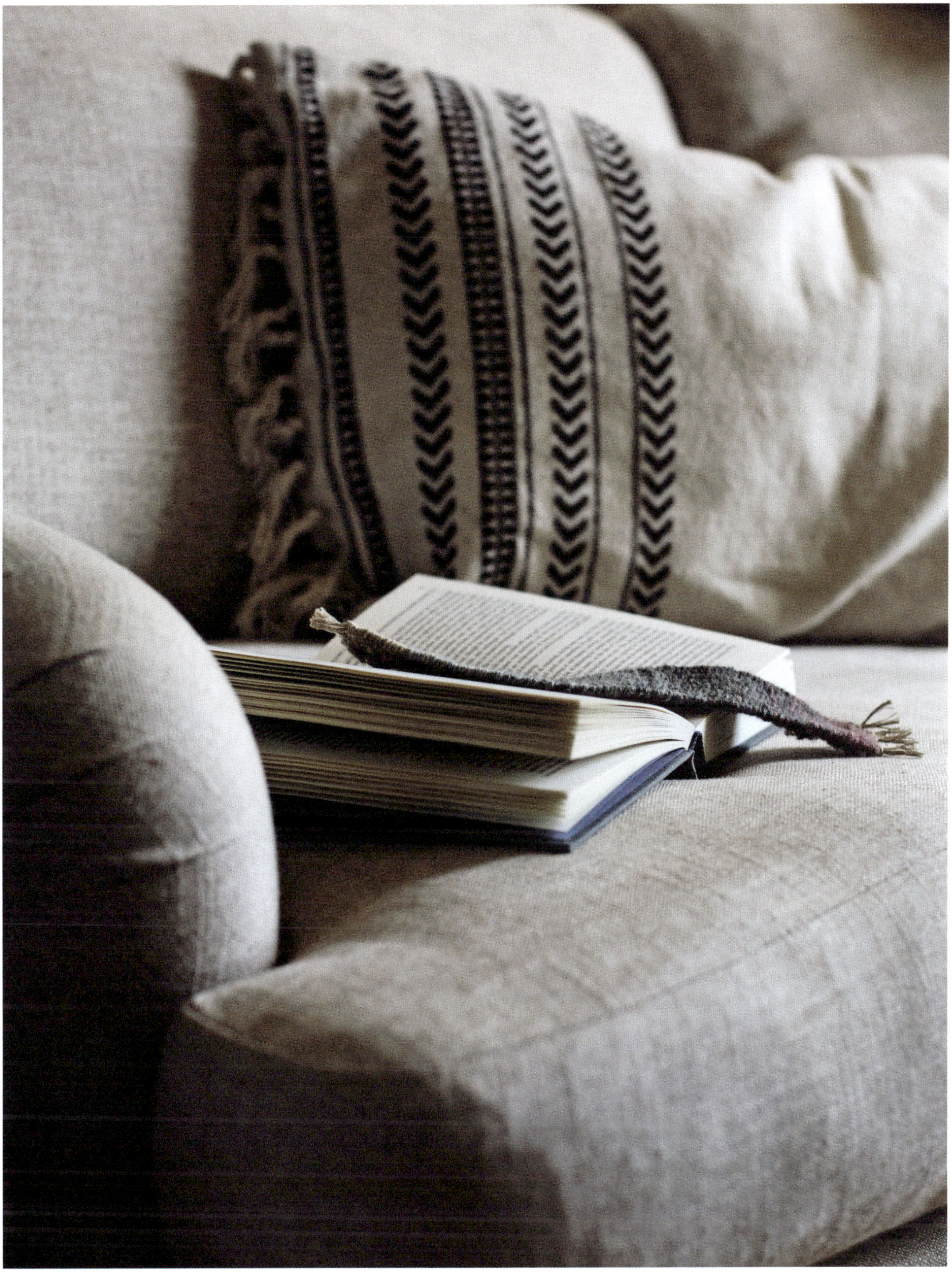

1. Bäumen Sie eine doppelte Kette aus acht Kettfäden auf (siehe Seite 32).

2. Beginnen Sie mit dem Wollgarn in Hellbeige und arbeiten Sie zehn Reihen in Leinwandbindung (siehe Seite 35).

3. Dann fädeln Sie beigefarbenes Garn und einen kurzen Faden in Hellblau zusammen in die Nadel ein und weben eine halbe Reihe. Den Rest der Reihe beenden Sie nur in Beige und weben anschließend noch weitere zwei oder drei Reihen nur in Beige.

4. Fädeln Sie wieder Beige und Hellblau zusammen ein und weben Sie acht Reihen in Leinwandbindung. Machen Sie sich keine Gedanken, wenn beide Fäden einander während des Webens überkreuzen: Dadurch bekommt das Gewebe eine natürlichere, lebendige Wirkung.

5. Anschließend weben Sie drei oder vier Reihen nur in Hellblau.

6. Darauf folgen sechs Reihen in Blau und Beige zusammen, gefolgt von weiteren acht Reihen nur in Hellblau.

7. Als Nächstes fädeln Sie einen hellblauen und einen dunkelblauen Faden zusammen ein und weben fünf Reihen mit beiden Fäden sowie anschließend zweieinhalb Reihen nur in Dunkelblau.

8. Weben Sie weitere drei oder vier Reihen in Hell- und Dunkelblau zusammen und danach zwei oder drei Reihen nur in Hellblau.

9. In den nächsten 20 Webreihen wechseln Sie zwischen einer Kombination aus Hell- und Dunkelblau und reinem Dunkelblau ab.

10. Nun nehmen Sie etwas Violett dazu: Fädeln Sie den violetten Faden zusammen mit dem dunkelblauen ein und weben Sie mit beiden Garnen zusammen eineinhalb Reihen in Leinwandbindung.

11. Es folgen drei oder vier Reihen nur in Dunkelblau, bevor Sie wieder Dunkelblau und Violett zusammennehmen und weitere dreieinhalb Reihen in dieser Kombination weben.

12. Auf diese Weise weiterweben: In den nächsten zehn Reihen zwischen der Kombination Blau-Violett und reinem Blau abwechseln.

13. Die letzten zwölf Reihen weben Sie nur mit dem violetten Faden in Leinwandbindung. Nach der letzten Webreihe sollte Ihr Lesezeichen ca. 24 cm lang sein.

14. Schneiden Sie Ihr Lesezeichen vom Webrahmen ab und verknoten Sie die Kettfäden an beiden Enden (siehe Seite 58/59).

15. Die überstehenden Kettfadenenden schneiden Sie nach den Knoten ab, sodass an beiden Enden kurze Fransen hängen bleiben.

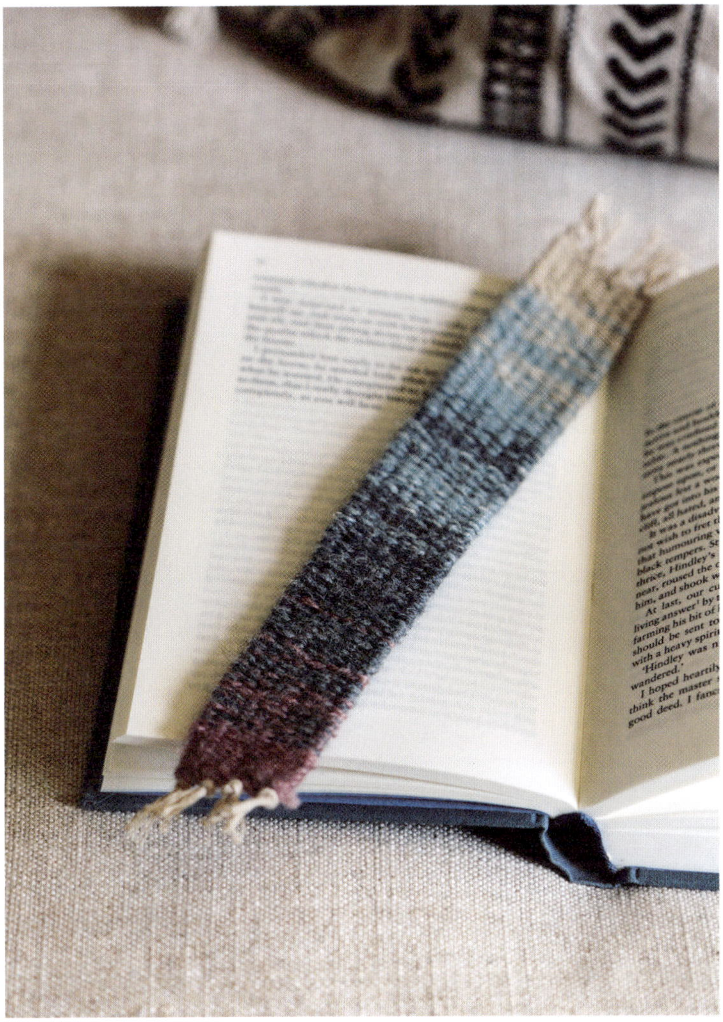

Kiesel & Fels
[MINI-WEBBILDER]

Kürzlich habe ich viele Mini-Webbilder angefertigt, weil sie im Nu fertig sind und sich wunderbar verschenken lassen. Aber auch gerahmt und in Gruppen an der Wand aufgehängt wirken sie wirklich eindrucksvoll. Die Inspiration zu diesem Projekt stammt von den Kieselsteinen am Strand, die in den Spalten und Ritzen zwischen größeren Felsen an der Druidstone-Küste in Pembrokeshire versteckt sind. Die Webbilder sind so gestaltet, dass sie als Gruppe arrangiert werden können: Jedes ist Teil desselben Bildes, wobei die fünf Mini-Gewebe alle mit denselben Garnen und Mustern gearbeitet sind, sodass sie als Einheit wirken. Sie erscheinen wie dasselbe Bild aus unterschiedlichen Blickwinkeln. Bei vier der fünf Webstücke entsteht durch Rya-Knoten in Kombination mit Leinwandbindung eine interessante Struktur.

MATERIAL

- Kleiner Webrahmen, 30 cm x 40 cm
- Festes Baumwoll- oder Leinenkettgarn
- Sari-Seidenband in Orange und Hellgrün
- Feines Wollgarn in Beige und Rostbraun
- Leinengarn in Blaugrün
- Sticknadel ohne Spitze
- Schere
- Rahmen zum Aufhängen (nach Belieben)

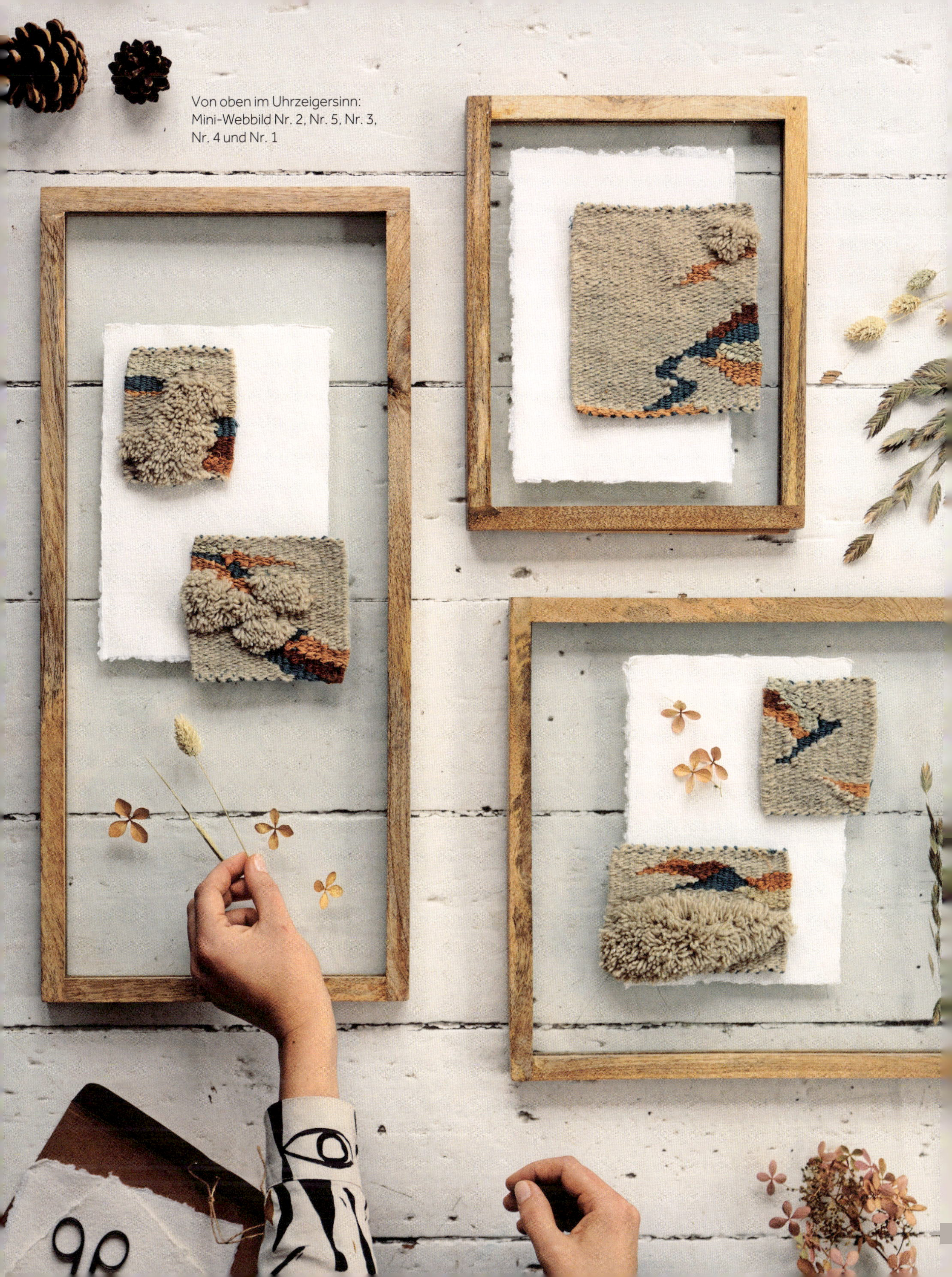

Von oben im Uhrzeigersinn:
Mini-Webbild Nr. 2, Nr. 5, Nr. 3,
Nr. 4 und Nr. 1

MINI-WEBBILD 1

1. Bäumen Sie eine doppelte Kette aus 16 Kettfäden auf (siehe Seite 32).

2. Weben Sie an der Unterkante der Kette mit beigefarbenem Wollgarn drei Reihen in Leinwandbindung (siehe Seite 35).

3. Darüber fügen Sie fünf Rya-Knoten hinzu (siehe Seite 44), wobei Sie den ersten Rya-Knoten zwischen dem vierten und fünften Kettfaden von links einknüpfen. Für jeden Rya-Knoten verwenden Sie acht Fäden in Beige.

4. Beidseits der Rya-Knoten in Leinwandbindung in der Blocktechnik (siehe Seite 55) bis zum Rand weben: auf der linken Seite mit dem beigefarbenen Garn, auf der rechten Seite mit orangefarbenem Sari-Seidenband.

5. Oberhalb der ersten Reihe Rya-Knoten einige Reihen in Leinwandbindung weben, um die Knoten zu fixieren.

6. Eine zweite Reihe Rya-Knoten hinzufügen, dabei wieder zwischen dem vierten und fünften Kettfaden von links beginnen, jedoch diesmal nur vier Rya-Knoten arbeiten.

7. Wieder die Reihen zu beiden Seiten bis zu den Kanten in Leinwandbindung in der Blocktechnik vervollständigen und dazu links das beigefarbene Wollgarn und rechts das orangefarbene Sari-Seidenband verwenden.

8. Oberhalb der Rya-Knoten einige Reihen in Leinwandbindung weben.

3. Reihe: Sechs Rya-Knoten, beginnend zwischen dem ersten und zweiten Kettfaden.

4. Reihe: Sieben Rya-Knoten, beginnend zwischen dem ersten und zweiten Kettfaden.

5. Reihe: Vier Rya-Knoten, beginnend zwischen dem sechsten und siebten Kettfaden.

6. Reihe: Drei Rya-Knoten, beginnend zwischen dem siebten und achten Kettfaden.

7. Reihe: Vier Rya-Knoten, beginnend zwischen dem achten und neunten Kettfaden.

8. Reihe: Drei Rya-Knoten, beginnend zwischen dem neunten und zehnten Kettfaden.

9. Welche Formen in welchen Farben Sie links und rechts von den Rya-Knoten in Leinwandbindung arbeiten, sehen Sie auf dem Foto auf Seite 91.

10. Die Fransen der Rya-Knoten gemäß dem Foto auf Seite 91 zurückschneiden. Das Webbild vom Rahmen schneiden, die Kettfäden verknoten (siehe Seite 58/59) und die Enden auf der Rückseite vernähen (siehe Seite 60).

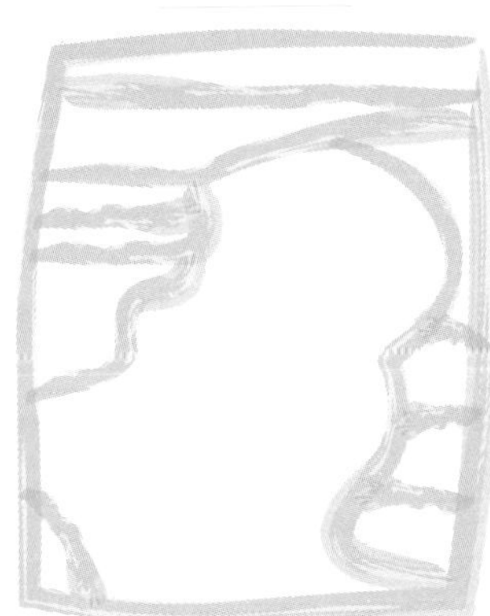

MINI-WEBBILD 1

MINI-WEBBILD 2

1. Bäumen Sie eine doppelte Kette aus 30 Kettfäden auf (siehe Seite 32).

2. Beginnen Sie mit orangefarbenem Sari-Seidenband zu weben. In Leinwandbindung (siehe Seite 35) weben Sie die erste Reihe entlang, bis Sie den 22. Kettfaden erreichen; von dort aus weben Sie zurück. Weben Sie darüber eine weitere Reihe bis zum 20. Kettfaden und wieder zurück.

3. Dann von der anderen Seite mit naturfarbenem Garn bis zu dieser Höhe weben. Die beiden Farbflächen in Blocktechnik aneinandersetzen (siehe Seite 55).

4. Gestalten Sie die blaue Zickzackform, die unten beginnt und sich in Richtung der rechten Seite des Webstückes bewegt (siehe Grafik auf Seite 95). Die Farbflächen in den anderen Farben gemäß der Grafik anfügen.

5. Ist das Gewebe ca. 11 cm hoch, arbeiten Sie sechs Rya-Knoten (einen in der ersten, zwei in der zweiten und drei in der dritten Reihe), die eine kleine erhabene Fläche ergeben, wenn sie zurückgeschnitten sind. Für jeden Rya-Knoten verwenden Sie acht beigefarbene Fäden.

6. Mit dem beigefarbenen Wollgarn noch sieben Reihen in Leinwandbindung oberhalb der Rya-Knoten weben. Das Gewebe sollte nun ca. 13 cm hoch sein.

7. Die Fransen der Rya-Knoten gemäß dem Foto auf Seite 91 zurückschneiden. Die Webarbeit vom Rahmen abschneiden, die Kettfäden verknoten (siehe Seite 58/59) und die Enden auf der Rückseite vernähen (siehe Seite 60).

MINI-WEBBILD 3

1. Bäumen Sie eine doppelte Kette aus 30 Kettfäden auf (siehe Seite 32).

2. Weben Sie mit beigefarbenem Wollgarn zwei Reihen in Leinwandbindung (siehe Seite 35).

3. Dann arbeiten Sie die Rya-Knoten (jeweils mit acht beigefarbenen Fäden pro Knoten); beginnen Sie damit an der linken Seite des Webrahmens und bauen Sie die Reihen auf wie folgt:

1. Reihe: Sechs Rya-Knoten, beginnend zwischen dem ersten und zweiten Kettfaden.

2. Reihe: Sieben Rya-Knoten, beginnend zwischen dem ersten und zweiten Kettfaden.

3. Reihe: Zehn Rya-Knoten, beginnend zwischen dem ersten und zweiten Kettfaden.

4. Reihe: Zwölf Rya-Knoten, beginnend zwischen dem dritten und vierten Kettfaden.

5. Reihe: 14 Rya-Knoten, beginnend zwischen dem vierten und fünften Kettfaden.

4. Gestalten Sie die Formen in Leinwandbindung (siehe Seite 35) gemäß der Grafik auf Seite 95, und schließen Sie die Flächen dabei in Blocktechnik aneinander an (siehe Seite 55). Am Ende sollte Ihr Gewebe ca. 8 cm hoch sein.

5. Zuletzt die Fransen der Rya-Knoten zurückschneiden (siehe Foto auf Seite 91). Dann die Webarbeit vom Rahmen abschneiden, die Kettfäden verknoten (siehe Seite 58/59) und die Enden auf der Rückseite vernähen (siehe Seite 60).

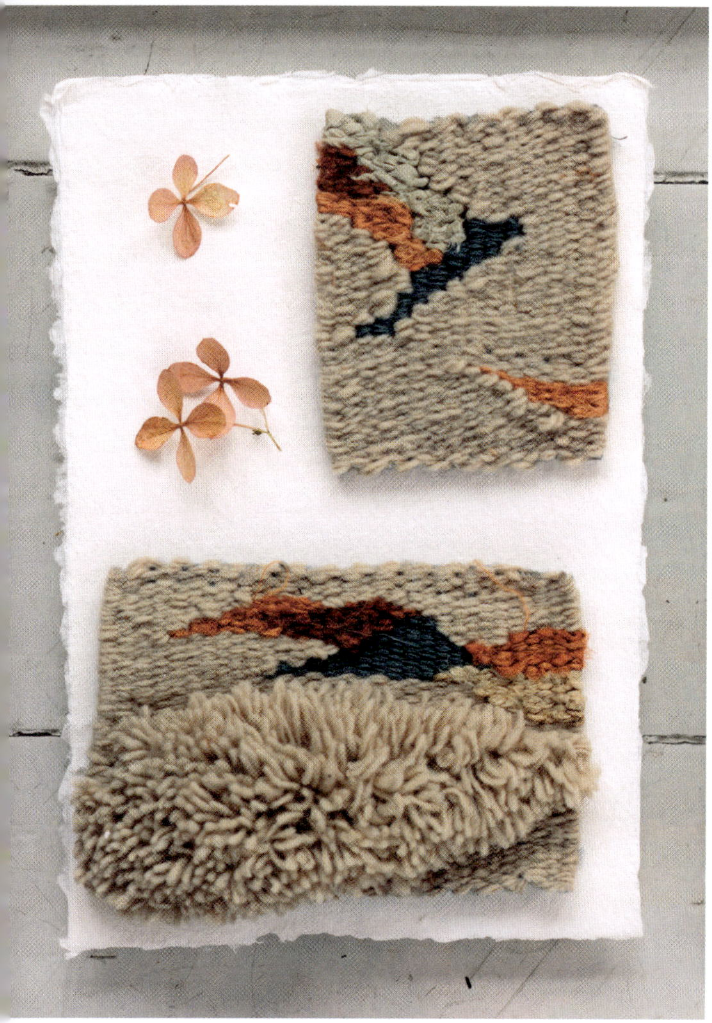

MINI-WEBBILD 5 UND 3

MINI-WEBBILD 4

1. Bäumen Sie eine doppelte Kette aus 24 Kettfäden auf (siehe Seite 32).

2. Beginnen Sie mit der schrägen Form im unteren Teil des Bildes: Weben Sie mit dem beigefarbenen Wollgarn in Leinwandbindung (siehe Seite 35) gemäß der Grafik auf Seite 95 (die Unterkante der beigefarbenen Fläche reicht bis zum 17. Kettfaden und verläuft dann schräg nach oben).

3. Mit dem blaugrünen Leinengarn eine weitere schräge Form direkt anschließen und schließlich eine rostbraune Form anfügen (siehe Grafik).

4. Dieses Gewebe zeigt drei separate Flächen mit Rya-Knoten. Die erste in der Mitte der Webarbeit besteht aus drei Reihen Rya-Knoten, wobei in der ersten Reihe ein Knoten, in der zweiten Reihe zwei Knoten und in der dritten Reihe drei Knoten gearbeitet werden.

5. Die zweite Rya-Fläche setzt sich aus sechs Knoten in der ersten, drei Knoten in der zweiten und zwei Knoten in der dritten Reihe zusammen.

6. Die dritte Rya-Fläche besteht aus drei Knoten in der ersten und vier Knoten in der zweiten Reihe.

7. Beenden Sie die Webarbeit schließlich mit den Formen oberhalb der Rya-Knoten (siehe Grafik). Das fertige Gewebe sollte ca. 9 cm hoch sein.

8. Die Fransen der Rya-Knoten gemäß dem Foto auf Seite 91 zurückschneiden. Die Webarbeit vom Rahmen abschneiden, die Kettfäden verknoten (siehe Seite 58/59) und die Enden auf der Rückseite vernähen (siehe Seite 60).

MINI-WEBBILD 5

1. Bäumen Sie eine doppelte Kette aus 16 Kettfäden auf (siehe Seite 32).

2. Weben Sie zu Beginn mit beigefarbenem Wollgarn vier Reihen in Leinwandbindung (siehe Seite 35). Dann fügen Sie die kleine orangefarbene Form rechts unten hinzu (siehe Grafik rechts unten).

3. Gestalten Sie die verschiedenen Farbflächen in Blocktechnik (siehe Seite 55) gemäß der Grafik. Nach Abschluss der Webarbeit sollte das Bild ca. 9 cm hoch sein.

4. Zuletzt die Webarbeit vom Rahmen abschneiden, die Kettfäden verknoten (siehe Seite 58/59) und die Enden auf der Rückseite vernähen (siehe Seite 60).

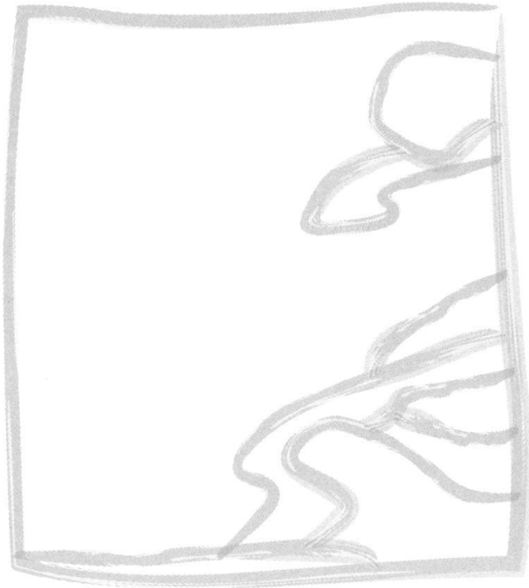

MINI-WEBBILD 2

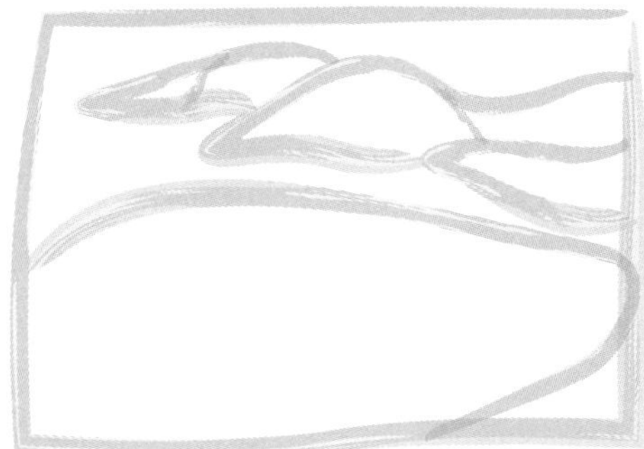

MINI-WEBBILD 3

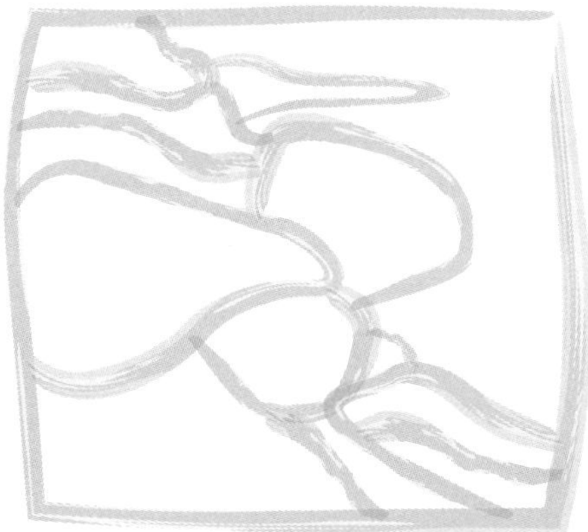

MINI-WEBBILD 4

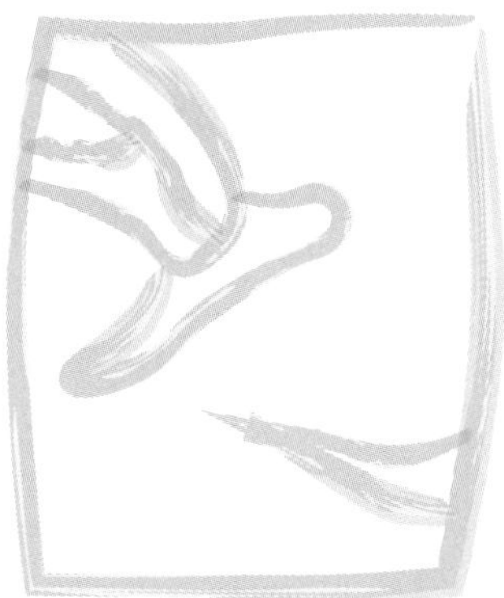

MINI-WEBBILD 5

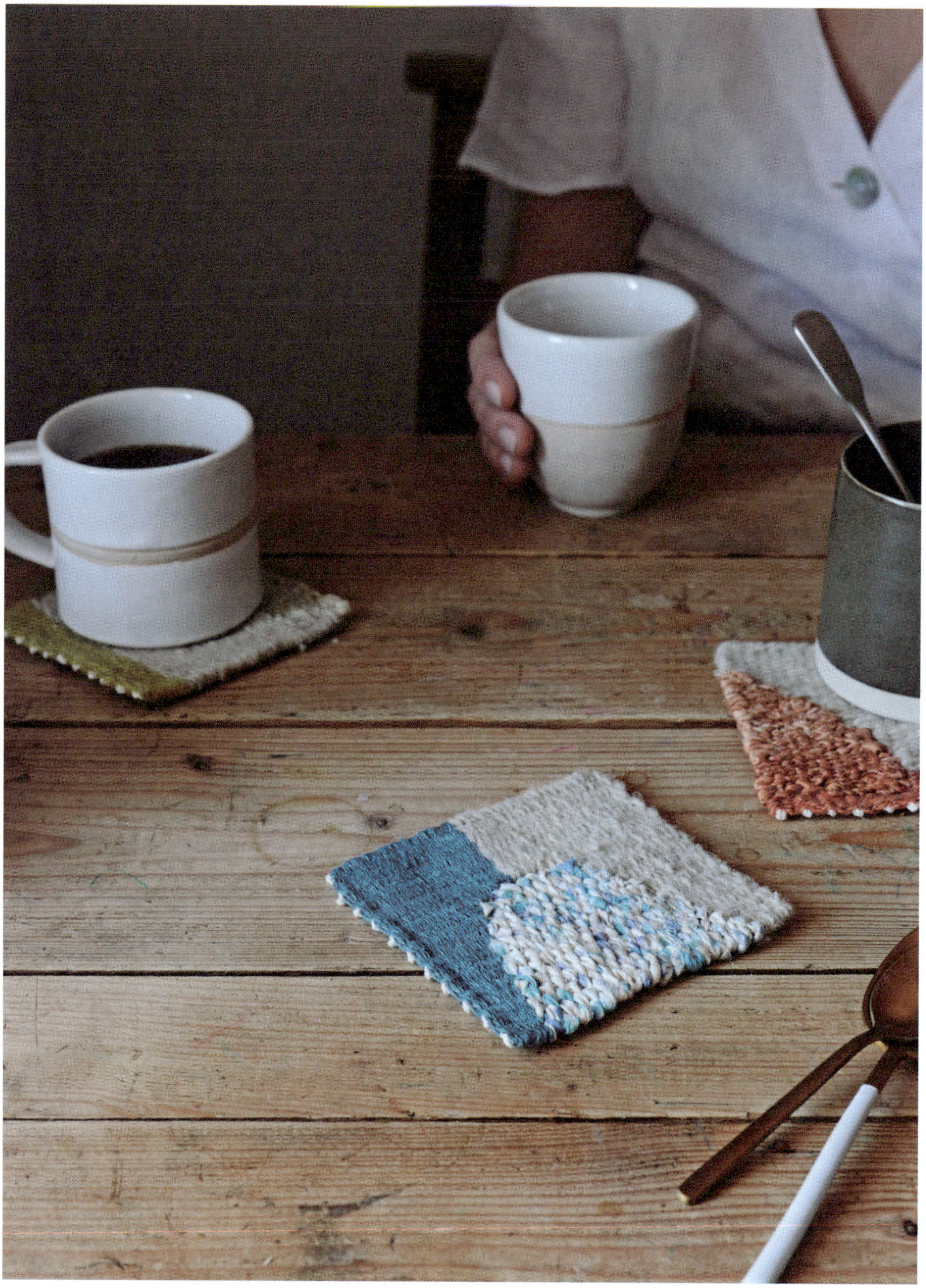

Mondphasen [UNTERSETZER]

Diese hübschen kleinen Untersetzer sind ebenso praktisch wie schön. Sie sehen auf dem Couchtisch oder auf einem Regal reizvoll aus, wo sie auf eine Tasse Tee oder ein Glas Wein warten. Für dieses einfache und stilvolle Projekt wird eine bewusst begrenzte Farbpalette eingesetzt. Wenn Sie diese kleinen Webarbeiten nicht als Untersetzer verwenden wollen, sehen sie als gerahmtes Trio ebenso hübsch aus.

Für die farbigen, halbrunden Formen wird die auf Seite 52 beschriebene Methode angewendet, bei der man ein zugeschnittenes Stück Karton zwischen die Kettfäden schiebt und dann bis zu dieser Vorlage und darum herum webt: So entsteht ein negativer Raum, der anschließend ausgefüllt wird.

MATERIAL

- Kleiner Webrahmen, 30 cm x 40 cm
- Festes Baumwollkettgarn
- Leinengarn in Blaugrün
- Wollgarn in Natur
- Sari-Seidenband in Blau-Weiß, Rostbraun und Hellgrün
- Dünnes Wollgarn in Rostbraun und Gelbgrün
- Sticknadel ohne Spitze
- Fester Karton
- Bleistift
- Lineal
- Schere

BLAUER UNTERSETZER

1. Bäumen Sie eine doppelte Kette aus 22 Kettfäden auf (siehe Seite 32).

2. Weben Sie mit blaugrünem Leinengarn 16 Reihen in Leinwandbindung (siehe Seite 35).

3. Dann zeichnen Sie ein halbes Oval auf den Karton: es sollte an der flachen Seite etwa 7,5 cm breit sein und 6 cm hoch bis zum höchsten Punkt des gerundeten Teils. Schneiden Sie die Form aus und schieben Sie diese Schablone oberhalb der blaugrünen Webreihen zwischen die Kettfäden (siehe Seite 52).

4. Wieder mit dem blaugrünen Leinengarn weben Sie in Leinwandbindung weiter bis zur Kante der Kartonschablone. Weben Sie in Blaugrün weiter bis zur halben Höhe der gerundeten Kante (siehe Grafik rechts).

5. Dann fädeln Sie naturfarbenes Wollgarn in die Nadel ein und weben über dem blaugrünen Teil direkt weiter.

6. Weben Sie bis zum Ende der Kartonschablone und darüber hinaus weiter bis zu einer Gesamthöhe von ca. 10,5 cm.

7. Entfernen Sie die Kartonschablone und füllen Sie den frei gebliebenen negativen Raum mit blau-weißem Sari-Seidenband in Leinwandbindung aus.

8. Schneiden Sie den Untersetzer vom Webrahmen und verknoten Sie die Kettfäden (siehe Seite 58/59). Die Enden der Kettfäden vernähen Sie unsichtbar im Gewebe (siehe Seite 60).

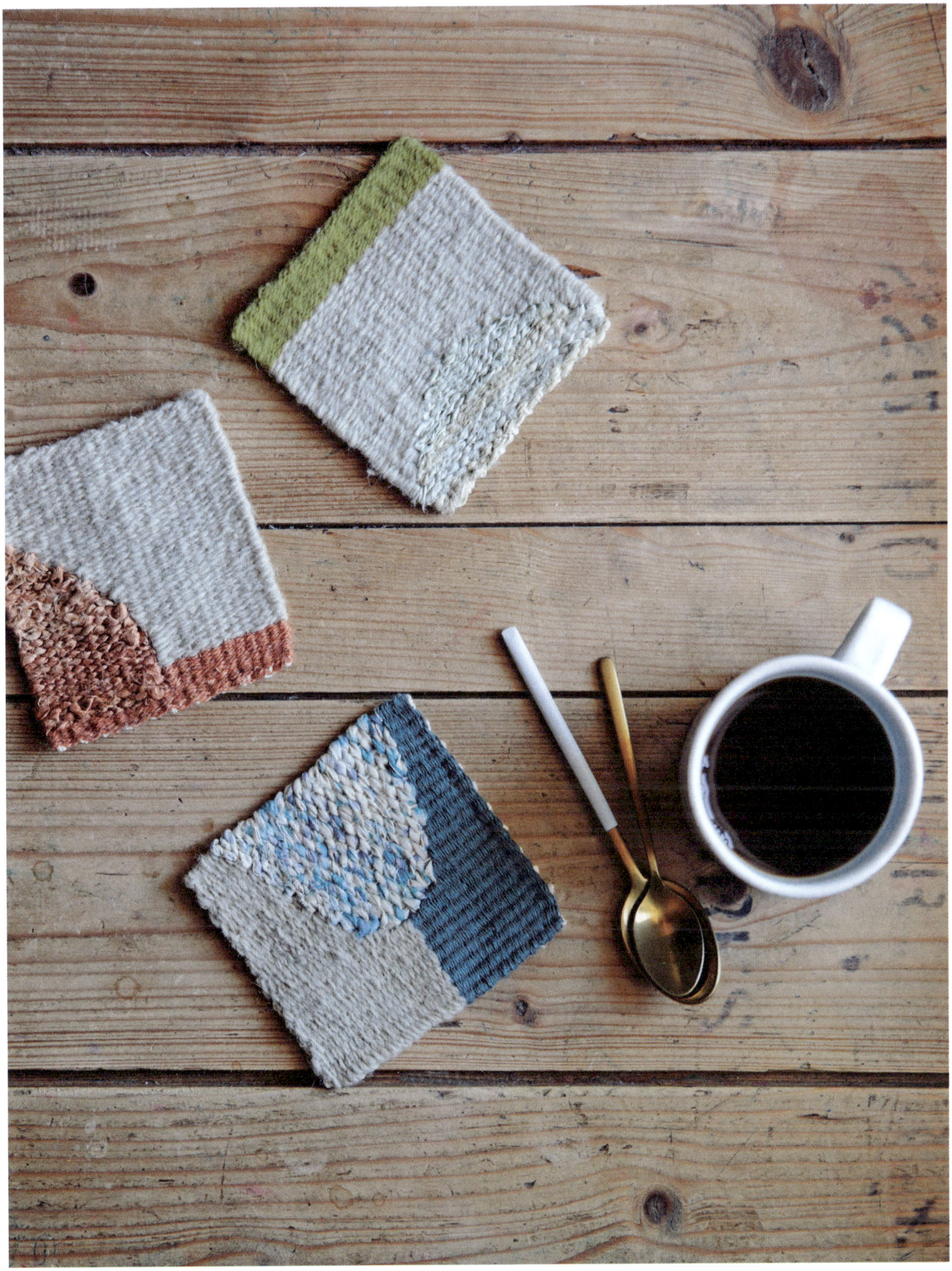

ROTER UNTERSETZER

1. Bäumen Sie eine doppelte Kette aus 22 Kettfäden auf (siehe Seite 32).

2. Weben Sie mit rostbraunem Wollgarn sechs Reihen in Leinwandbindung (siehe Seite 35).

3. Zeichnen Sie auf Karton eine Form gemäß der Grafik rechts auf: sie sollte an der längeren Kante 7 cm und an der kürzeren Kante 5 cm messen. Diese Vorlage schneiden Sie aus und schieben sie so zwischen die Kettfäden, dass die kürzere Kante oberhalb der bereits gewebten rostbraunen Reihen sitzt (siehe Seite 52).

4. Weben Sie mit dem rostbraunen Garn in Leinwandbindung weitere sechs Reihen jeweils bis zur Kante der Kartonschablone, sodass die rostbraune Fläche ein Stück weit an der Seite der Vorlage hinaufreicht.

5. Dann weben Sie mit dem naturfarbenen Wollgarn ebenfalls in Leinwandbindung vom Ende der rostbraunen Fläche weiter bis zur Kante der Kartonschablone und anschließend über die ganze Breite der Kette, bis die Webarbeit etwa 10,5 cm hoch ist.

6. Entfernen Sie die Kartonschablone und weben Sie den mit der Schablone negativ ausgesparten Raum mit rostbraunem Sari-Seidenband in Leinwandbindung aus.

7. Schneiden Sie den Untersetzer vom Webrahmen und verknoten Sie die Kettfäden (siehe Seite 58/59). Die Enden der Kettfäden vernähen Sie unsichtbar im Gewebe (siehe Seite 60).

GRÜNER UNTERSETZER

1. Bäumen Sie eine doppelte Kette aus 22 Kettfäden auf (siehe Seite 32).

2. Weben Sie mit dem gelbgrünen Wollgarn 14 Reihen in Leinwandbindung (siehe Seite 35).

3. Dann weben Sie über den gelbgrünen Reihen 26 Reihen mit dem naturfarbenen Wollgarn.

4. Zeichnen Sie auf Karton eine etwa 4 cm hohe Halbkreisform auf, die an der flachen Seite 10 cm breit ist. Diese Vorlage schneiden Sie aus und schieben sie so zwischen die Kettfäden, dass die flache Kante nach oben zeigt und die Rundung direkt an der obersten naturfarbenen Webreihe anliegt (siehe Seite 52).

5. Weben Sie beidseits mit naturfarbenem Wollgarn bis zur Kartonschablone.

6. Entfernen Sie die Kartonschablone und weben Sie den dadurch negativ ausgesparten Raum mit hellgrünem Sari-Seidenband aus. Anschließend weben Sie mit dem Seidenband weiter bis zu einer Gesamthöhe von 10,5 cm.

7. Schneiden Sie den Untersetzer vom Webrahmen und verknoten Sie die Kettfäden (siehe Seite 58/59). Die Enden der Kettfäden vernähen Sie unsichtbar im Gewebe (siehe Seite 60).

Herbstlaub [TISCHSETS]

Diese Tischsets in Edelsteinfarben machen den Esstisch zur Tafel. Ich habe sie gewebt, als der Sommer in den Herbst überging. Beeinflusst haben mich dabei das Laub der Bäume, das von Grün zu Altrosa, dunklem Orange und tiefem Gold wechselte, und das magische goldene Licht des Frühherbstes, das alles in einen sanften orangefarbenen Schimmer taucht. Die überstehenden Kettfäden bleiben bei diesem Projekt als Fransen sichtbar. Sie könnten also mit Kettfäden in unterschiedlichen Farben experimentieren, sodass Fransen in variierenden Farben entstehen.

MATERIAL

- Kleiner Webrahmen, 30 cm x 40 cm
- Leinenkettgarn in Goldgelb
- Wollgarn in Rosa, Braun und Wollweiß
- Sari-Seidenband in Rostbraun
- Sticknadel ohne Spitze
- Schere

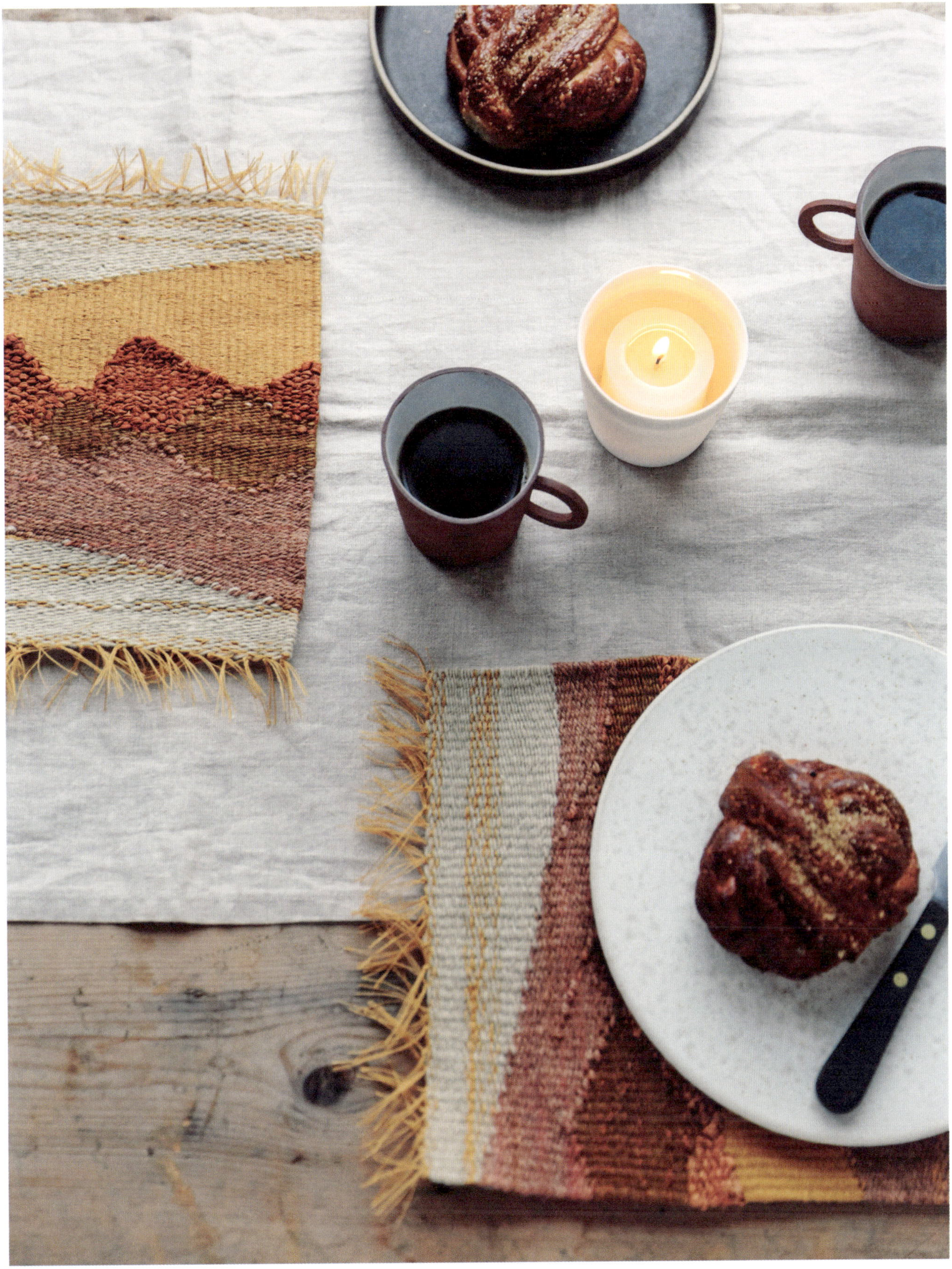

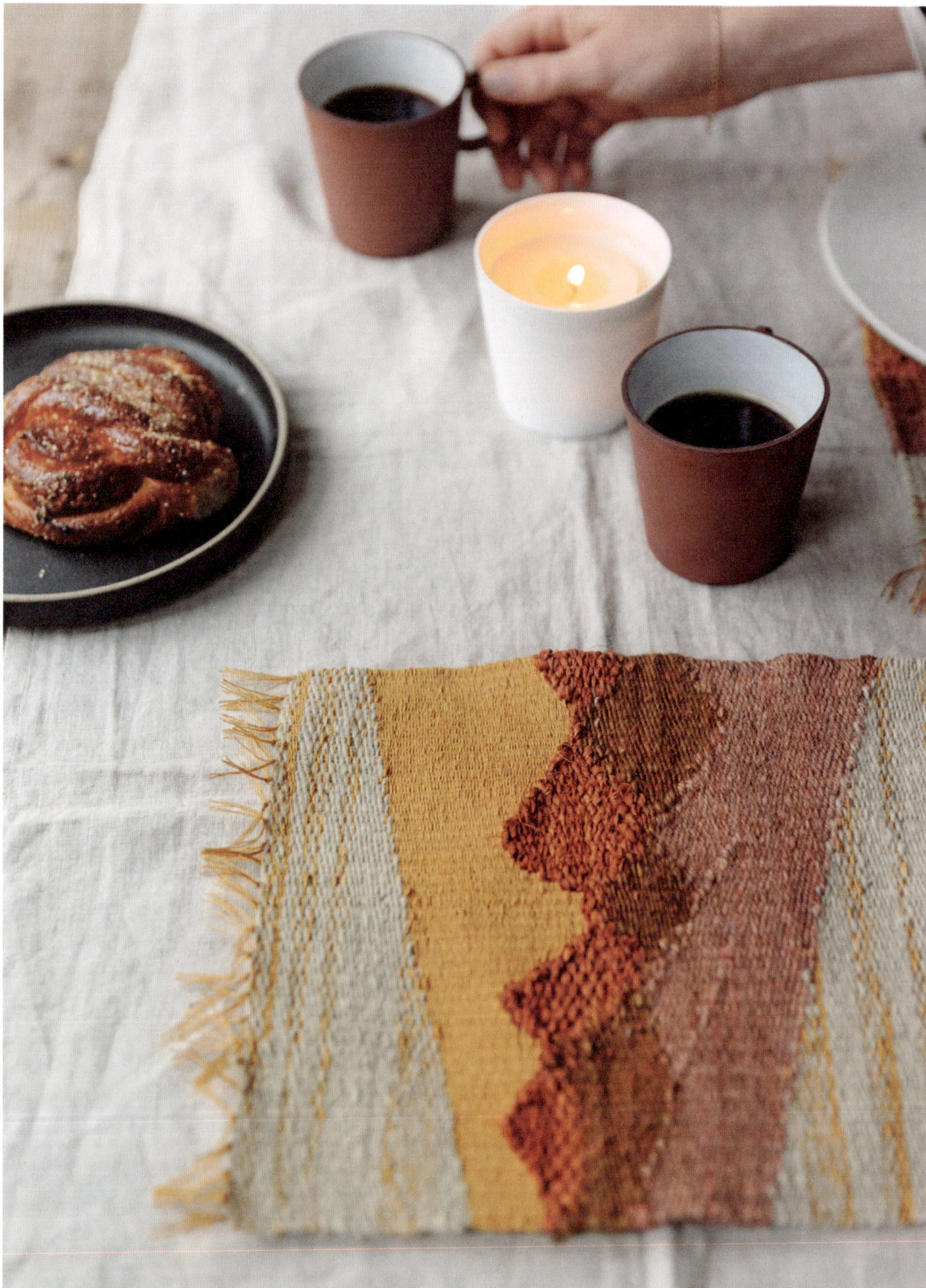

1. Bäumen Sie eine doppelte Kette aus 52 Kettfäden auf (siehe Seite 32).

2. Weben Sie zu Beginn mit dem naturfarbenen Wollgarn zwei oder drei Reihen in Leinwandbindung (siehe Seite 35).

3. Nehmen Sie zum naturfarbenen Wollgarn etwas goldfarbenes Leinengarn dazu und weben Sie einige Reihen mit beiden Fäden.

4. Dann weben Sie mit dem naturfarbenen Garn in Leinenbindung weitere 23 Reihen und fügen hier und da innerhalb der Reihen ein wenig goldfarbenes Leinengarn hinzu.

5. Wenn Sie 23 Reihen gewebt haben, beginnen Sie, eine Schräge mit naturfarbener Wolle und goldgelbem Leinengarn zu gestalten, wie in der Grafik auf Seite 106 und auf dem Foto auf Seite 107 gezeigt; dazu lassen Sie in jeder neuen Reihe zwei weitere Kettfäden unbewebt.

6. Anschließend weben Sie über der ersten Farbfläche mit dem goldgelben Leinengarn eine weitere schräge Fläche und verbinden die beiden Bereiche, indem Sie die Webreihen ineinandergreifen lassen (siehe Seite 54).

7. Die vier Rautenformen oberhalb der goldgelben Fläche weben Sie mit rostbraunem Sari-Seidenband in Blocktechnik ein (siehe Seite 55). Dann gestalten Sie weitere drei Rautenformen mit brauner Wolle über den rostbraunen Rauten und verbinden sie in der ineinandergreifenden Technik mit den vorhergehenden Rauten. Nun sollte Ihr Gewebe etwa die Hälfte der späteren Gesamthöhe erreicht haben.

8. Weben Sie mit dem rosafarbenen Wollgarn in Leinwandbindung die Zwischenräume zwischen den braunen Rauten aus und arbeiten Sie anschließend eine von links nach rechts abgeschrägte Fläche (siehe Foto auf Seite 107). Weben Sie dabei in jeder Reihe über zwei Kettfäden weniger als in der Vorreihe, sodass die schräge Linie spiegelbildlich zu der im unteren Teil der Webarbeit verläuft. Mit den braunen Rauten verbinden Sie die rosafarbene Fläche in der ineinandergreifenden Technik.

9. Für die letzte Farbfläche über dem rosafarbenen Teil weben Sie eine weitere abgeschrägte Form mit naturfarbenem Wollgarn und Einsprengseln aus goldgelbem Leinengarn, wobei Sie die beiden Flächen ineinandergreifen lassen.

10. Wenn die Webarbeit eine Gesamthöhe von ca. 24 cm erreicht hat, schneiden Sie sie vom Webrahmen ab und verknoten die Kettfäden an Ober- und Unterkante (siehe Seite 58/59).

11. Versäubern Sie die Rückseite Ihres Gewebes, indem Sie alle losen Fadenenden verknoten und lange Fäden zurückschneiden.

12. Schneiden Sie die überstehenden Kettfäden auf die gleiche Länge zurück, sodass Ihr Tischset auf beiden Seiten mit einer Fransenkante gesäumt wird.

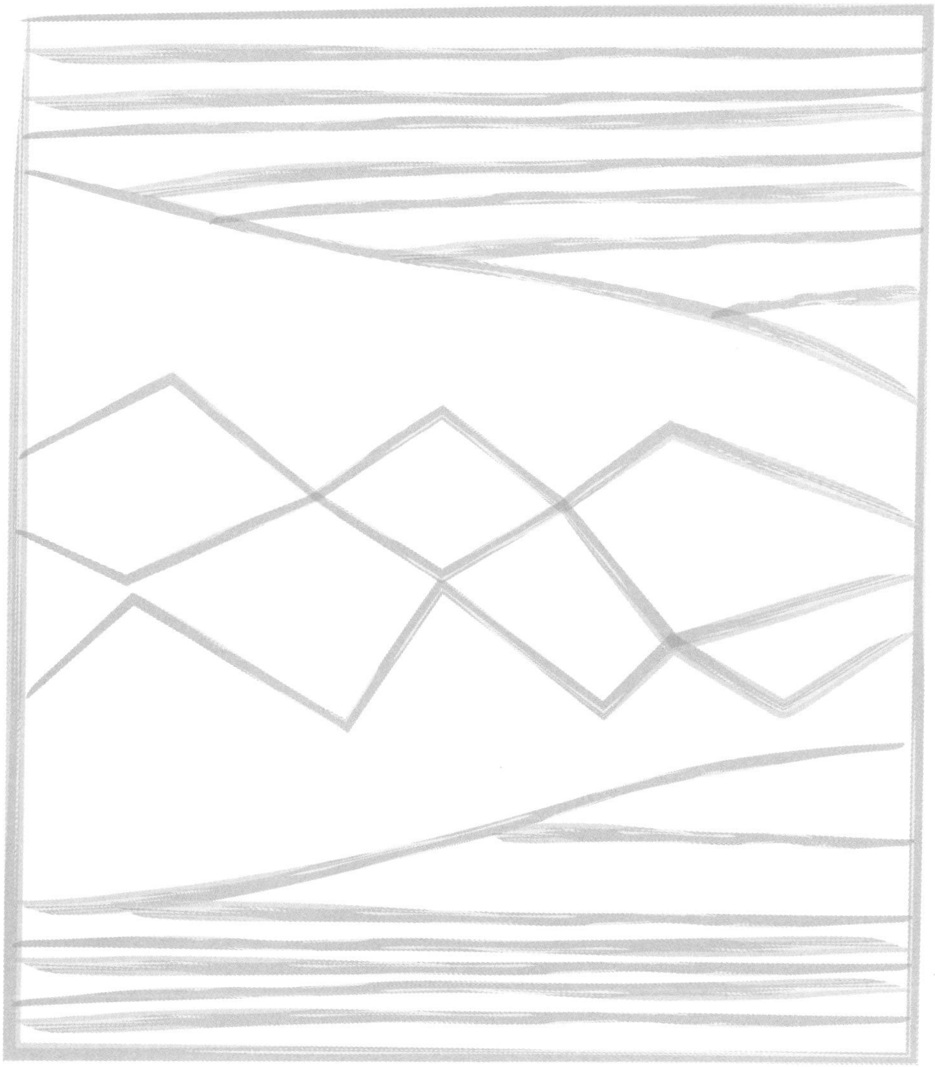

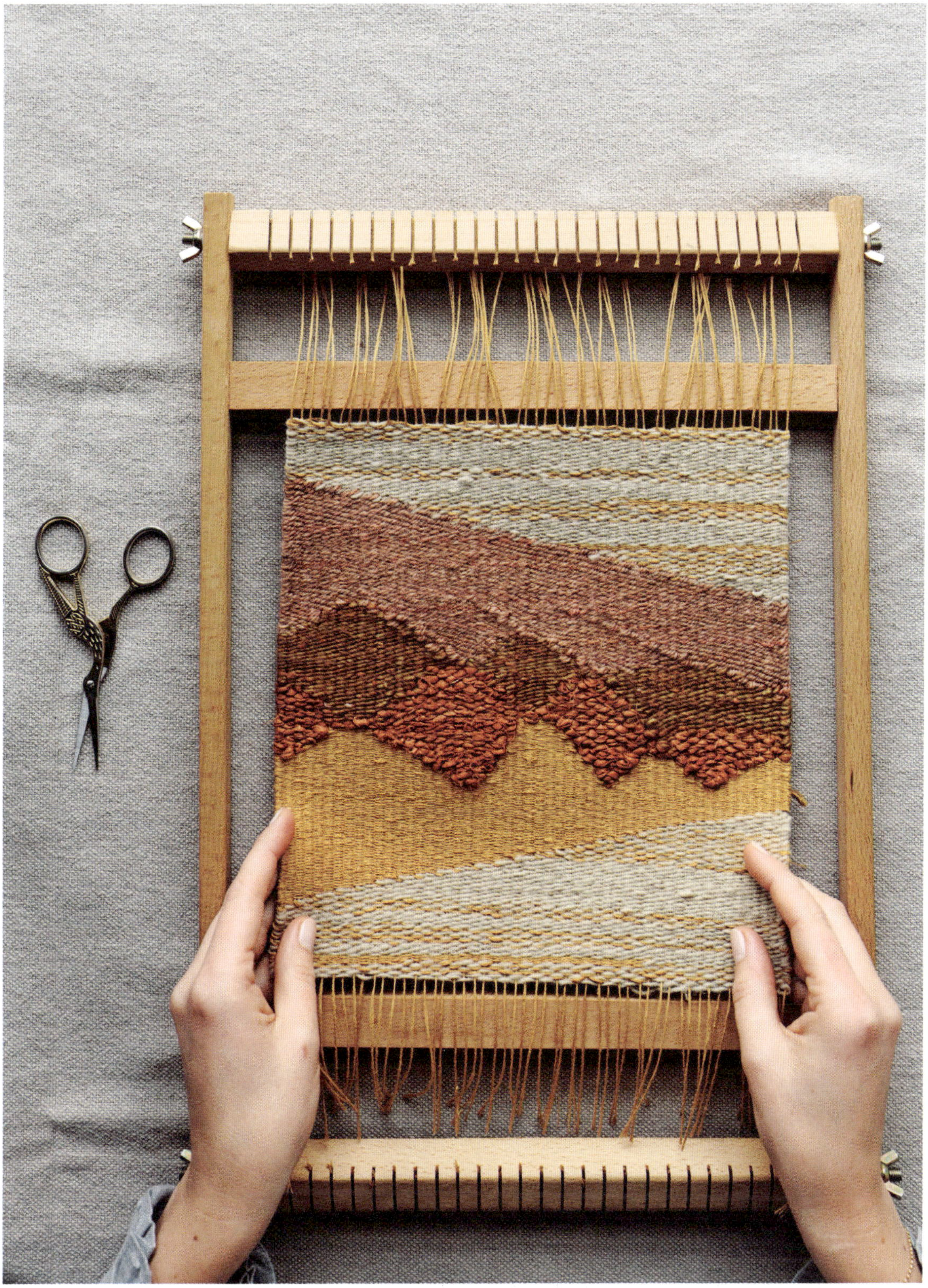

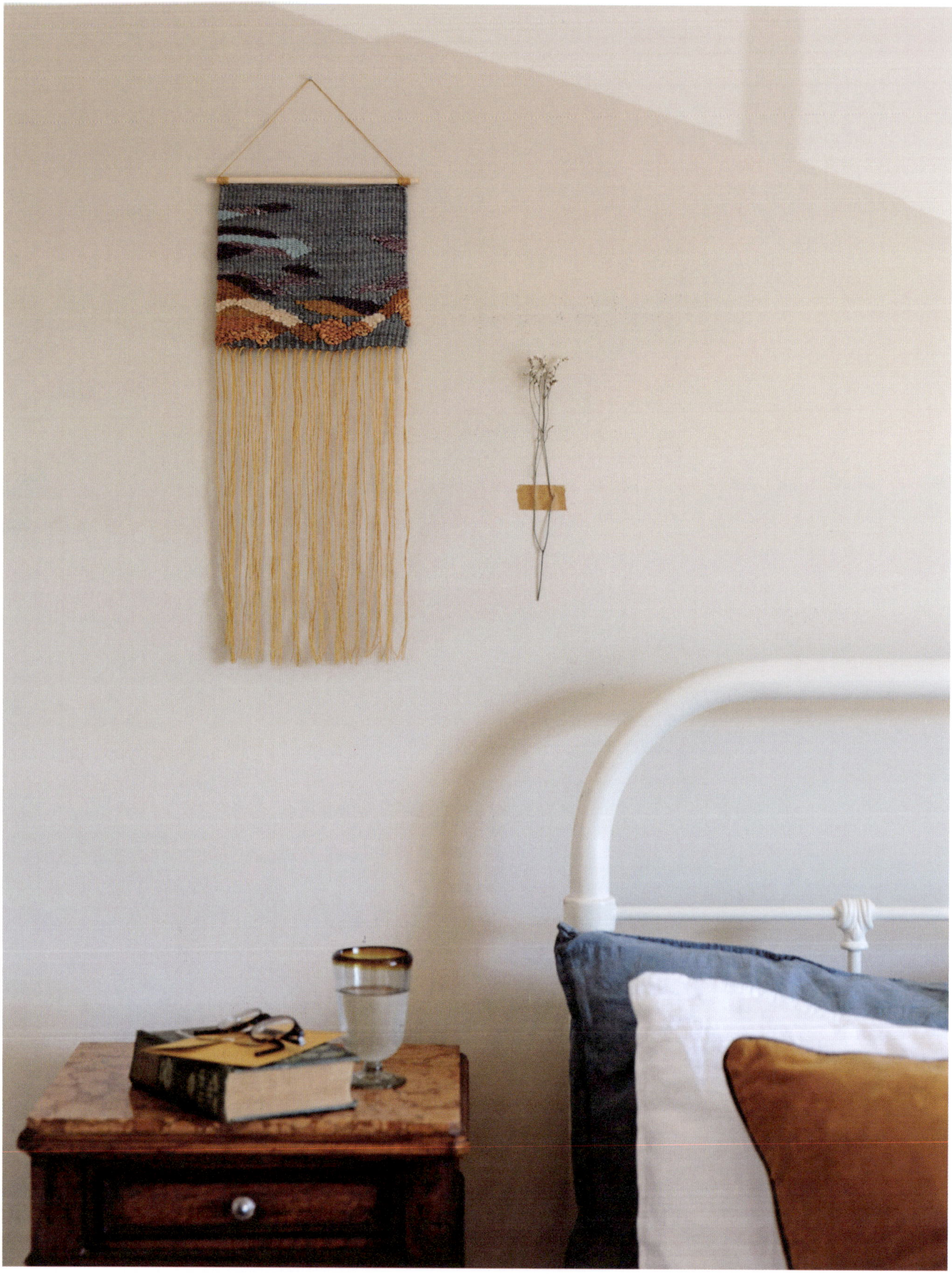

Sonnenuntergang
[WANDBEHANG]

Zu diesem abstrakten Wandbehang hat mich ein Bild aus der Natur inspiriert. Ich habe mich mit meiner Farbwahl und mit den breiten Formen innerhalb des Webstücks am Bild orientiert, wollte aber ein grafisch-abstraktes Gewebe kreieren. Das Originalbild ist an einem Spätsommerabend in Pembrokeshire, Wales, auf meinem Rückweg von der Küste entstanden: Der Himmel brannte geradezu in Streifen von orangefarbenem und goldenem Licht, was im Kontrast zu den schweren, dunkelvioletten Wolken umso dramatischer aussah.

MATERIAL

- Großer Webrahmen, 50 cm x 60 cm
- Leinengarn in Senfgelb oder Goldgelb als Kettgarn
- Woll- oder Baumwollgarn in Jeansblau
- Sari-Seidenband in Rostorange und Violett-Grau
- Baumwollgarn in Hellblau
- Wollgarn in Orange, Gelb, Rostbraun, Pfirsichrosa und Violett
- Sticknadel ohne Spitze
- Schere
- Rundholzstab zum Aufhängen des Wandbehangs

1. Für diese Webarbeit habe ich einen großen Webrahmen verwendet, sodass ich die freien Kettfäden als hübsche, zarte Fransen an der Unterkante des Gewebes nutzen konnte. Bäumen Sie eine doppelte Kette aus 46 senf- oder goldgelben Leinengarnfäden auf (siehe Seite 32).

2. Mit dem jeansblauen Garn etwa 32 cm von der Unterkante des Webrahmens entfernt beginnen und drei Reihen in Leinwandbindung arbeiten (siehe Seite 35).

3. Dann gestalten Sie an der linken Seite des Webstücks oberhalb der ersten drei Webreihen die erste Form mit Sari-Seidenband in Rostorange.

4. Fädeln Sie einen orangefarbenen und einen gelben Faden in die Nadel ein und weben Sie oberhalb der ersten Form eine bogenförmige Fläche, die ein wenig an einen Berg erinnert. Werden zwei Garne auf diese Weise kombiniert, entstehen eine interessante Schattierung und ein raffinierter Farbeffekt im Gewebe.

5. Wenn diese beiden Formen beendet sind, greifen Sie wieder zum jeansblauen Garn und weben eine abgerundete Form in Leinwandbindung, die an einer Seite an den orangefarbenen Berg angrenzt. Lassen Sie die Farbflächen in Blocktechnik aneinanderstoßen (siehe Seite 55).

6. Gestalten Sie weitere Formen, wie in der Grafik auf Seite 112 dargestellt, und arbeiten Sie dabei durchweg in Blocktechnik. Wenn Sie ein Drittel der gewünschten Gesamthöhe erreicht haben, wechseln die Farben von Orange, Pfirsichrosa und Rostbraun zu Violett- und Blautönen (siehe Foto rechts).

7. Diese Webarbeit ist insgesamt ca. 16 cm hoch. Wenn Sie etwa 11 cm gewebt haben, können Sie die Arbeit mit 20 Reihen in Jeansblau beenden.

8. Schneiden Sie das Gewebe an der Unterkante des Webrahmens so dicht wie möglich an der unteren Rahmenleiste ab (siehe Seite 58). Am oberen Ende des Webrahmens verfahren Sie genauso.

9. Sichern Sie Ihre Webarbeit, indem Sie die Kettfäden an Ober- und Unterkante verknoten (siehe Seite 59).

10. Vernähen Sie die oberen Kettfadenenden auf der Rückseite der Webarbeit (siehe Seite 60).

11. An der Unterkante des Webstücks lassen Sie die Kettfäden als feine, lange Fransen hängen.

12. Bringen Sie an der Oberkante des Gewebes einen Rundholzstab an (siehe Seite 62), an dem Sie Ihren Wandbehang aufhängen können.

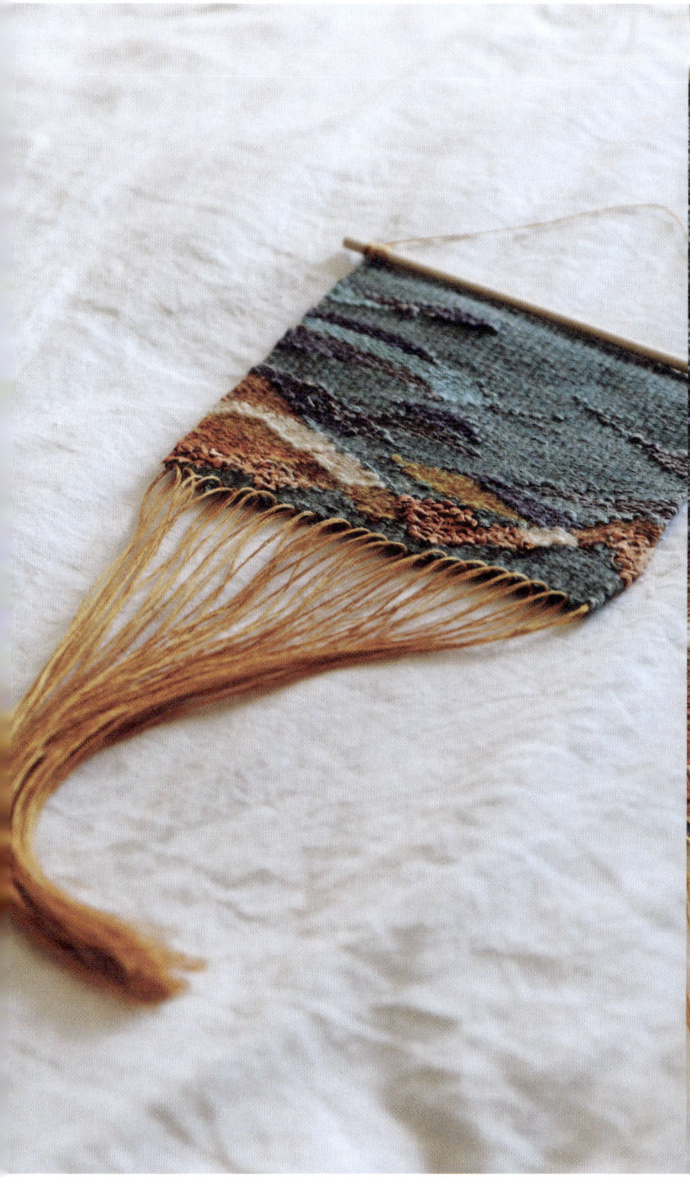
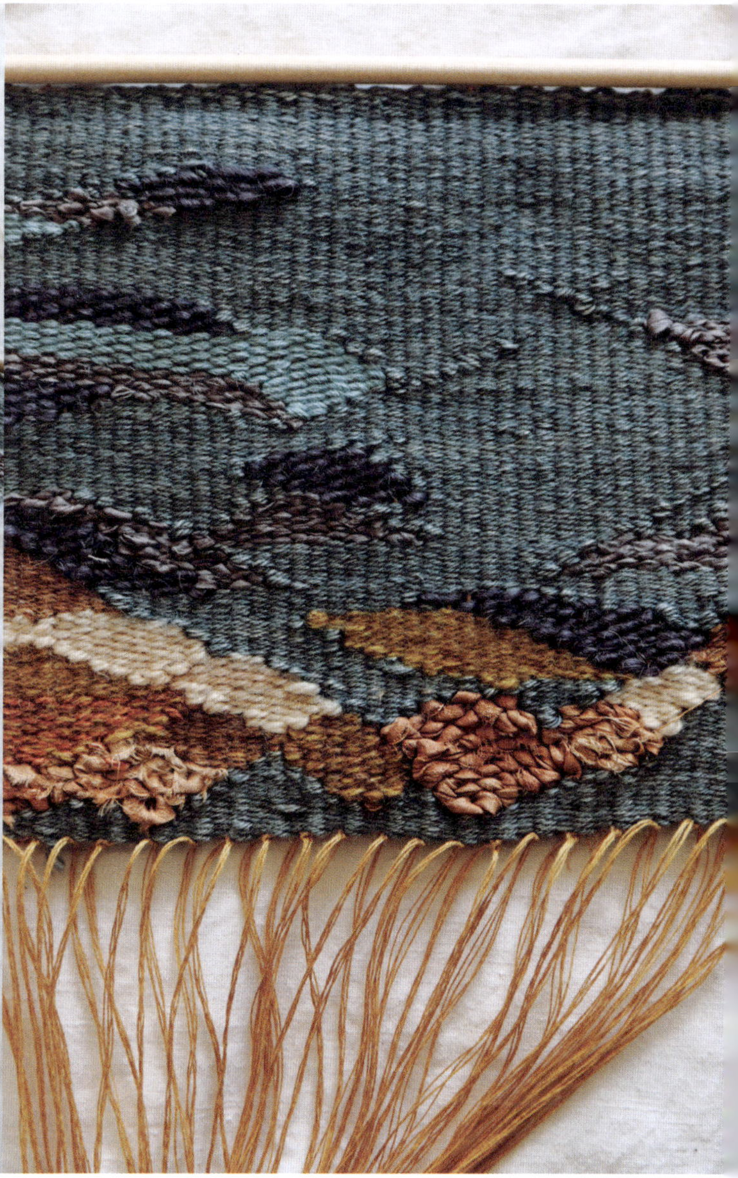

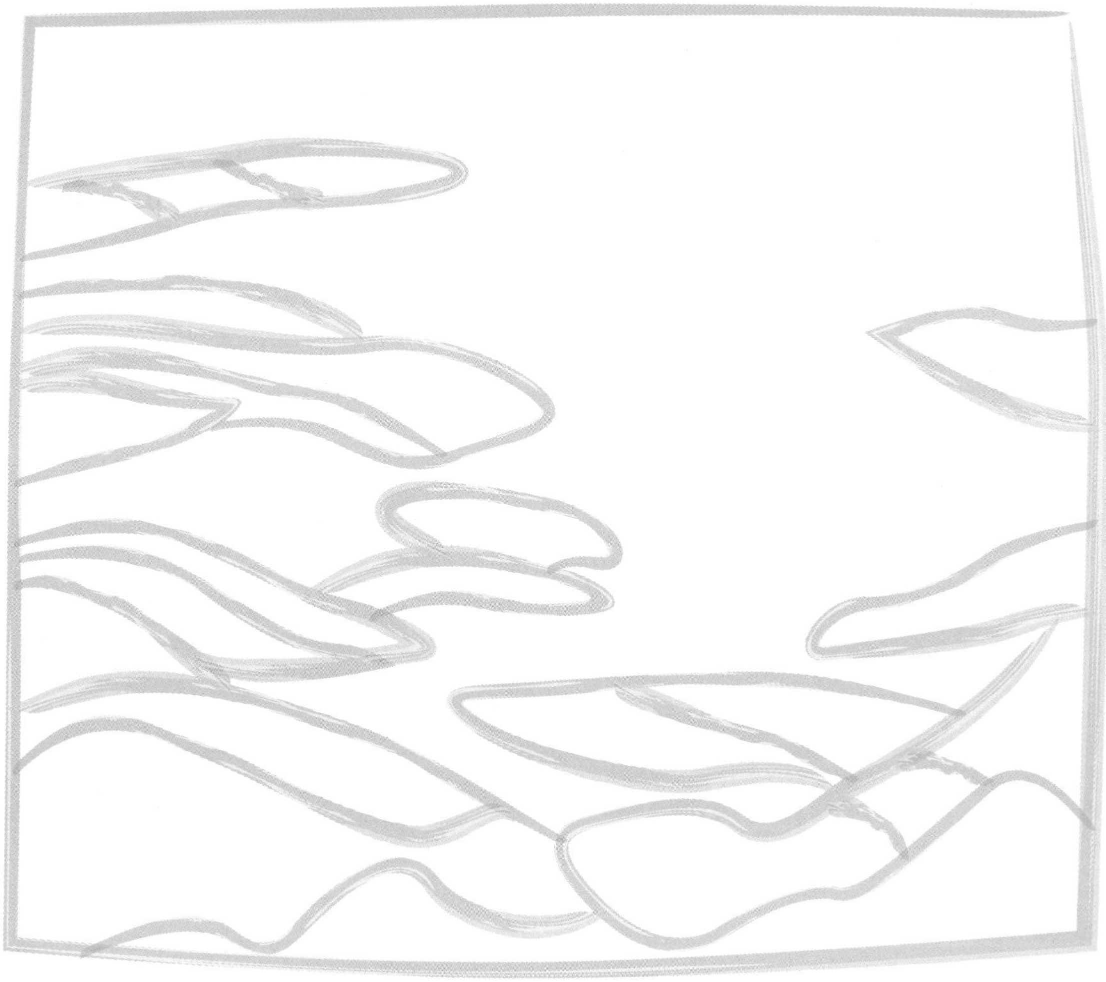

SONNENUNTERGANG – ABSTRAKTER WANDBEHANG

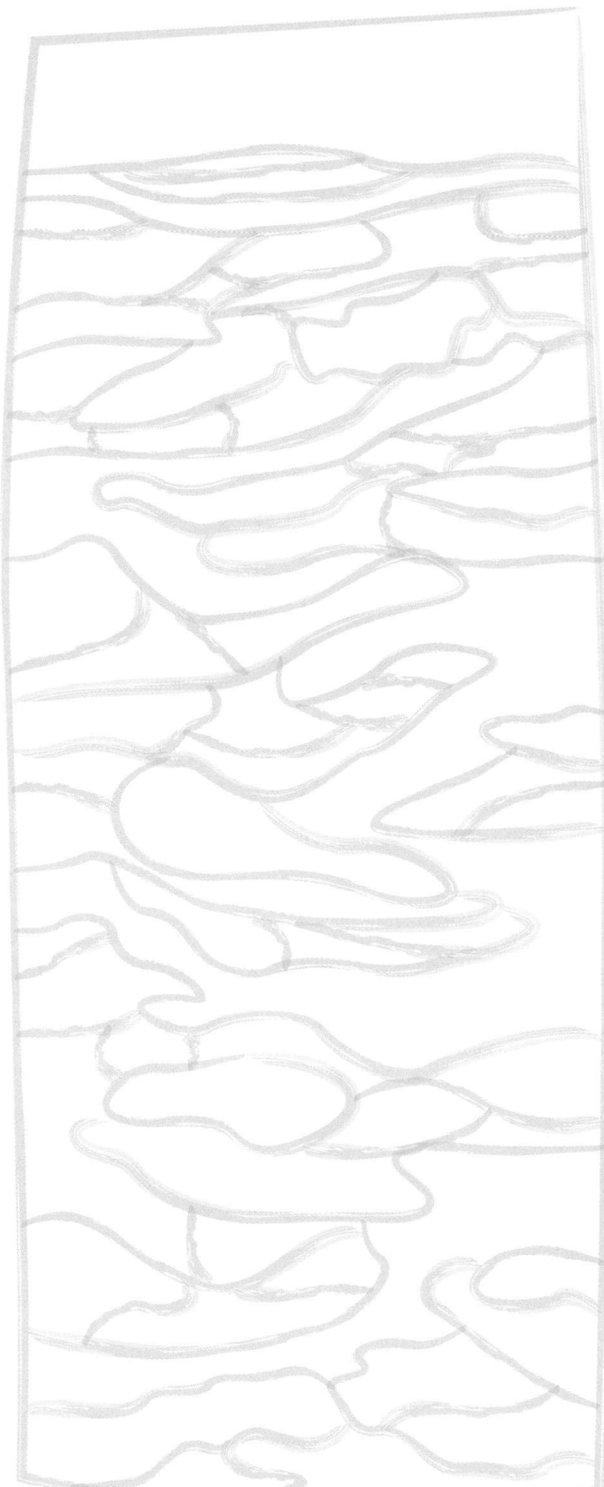

FLECHTEN
AUF FELSEN –
WANDBEHANG

Flechten auf Felsen
[WANDBEHANG]

Die Inspiration zu diesem Wandbehang lieferten die schönen, von Flechten bedeckten Felsen im schottischen Hochland. Als ich zum ersten Mal auf diese unglaublichen Felsen stieß, war ich fasziniert von den komplexen Formen und Mustern. Die Schattierungen von Rosa, Goldgelb, Weiß und Grau harmonieren perfekt und ergeben ein fantastisches Farbschema für diese Webarbeit. Die Natur ist wahrhaftig eine meisterhafte Designerin!

Anders als bei den naturalistisch gestalteten Wandbehängen in diesem Buch (siehe Seite 119 und 124) habe ich in diesem Fall das Bild eher als Ausgangspunkt verwendet und nicht versucht, es genau wiederzugeben. Es bildet die Grundlage für meine Farbwahl und hat mich zu den Formen und Mustern des Gewebes inspiriert, aber ich wollte unbedingt ein freieres und abstrakteres Werk schaffen. Um die Strukturen der schuppenartigen Flechten und des weichen Mooses darzustellen, habe ich eine Reihe unterschiedlich strukturierter Garne verwendet.

MATERIAL

- Großer Webrahmen, 50 cm x 60 cm
- Festes Baumwollkettgarn
- Dickes Wollgarn in Hellrosa
- Dünne und mittelstarke Wollgarne in Weiß, Grau, Pfirsichrosa, Lachsrosa, Braun, Marineblau und Schwarz
- Sari-Seidenband in Grau
- Schere
- Sticknadel ohne Spitze
- Rundholzstab zum Aufhängen der Webarbeit
- Kleinere Nadel zum Annähen des oberen Gewebeteils
- Festes Nähgarn

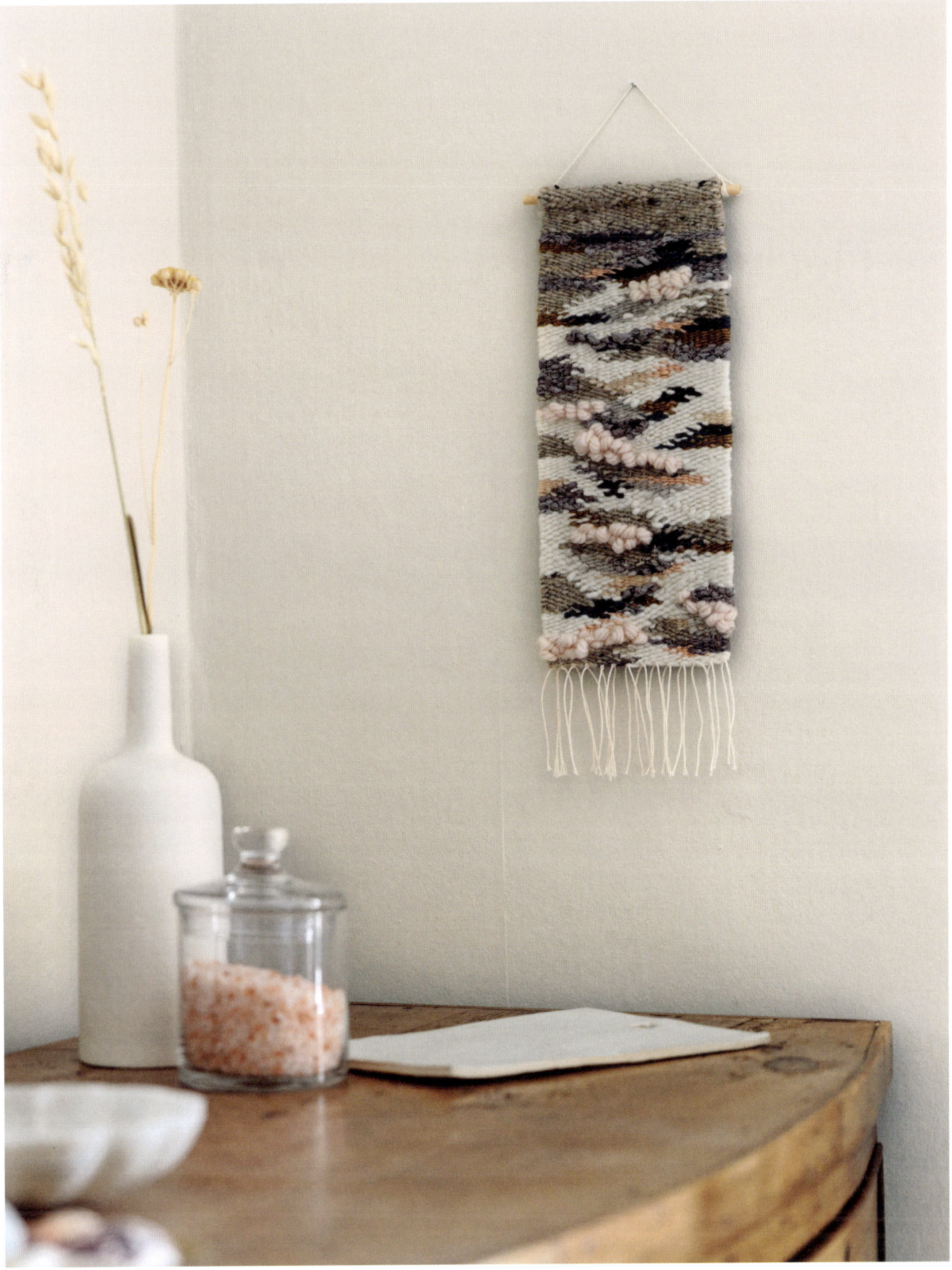

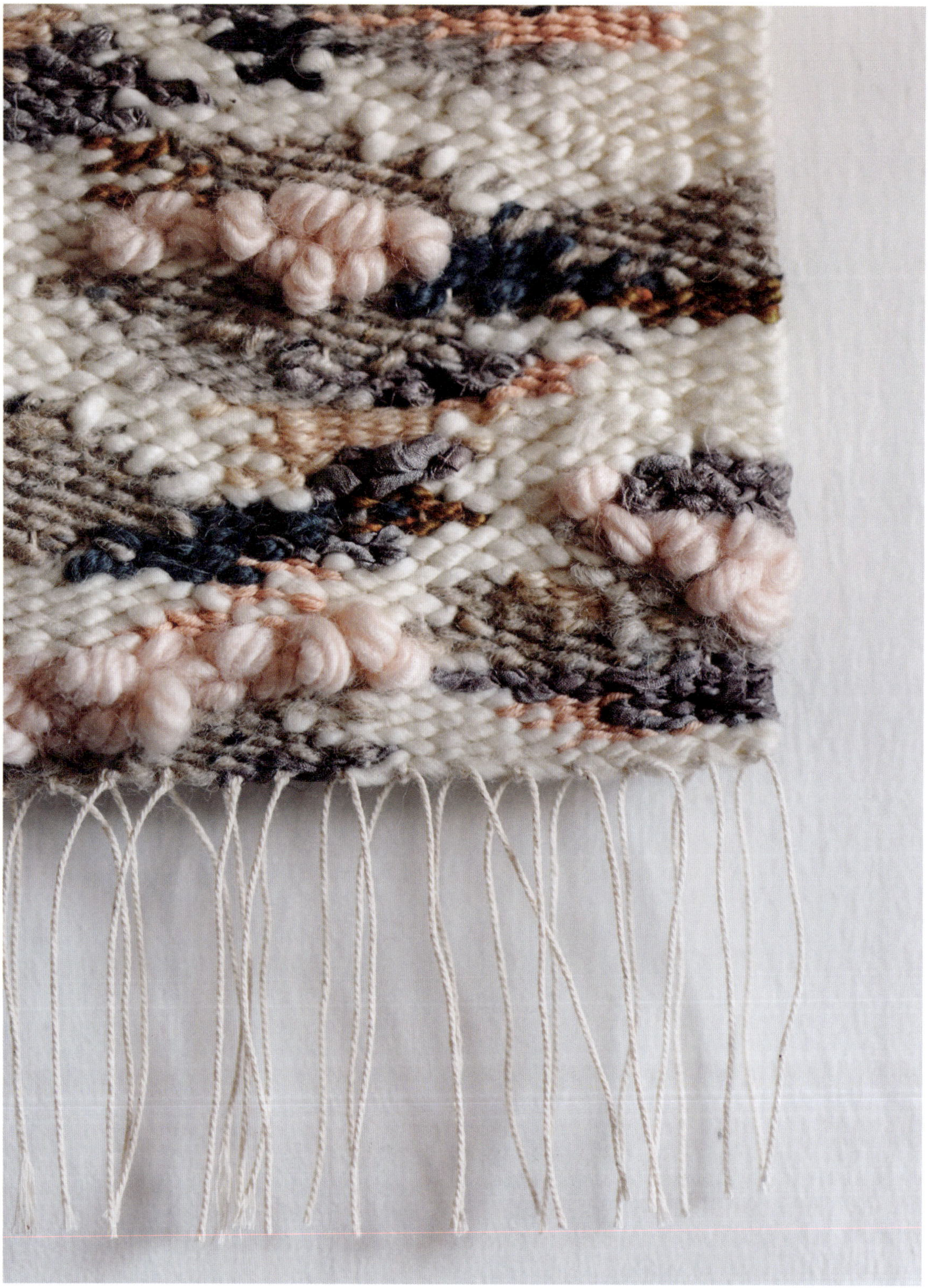

1. Bei diesem Gewebe sollte das weiße Garn dominieren und die anderen Farben sollten in kleinen, aneinander angrenzenden Flächen durch das Weiß laufen. Mit dem dicken rosafarbenen Garn und dem grauen Sari-Seidenband wollte ich etwas Struktur auf die Oberfläche der Webarbeit bringen, während der Rest der Fläche einigermaßen eben bleiben sollte.

2. Legen Sie zunächst all Ihre Garne zusammen auf einen Tisch oder auf den Boden und prüfen Sie, ob sie alle zueinanderpassen und als Gruppe gut aussehen. Wenn eine Farbe dominiert oder sich mit den anderen beißt, nehmen Sie sie bereits jetzt weg und weben ohne sie oder suchen nach einer Alternative.

3. Bäumen Sie eine doppelte Kette aus 28 Kettfäden auf (siehe Seite 32).

4. Die erste Reihe dieses Gewebes besteht aus drei unterschiedlichen Garnen: weißem Garn, grauem Sari-Seidenband und hellgrauem Wollgarn; gewebt wird in Leinwandbindung (siehe Seite 35). Beginnen Sie mit der weißen Form und denken Sie dabei daran, die Fadenenden während der Arbeit einzuweben. Achten Sie außerdem darauf, die Webkanten nicht zu fest nach innen zu ziehen. Wenn Ihnen die erste Form gefällt, setzen Sie die nächste, kleinere mit grauem Garn in ineinandergreifender Technik (siehe Seite 54) daneben. Die dritte Form weben Sie genauso (siehe Grafik auf Seite 113).

5. Auf diese Weise fortfahren und kleine, ineinandergreifende Formen in Leinwandbindung gestalten. Bei jeder neuen Form zwischen den unterschiedlich gefärbten Garnen abwechseln und die Grafik als Anhaltspunkt verwenden.

6. Die strukturierten Formen in Rosa und Grau arbeiten Sie in freier Schlingentechnik (siehe Seite 46). Platzieren Sie die Schlingen mit den Fingern an der gewünschten Stelle und weben Sie in Leinwandbindung in einer anderen Farbe darüber und darum herum, um die Schlingen zu fixieren.

7. Wenn Ihr Gewebe ca. 25 cm hoch ist, sollten Sie mit dem oberen Teil beginnen, der eventuell zum Aufhängen umgeschlagen wird. Ich habe für diesen oberen Bereich ein mittelgraues Garn mittlerer Stärke gewählt und 18 Reihen in Leinwandbindung gewebt.

8. Vermutlich haben Sie ober- und unterhalb Ihres Gewebes noch reichlich Platz, weil Sie ja einen großen Webrahmen verwendet haben. Schneiden Sie das Webstück so nah an den Stegen oder Stiften des Rahmens ab wie möglich (siehe Seite 58).

9. Teilen Sie die Kettfäden an beiden Enden des Gewebes zu Paaren auf und verknoten Sie jedes Paar doppelt, sodass jeweils eine Knotenreihe an der Ober- und an der Unterkante der Webarbeit liegt. An der Unterkante habe ich die überstehenden Kettfäden ganz einfach hängen lassen, aber Sie können die Fadenenden auch vernähen (siehe Seite 60).

10. An der Oberkante schneiden Sie die Fadenenden ca. 1 cm oberhalb der Knoten aus Schritt 9 ab. Nähen Sie einen Tunnel für den Rundholzstab, wie auf Seite 62 beschrieben.

11. Bringen Sie einen Faden als Aufhänger an den beiden Enden des Stabs an.

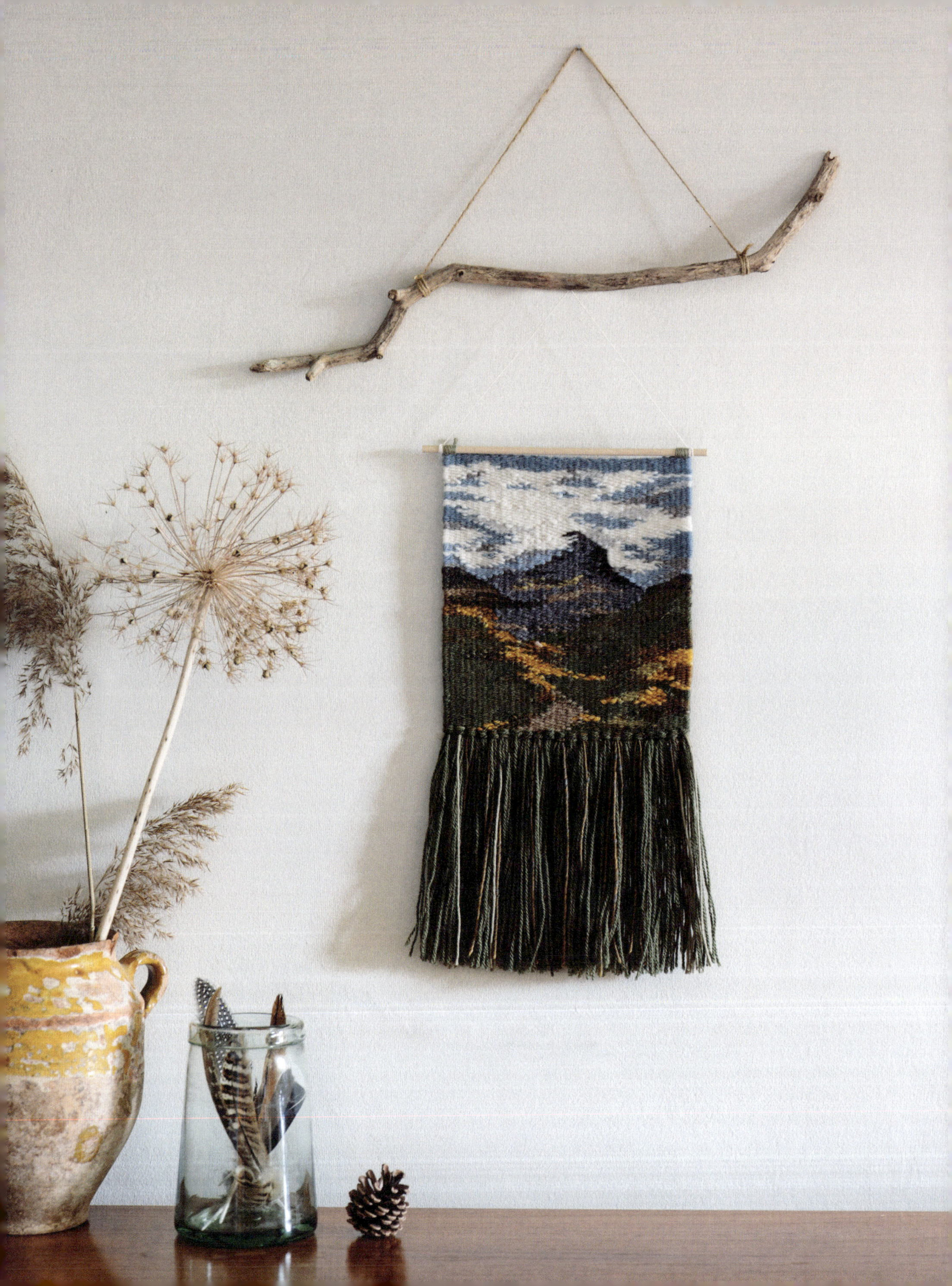

Schottisches Hochland
[WANDBEHANG]

Als ich zu weben begann, wurde mir bald klar, dass ich in meinen Werken die Natur und die Landschaften, die ich liebte, darstellen wollte. Als ich die grundlegenden Webmuster beherrschte und mich mit dem Webrahmen vertraut gemacht hatte, begann ich, nach einem Foto meiner Lieblingslandschaft zu weben, meine Garne deren Farben anzupassen und das Bild so Stich für Stich aufzubauen. Das Ergebnis war eine exakte Kopie des Fotos in gewebter Form – ein gewebtes Gemälde meiner Lieblingslandschaft. Diese gewebten Landschaften können perfekte Erinnerungsstücke an besondere Orte oder Gegenden sein. Solche naturgetreuen Landschaftsbilder sind auch ein guter Ausgangspunkt für Neulinge im Weben. Sie können dabei all die neu erworbenen Techniken üben, ohne sich allzu viele Gedanken um Farbwahl und Design machen zu müssen – das übernimmt die Landschaft für Sie.

Diese Landschaft basiert auf einem Foto, das ich während eines Wanderurlaubs im schottischen Hochland aufgenommen habe. Es war Mai, und der Frühling hatte seinen Höhepunkt erreicht. Die Farben waren lebendig und satt, voller Tiefe, der Himmel leuchtete in Lavendel und Grau mit tief hängenden Wolken, durch die immer wieder leuchtende Sonnenstrahlen brachen. Ich liebe den gelben Stechginster, der aus der Szenerie hervorsticht, und mein Blick folgt der Straße, die sich zum See und zum Berg in der Ferne windet.

MATERIAL

- Kleiner Webrahmen, 30 cm x 40 cm
- Festes Baumwollkettgarn
- Woll- und Baumwollgarne mittlerer Stärke in Grüntönen, Braun, Beige, Gelb, Weinrot, Grau, Schwarz, Weiß und Blau
- Sticknadel ohne Spitze
- Schere
- Rundholzstab zum Aufhängen der Webarbeit

1. Suchen Sie sich zuerst Ihre Garne farblich passend zum Foto aus. Wenn Sie eine Landschaft ganz genau betrachten, werden Sie erkennen, dass sie sich aus Hunderten unterschiedlicher Farben und Schattierungen zusammensetzt. Versuchen Sie, die Hauptfarben so exakt wie möglich zu identifizieren. Für eine Landschaft wie die hier abgebildete verwende ich normalerweise sechs bis zehn verschiedene Farben und halte jedes Garnknäuel oder jeden Garnstrang neben das Foto, um zu überprüfen, ob die Farbe auch wirklich passt.

2. Bespannen Sie den Webrahmen mit einer doppelten Kette (siehe Seite 32). Für diese Webarbeit habe ich 44 Kettfäden aufgebäumt.

3. Lassen Sie an der Unterkante des Webrahmens ca. 7,5 cm frei. (Sie können einen Kartonstreifen in entsprechender Breite zwischen die Kettfäden schieben und darüber zu weben beginnen.) Weben Sie mit dem Baumwollkettgarn und der Sticknadel zwei Reihen in Leinwandbindung (siehe Seite 35). Sie dienen nur dazu, die Unterkante des Gewebes zu sichern und werden später unter den Fransen verschwinden.

4. Wenn Sie die Unterkante der Webarbeit gesichert haben, bringen Sie über diesen Reihen in Leinwandbindung die erste Fransenlage an. Eine Fransenreihe ist einfach eine Reihe langer Rya-Knoten (siehe Seite 44). Am besten verwenden Sie für diese Fransen ein Baumwoll- oder Wollgarn mittlerer Stärke, das gut fällt (also nicht zu steif ist). Für meine erste Fransenlage habe ich ein hellgrünes Baumwollgarn gewählt. Schneiden Sie für jeden Rya-Knoten drei Fäden von ca. 40 cm Länge zu. Wenn sie eingeknüpft sind, ergeben sie ca. 20 cm lange Fransen. Knüpfen Sie auf ganzer Kettbreite jeden Rya-Knoten um zwei Kettfäden. Wenn Sie wie ich 44 Kettfäden aufgebäumt haben, müssen Sie folglich 22 Rya-Knoten einknüpfen.

5. Wenn die erste Fransenlage fertig geknüpft ist, fädeln Sie den gleichen Faden, mit dem Sie die Fransen gearbeitet haben, in die Nadel ein und weben zwei Reihen in Leinwandbindung darüber, um die Rya-Knoten zu fixieren.

6. Nun fügen Sie die nächste Fransenlage hinzu. Dafür habe ich ein Wollgarn in dunklerem Grün mit weichem Fall verwendet und zusätzlich ein paar braune Fäden daruntergemischt, um ein bisschen Variation in Farbe und Struktur hineinzubringen. Wiederholen Sie Schritt 5 mit dem dunkelgrünen Garn und arbeiten Sie wieder 22 Rya-Knoten, um die Fransenkante zu vollenden.

7. Nun können Sie Ihr Bild in Leinwandbindung aus verschiedenen Formen für jedes Element der Landschaft aufbauen. Um eine Form zu gestalten, beginnen Sie an dem Punkt Ihres Webrahmens, an dem die jeweilige Form anfangen soll und weben in Leinwandbindung über einen Teil der Reihe bis dorthin, wo die Form enden soll, und weben von dort aus in der Gegenrichtung zurück (siehe Seite 52). Dann fügen Sie die nächste Form in einer anderen Farbe direkt daneben an und verbinden die beiden Farbflächen durch ineinandergreifendes Weben (siehe Seite 54). Bei dieser Webarbeit habe ich für die meisten Formen die ineinandergreifende Technik angewendet, damit die Flächen ineinanderfließen. Den Berg habe ich in Blocktechnik (siehe Seite 55) von den Flächen daneben abgesetzt, weil ich wollte, dass sich seine Form klar vom Himmel abhebt.

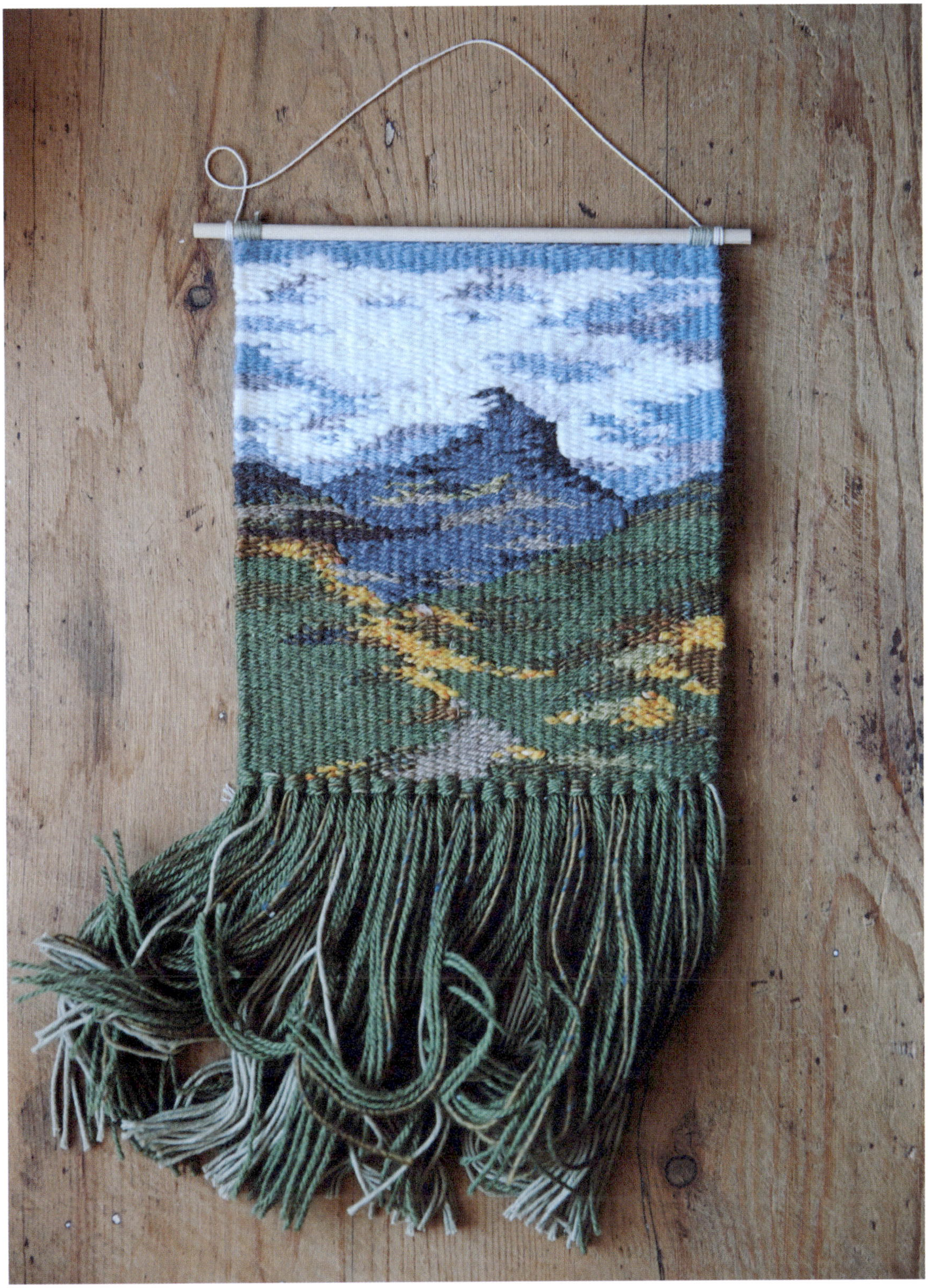

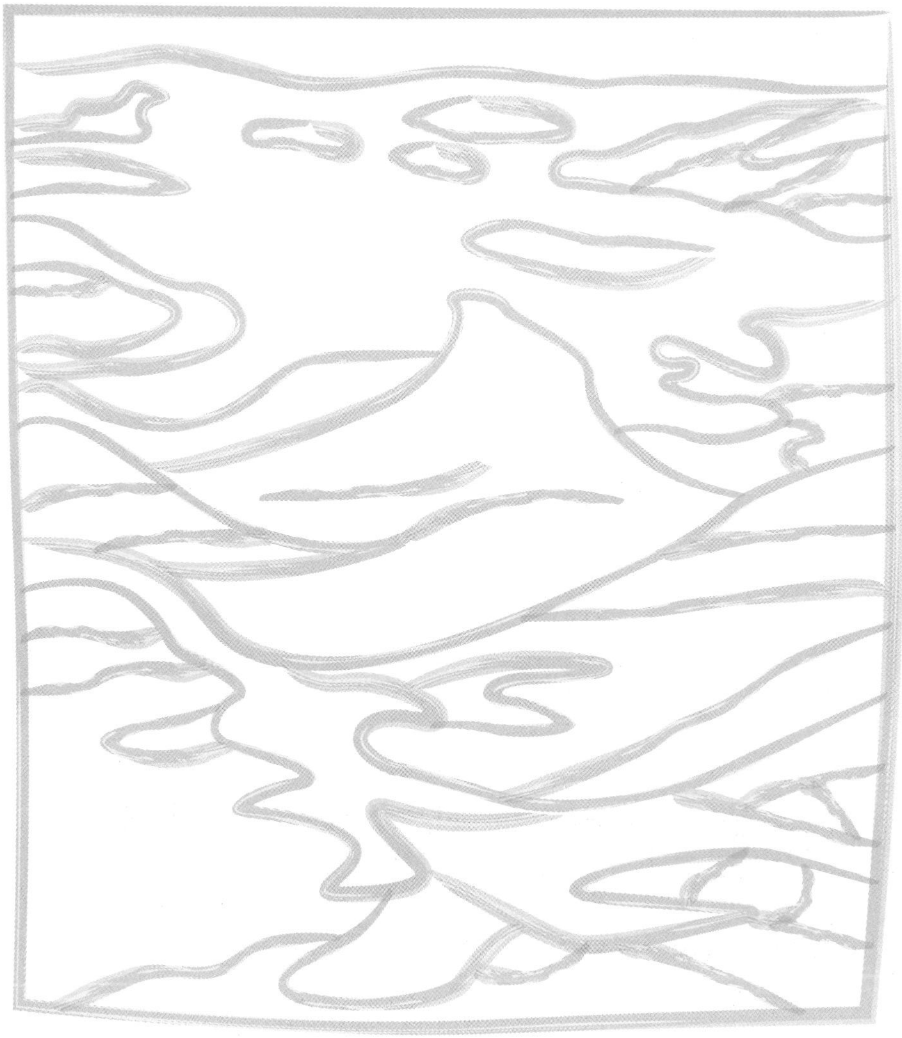

8. Weiter eine Farbfläche nach der anderen weben und die Flächen untereinander verbinden. Für das untere Drittel dieses Gewebes sollten Sie die Farbflächen in Grün-, Braun- und Gelbtönen aufbauen. Das zweite Drittel (der Mittelteil mit dem Berg) umfasst Flächen in Blau, Dunkelgrau, Schwarz, Weinrot und Braun. Das obere Drittel (der Teil mit dem Himmel) ist aus weißen, blauen und grauen Formen aufgebaut.

9. Weben Sie weiter, bis Sie sich dem oberen Ende Ihres Webrahmens nähern. Sie sollten 5-7,5 cm zwischen dem oberen Ende Ihres Gewebes und den Stegen an der oberen Leiste des Webrahmens frei lassen, um die Kettfäden bequem verknoten zu können. Meine Webarbeit misst ca. 22 cm von der Oberkante der zweiten Reihe Rya-Knoten bis zur oberen Gewebekante.

10. Wenn Sie Ihr Bild fertig gewebt haben, schneiden Sie es oben und unten so dicht wie möglich an den Stegen des Webrahmens ab (siehe Seite 58). Teilen Sie die Kettfäden an beiden Enden paarweise auf und verknoten Sie jedes Paar doppelt, sodass das Webstück oben und unten von jeweils einer Reihe Knoten gesäumt wird (siehe Seite 59). An der Unterkante bleibt die Knotenreihe hinter den Fransen verborgen, sodass Sie dort die überstehenden Enden der Kettfäden einfach unterhalb des Knotens abschneiden können. An der Oberkante vernähen Sie die Kettfadenenden auf der Rückseite des Webstücks (siehe Seite 60).

11. Versäubern Sie die Rückseite Ihrer Webarbeit, indem Sie lose Enden miteinander verknoten und dicht an der Geweberückseite abschneiden.

12. Zum Aufhängen Ihres Webbildes nähen Sie den Rundholzstab an der Oberkante der Webarbeit an (siehe Seite 62). Wenn der Wandbehang hängt, können Sie die Fransen auf die gewünschte Länge und Form zurückschneiden.

13. Bringen Sie einen Faden oder eine Schnur zum Aufhängen der Webarbeit an den Enden des Rundholzstabs an.

Isländischer Strand
[WANDBEHANG]

Für diese Webarbeit mit starker Struktur stand der dramatische schwarze Sandstrand von Vik im südlichen Island Pate: Er hat mir bei einem Besuch vor einigen Jahren buchstäblich den Atem geraubt. Dies ist ein großartiges Webprojekt für Anfänger, weil es überwiegend aus Reihen aufgebaut ist, doch innerhalb der Reihen gibt es vielfältige Schichten in abgestuften Farben, die allesamt Teil derselben kühlen Palette aus Grau- und Blautönen sind. Dies ist eine hervorragende Übung im Kombinieren und Mischen von Farben, aber auch im Ausprobieren der freien Schlingentechnik, mit der sich Strukturen gestalten lassen.

MATERIAL

- Kleiner Webrahmen, 30 cm x 40 cm
- Festes Baumwollkettgarn
- Wollgarne in Schwarz, Grau, Hellgrau, Lavendel, Wollweiß, Weiß, Taupe, Jeansblau, und Hellblau
- Bast in Schwarz
- Sari-Seidenbänder in Grau und Weiß
- Bananenseide (Garn aus Bananenfasern) in Weiß
- Flammengarn (Effektgarn mit unregelmäßiger Fadendicke) in Weiß
- Sticknadel ohne Spitze
- Schere
- Rundholz- oder Treibholzstab zum Aufhängen der Webarbeit

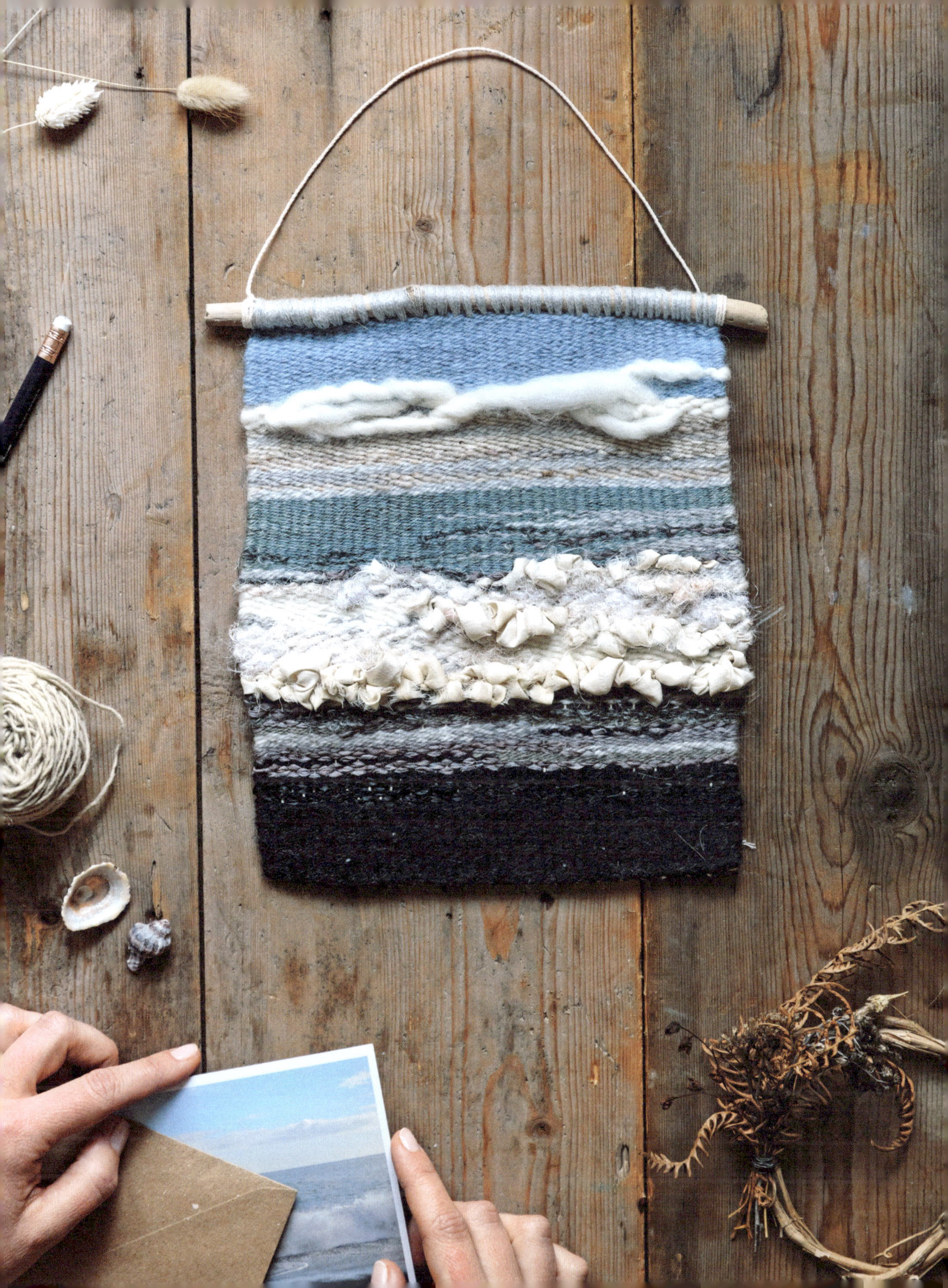

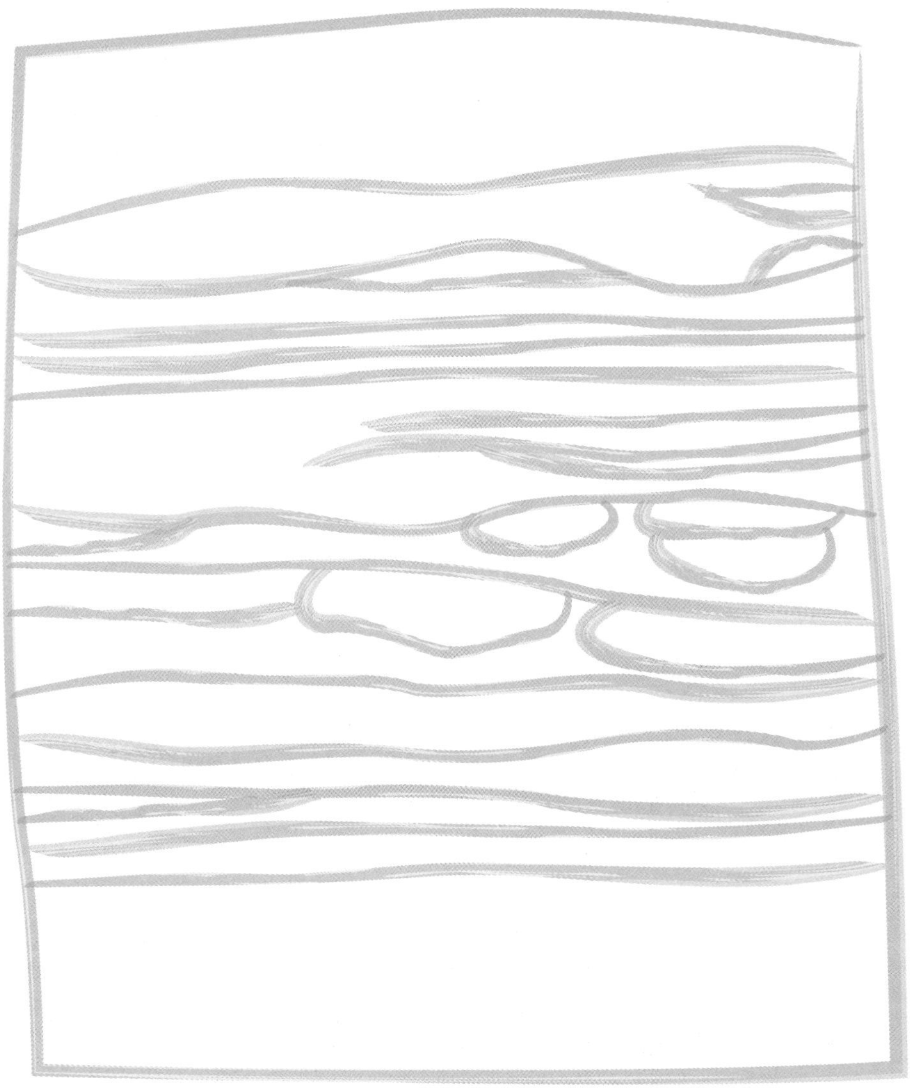

1. Suchen Sie sich zuerst Ihre Garne farblich passend zum Foto aus. Wenn Sie eine Landschaft ganz genau betrachten, werden Sie erkennen, dass sie sich aus einer Fülle unterschiedlicher Farben und Schattierungen zusammensetzt. Versuchen Sie, die Hauptfarben so exakt wie möglich zu identifizieren. Für diese Landschaft habe ich 14 verschiedene Garne verwendet.

2. Bespannen Sie den Webrahmen mit einer doppelten Kette (siehe Seite 32). Für dieses Gewebe habe ich 44 Kettfäden aufgebäumt.

3. Fädeln Sie schwarzes Garn in die Nadel ein und beginnen Sie ca. 5-7,5 cm vom unteren Ende des Webrahmens entfernt, für den ersten Abschnitt mit dem schwarzen Faden 23 Reihen in Leinwandbindung zu weben (siehe Seite 35). Bei zwei oder drei dieser Reihen habe ich über einen Teil der Reihe etwas schwarzen Bast mit eingewebt, um Tiefe zu erzeugen (siehe Foto auf Seite 125). Denken Sie daran, die Fadenenden nach und nach mit einzuweben, und legen Sie den Schussfaden für jede Reihe bogenförmig ein (siehe Seite 37), damit sich Ihr Gewebe nicht seitlich zusammenzieht.

4. Für den zweiten Abschnitt brauchen Sie eine Auswahl an grauen und schwarzen Garnen. Weben Sie etwa 20 Reihen, wobei Sie wenigstens einige dieser Reihen mit unterschiedlichen Garnen beginnen und beenden sollten, damit Ihr Gewebe nicht zu einförmig aussieht – schließlich wollen Sie eine natürliche, lebendige Optik erzielen.

5. Der dritte Abschnitt dieses Webbildes ist der Teil mit der Gischt, in dem viel Bewegung ist. Ich habe in diesem Bereich die freie Schlingentechnik (siehe Seite 46) mit Leinwandbindung kombiniert, um viel Struktur zu schaffen. Frei geformte Schlingen gelingen am besten mit dickem Garn oder Streifen aus Stoffresten; hier habe ich Bananenseide und weiße Bänder aus recycelter Sari-Seide verwendet. Arbeiten Sie Schlingen in unterschiedlichen Größen, damit sie möglichst zufällig und natürlich wirken.

6. Wenn der erste Gischt-Teil fertig gewebt ist, fädeln Sie graues Garn in Ihre Nadel ein und fügen einige Stiche in Grau überall dort auf der Oberfläche des weißen Gewebes in Leinwandbindung hinzu, wo Ihnen ein paar graue Schatten in der Gischt sinnvoll erscheinen. Dazu fixieren Sie den grauen Faden einfach auf der Rückseite der Webarbeit, stechen nach oben aus und sticken auf der Oberfläche des Gewebes. Wenn Sie fertig sind, vernähen Sie den Faden wieder auf der Rückseite. Dieser Abschnitt umfasst etwa zwölf Reihen (die genaue Reihenzahl hängt sehr von der verwendeten Garnstärke ab).

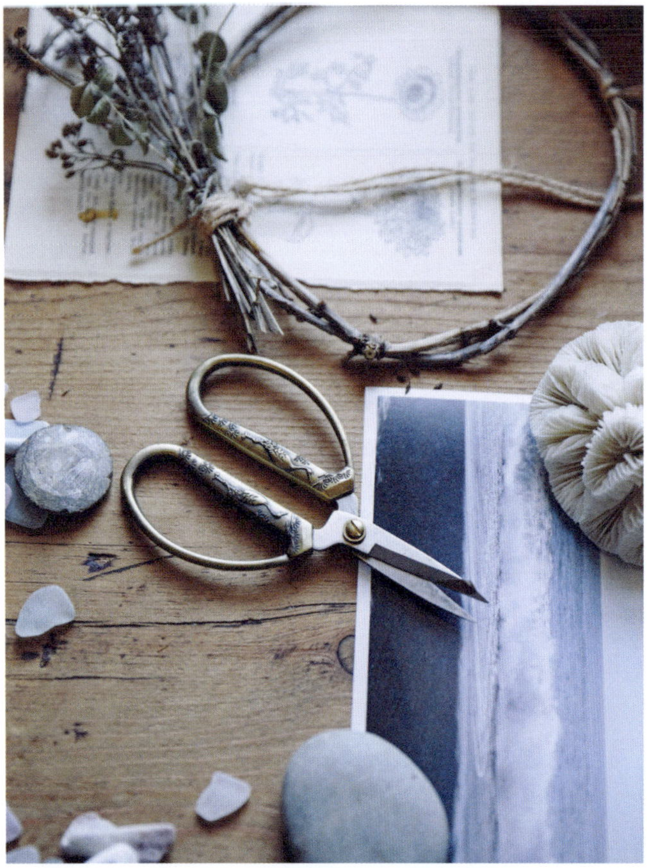
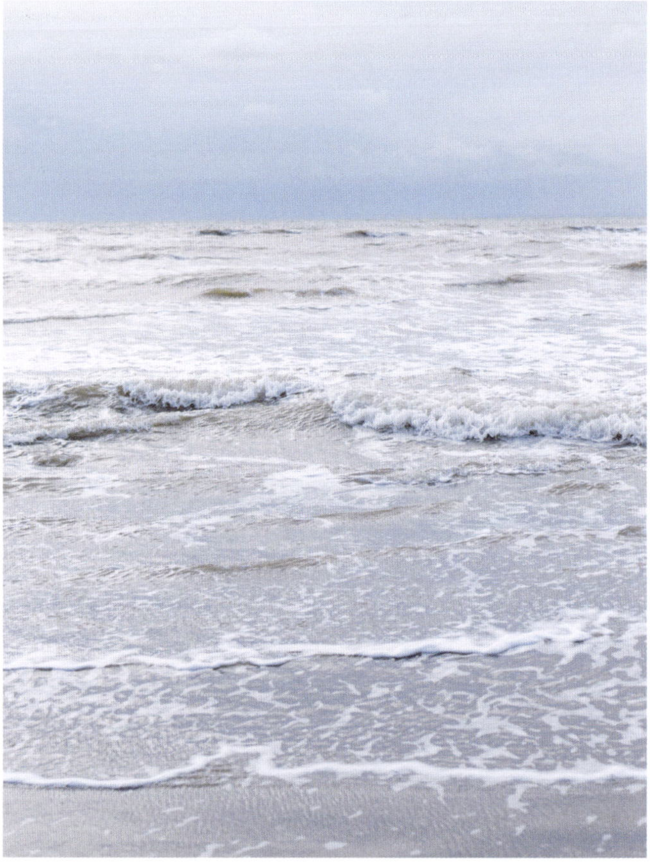
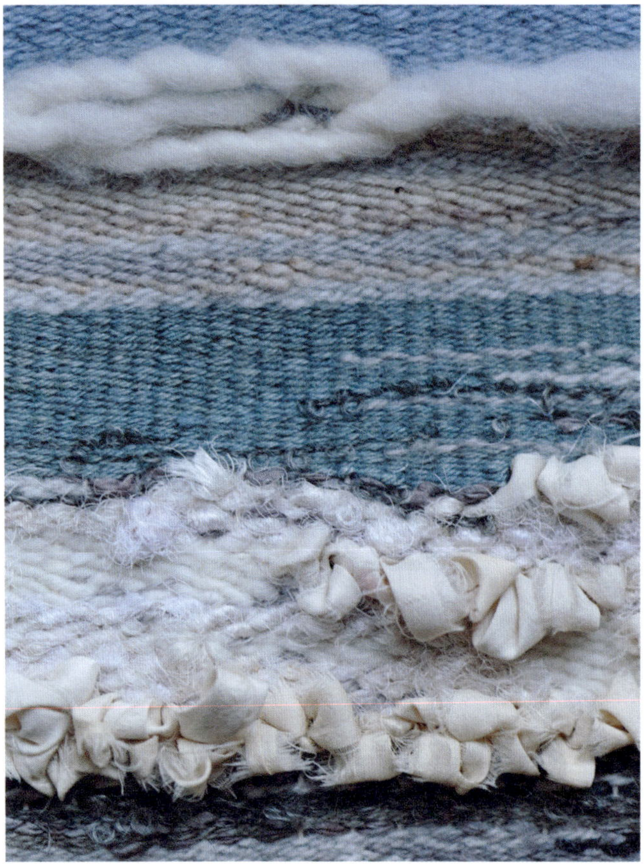
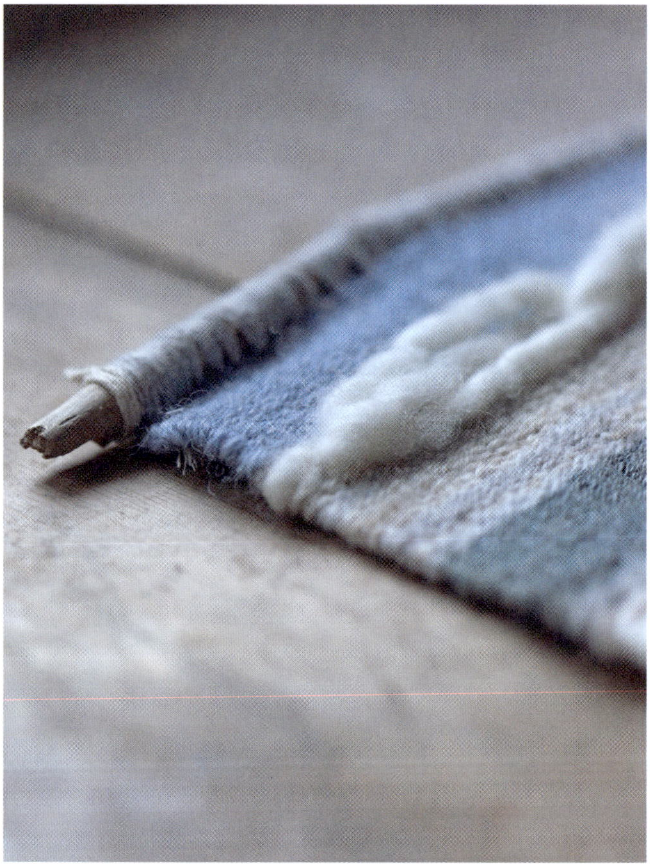

7. Für den nächsten Abschnitt weben Sie etwa 20 Reihen mit jeansblauem Garn in Leinwandbindung. Um die Farben des Originalbildes wiederzugeben, habe ich die die linke Seite des Gewebes recht einheitlich und gleichmäßig in der Farbe gehalten, während ich auf der rechten Seite Einsprengsel aus hell- und dunkelgrauen Garnen – ebenfalls in Leinwandbindung – eingewebt habe, um Tiefe zu erzeugen.

8. Der fünfte Abschnitt bildet die untere Hälfte des Himmels ab, der aus Tönen von Hellgrau, sehr hellem Blau, Lavendel, Wollweiß und Beige aufgebaut ist. Weben Sie etwa 16 Reihen in Leinwandbindung in einer Kombination aus diesen Farben.

9. Für den letzten Abschnitt brauchen Sie weißes Flammengarn, also ein ungleichmäßig locker gesponnenes Dochtgarn, um die Wolken am Himmel zu gestalten, sowie ein himmelblaues Garn mittlerer Stärke. Beginnen Sie damit, das weiße Flammengarn oberhalb des vorhergehenden Abschnitts einzuweben. Das geht am einfachsten mit den Fingern, indem man die dünneren Teile des Garns in Leinwandbindung zwischen den Kettfäden einwebt und die dickeren Teile des Garns locker auf der Oberfläche des Gewebes liegen lässt. Dafür gibt es keine Regeln – es geht nur darum, dass das Garn in gewissen Abständen entlang der Reihe zwischen den Kettfäden befestigt wird. Wenn Sie mit dem Ergebnis zufrieden sind, weben Sie mit dem hellblauen Garn hinter den „Wolken" und darüber etwa 24 Reihen in Leinwandbindung bis fast zum oberen Ende Ihres Webrahmens.

10. Denken Sie daran, oben 5-7,5 cm Abstand zwischen Ihrem Webstück und der oberen Leiste des Webrahmens frei zu lassen, damit Ihnen genügend Kettfadenlänge bleibt, um die Kettfäden zu verknoten und zu vernähen.

11. Wenn Ihr Gewebe fertig ist, schneiden Sie es so dicht wie möglich an den Stegen oben und unten vom Webrahmen ab (siehe Seite 58). Verteilen Sie die Kettfäden an beiden Enden paarweise und verknoten Sie jedes Paar doppelt, sodass Sie an der Ober- und Unterkante der Webarbeit jeweils eine Reihe Knoten erhalten (siehe Seite 59). Vernähen Sie die Kettfadenenden beider Kanten auf der Rückseite der Webarbeit (siehe Seite 60).

12. Versäubern Sie die Rückseite Ihrer Webarbeit, indem Sie lose Fadenenden miteinander verknoten und dicht über dem Gewebe abschneiden.

13. Um Ihr gewebtes Bild aufhängen zu können, nähen Sie den Rund- oder Treibholzstab an der Oberkante des Gewebes an (siehe Seite 62).

14. Bringen Sie eine Schnur oder einen Faden als Aufhänger an beiden Enden des Stabes an.

Fürs Kinderzimmer
[WANDBEHANG]

Mein kleiner Sohn hat gerade begonnen, sich fürs Weben zu interessieren, und mich begeistert der Gedanke, noch viel mehr mit ihm zu weben, wenn er älter wird. Einstweilen wollte ich einen farbenfroh leuchtenden Wandbehang für sein Kinderzimmer gestalten. Die Farben für dieses Projekt liegen ein wenig außerhalb meiner üblichen Palette, aber der Wandbehang sollte mein Kind ansprechen und in eine fröhliche Stimmung versetzen. Außerdem wollte ich viel Struktur ins Spiel bringen. Dieses Gewebe ist ganz und gar abstrakt und basiert auf keiner bestimmten Vorlage; ich wollte damit die Fantasie meines Sohnes anregen und es ihm selbst überlassen, was er darin sehen möchte.

MATERIAL

- Kleiner Webrahmen, 30 cm x 40 cm
- Festes Baumwollkettgarn
- Garn mittlerer Stärke in Orange und Gelbgrün
- Dickes Wollgarn in Gelb und Weiß
- Sari-Seidenband in Blau-Weiß
- Sticknadel ohne Spitze
- Rundholzstab zum Aufhängen des Gewebes
- Kleinere Nähnadel zum Nähen des Tunnels an der Oberkante
- Festes Nähgarn

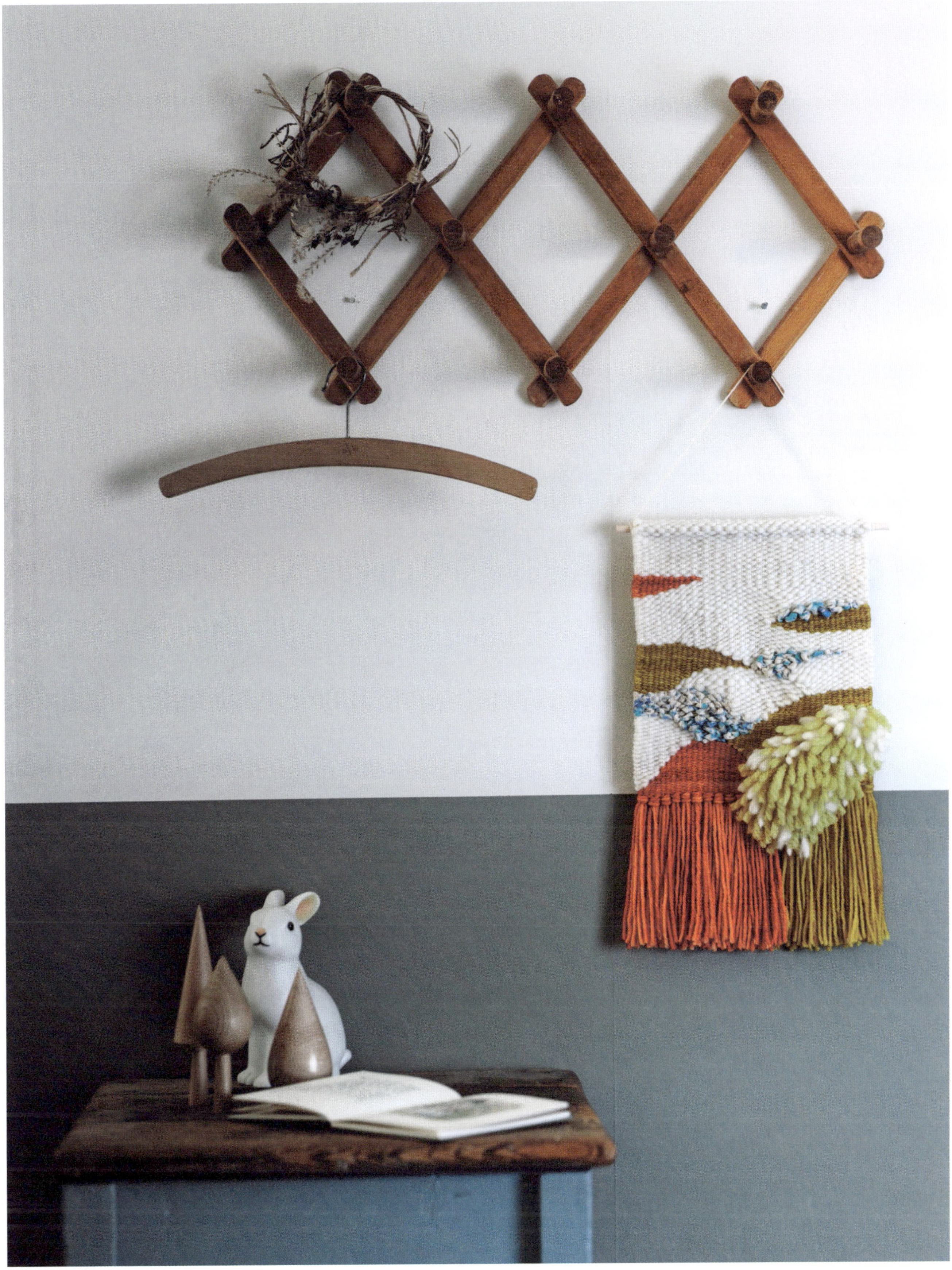

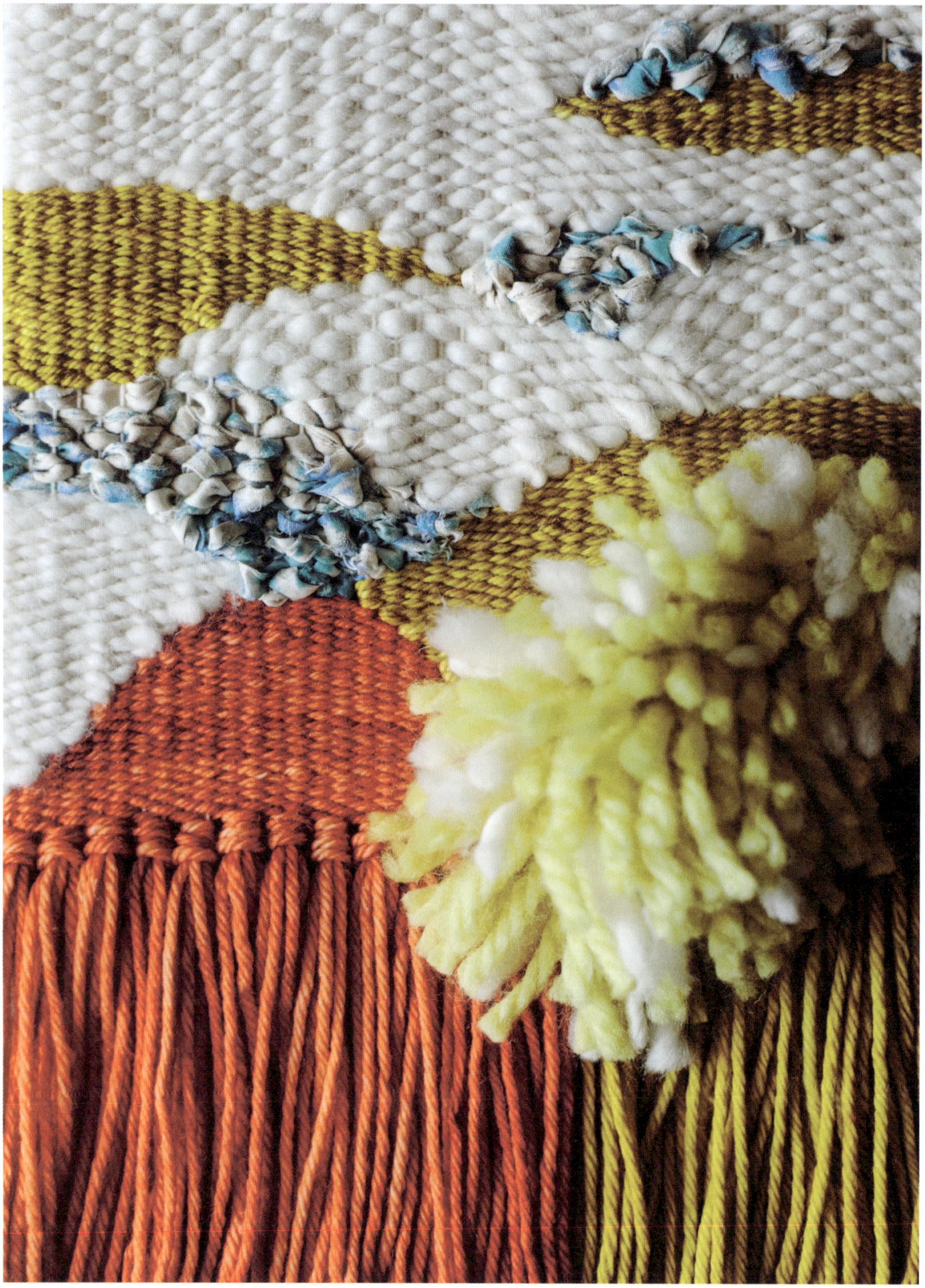

1. Bäumen Sie eine doppelte Kette aus 42 Kettfäden auf (siehe Seite 32).

2. Weben Sie zunächst am unteren Ende des Webrahmens mit dem Kettgarn oder einem ähnlichen Garn zwei Reihen in Leinwandbindung (siehe Seite 35) als Basis für die Fransen.

3. Nun fügen Sie die Fransen mit Rya-Knoten (siehe Seite 44) in Orange und Gelbgrün an. Knöpfen Sie 13 orangefarbene und acht gelbgrüne Rya-Knoten aus jeweils vier 24 cm langen Fäden ein.

4. Über den orangefarbenen Rya-Knoten weben Sie in Leinwandbindung eine Halbkreisform in Orange. Eine ähnliche Form arbeiten Sie in Gelbgrün über den gelbgrünen Rya-Knoten.

5. Nun weben Sie über dem gelbgrünen Halbkreis eine stärker strukturierte Fläche aus Rya-Knoten mit den dicken Wollgarnen in Gelb und Weiß. (Denken Sie daran, zwischen den Rya-Reihen jeweils eine oder zwei Reihen in Leinwandbindung mit dem gelbgrünen Garn zu weben, um die Rya-Knoten zu fixieren.) Jeder Rya-Knoten besteht aus vier Fäden von ca. 10 cm Länge. Die oberen Fäden werden später zurückgeschnitten.

6. Knüpfen Sie den ersten dicken Rya-Knoten direkt über dem Punkt ein, an dem die gelbgrünen und die orangefarbenen Rya-Fransen aneinanderstoßen.

7. Für die zweite Reihe dicker Rya-Knoten fügen Sie zwei Rya-Knoten direkt über der ersten Reihe hinzu.

8. In der dritten und vierten Reihe arbeiten Sie jeweils drei Rya-Knoten, versetzen die vierte Reihe aber so, dass die Rya-Fläche sich nach rechts bewegt.

9. Für die fünfte Reihe vier Knoten knüpfen, wieder etwas nach rechts versetzt (siehe Grafik auf Seite 134).

10. Die sechste Reihe besteht aus sechs Rya-Knoten, von denen der sechste an der rechten Kante des Webstücks platziert wird.

11. In der letzten Reihe arbeiten Sie fünf Rya-Knoten, wobei der fünfte an der rechten Kante des Gewebes sitzt.

12. Weben Sie über der Fläche mit den dicken Rya-Knoten eine gerundete Form mit gelbgrünem Garn in Leinwandbindung (siehe Grafik).

13. Nun gestalten Sie den Rest des Gewebes mit weiteren Bogenformen, wie in der Grafik gezeigt. Verwenden Sie dazu das dicke weiße Garn, blauweiße Sari-Seidenbänder sowie Garne in Orange und Gelbgrün.

14. Schneiden Sie die Fransen der dicken Rya-Knoten-Fläche so zurück, dass sie im oberen Bereich etwas kürzer sind als im unteren. Kürzen Sie die untere Fransenkante auf einheitliche Länge, sodass sie gerade und sauber aussieht.

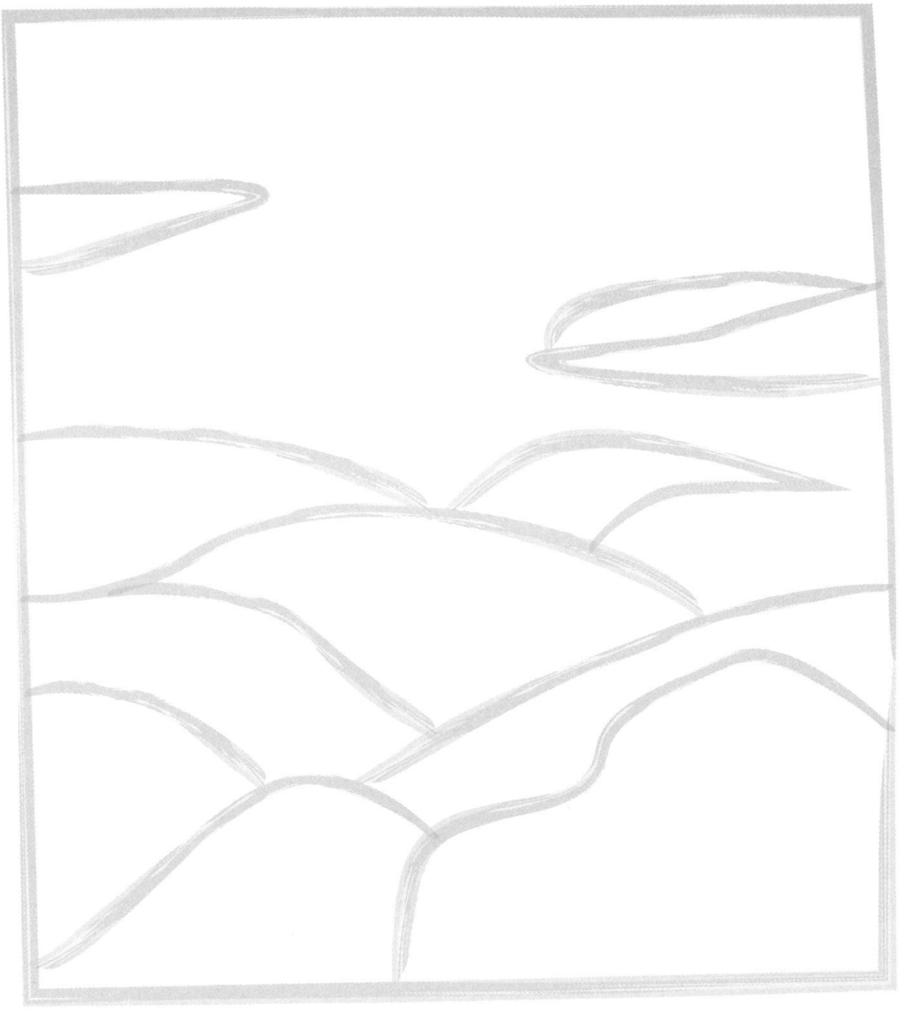

15. Wenn Ihr Gewebe ohne die Fransen an der Unterkante ca. 24 cm hoch ist, schneiden Sie es vom Rahmen ab und verknoten die Kettfäden (siehe Seite 58/59).

16. Die über die Knoten hinausstehenden Kettfäden an der Unterkante des Webstücks abschneiden, die Knoten bleiben hinter den Fransen verborgen.

17. Legen Sie die Oberkante des Gewebes um den Rundholzstab nach hinten um und nähen Sie diesen Tunnel auf der Rückseite an, wie auf Seite 62 beschrieben.

18. Eine Schnur oder einen Faden zum Aufhängen an beiden Enden des Stabes anbringen.

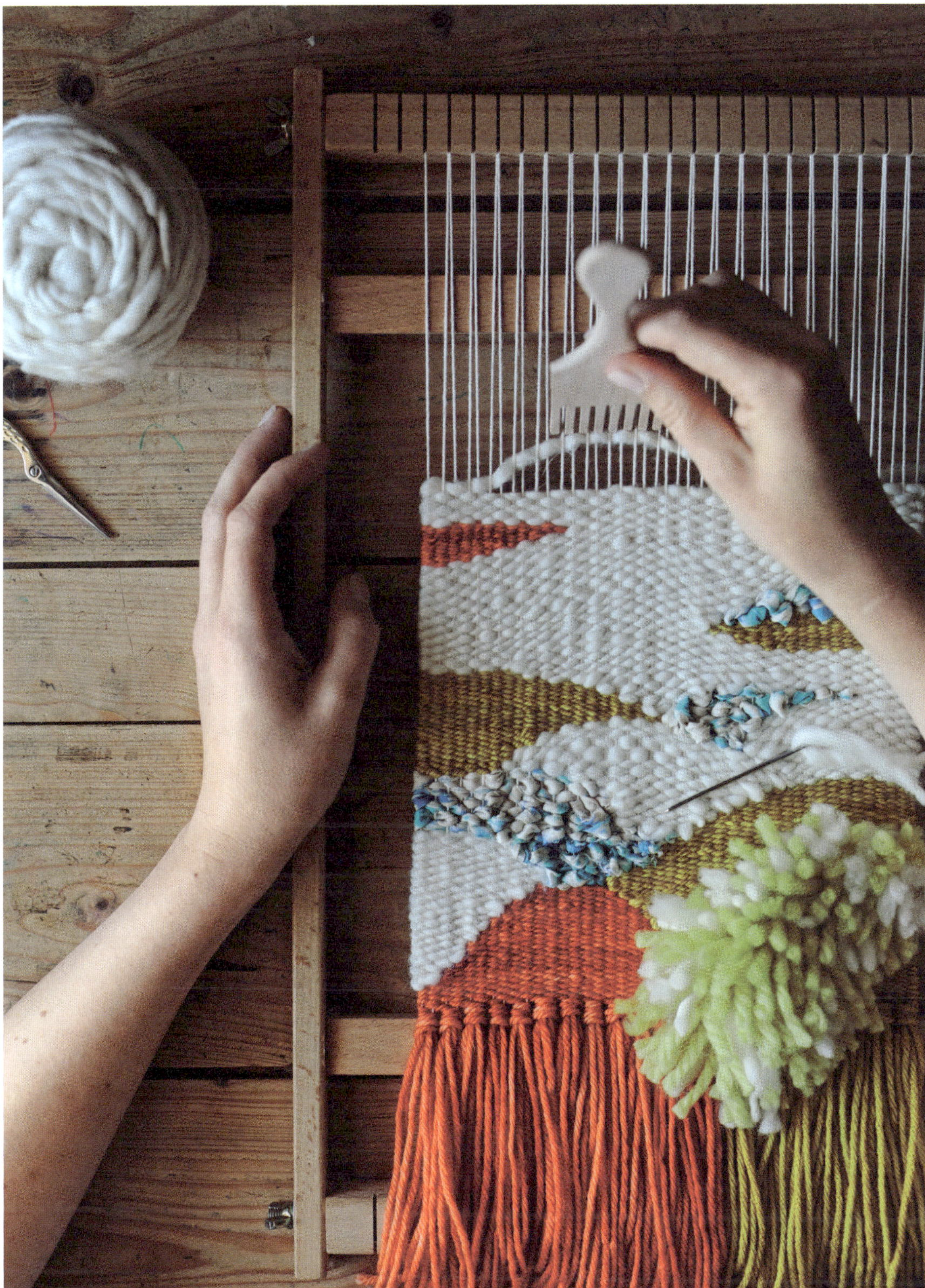

Wellen [KISSEN]

Diese weiche Kissenhülle mit plastischer Struktur ist aus dickem, voluminösem Garn mit vielen frei geformten Schlingen gearbeitet: So fühlt es sich herrlich luxuriös an und ist schnell fertig. Das fließende Wellenmuster ist vom Wogen des Meeres, den Schaumkronen der Wellen und dem Dunkel der Tiefsee darunter inspiriert. Sie könnten das Farbschema Ihrer eigenen Wohnung anpassen, indem Sie Garne in anderen Tönen auswählen. Die Fertigstellung der Kissenhülle erfordert keine großen Nähkenntnisse, deshalb ist das Projekt genau das Richtige für Näh-Einsteiger.

MATERIAL

- Großer Webrahmen, 50 cm x 60 cm
- Festes Baumwollkettgarn
- Dickes Wollgarn in Weiß und Hellviolett
- Sari-Seidenband in Grau oder Silber
- Teppichgarn oder Bindfaden in Blaugrün
- Sticknadel ohne Spitze
- Schere
- 50 cm gewaschener Leinenstoff in Blau
- Nähgarn, farblich zu Gewebe und Stoff passend
- Kissenfüllung, 30 cm x 30 cm
- Stoffklammern oder Stecknadeln
- Nähmaschine

Hinweis

Für die Fotos wurde das Kissen um 90 Grad nach rechts gedreht. Bitte richten Sie sich beim Nacharbeiten nach der Grafik auf Seite 140.

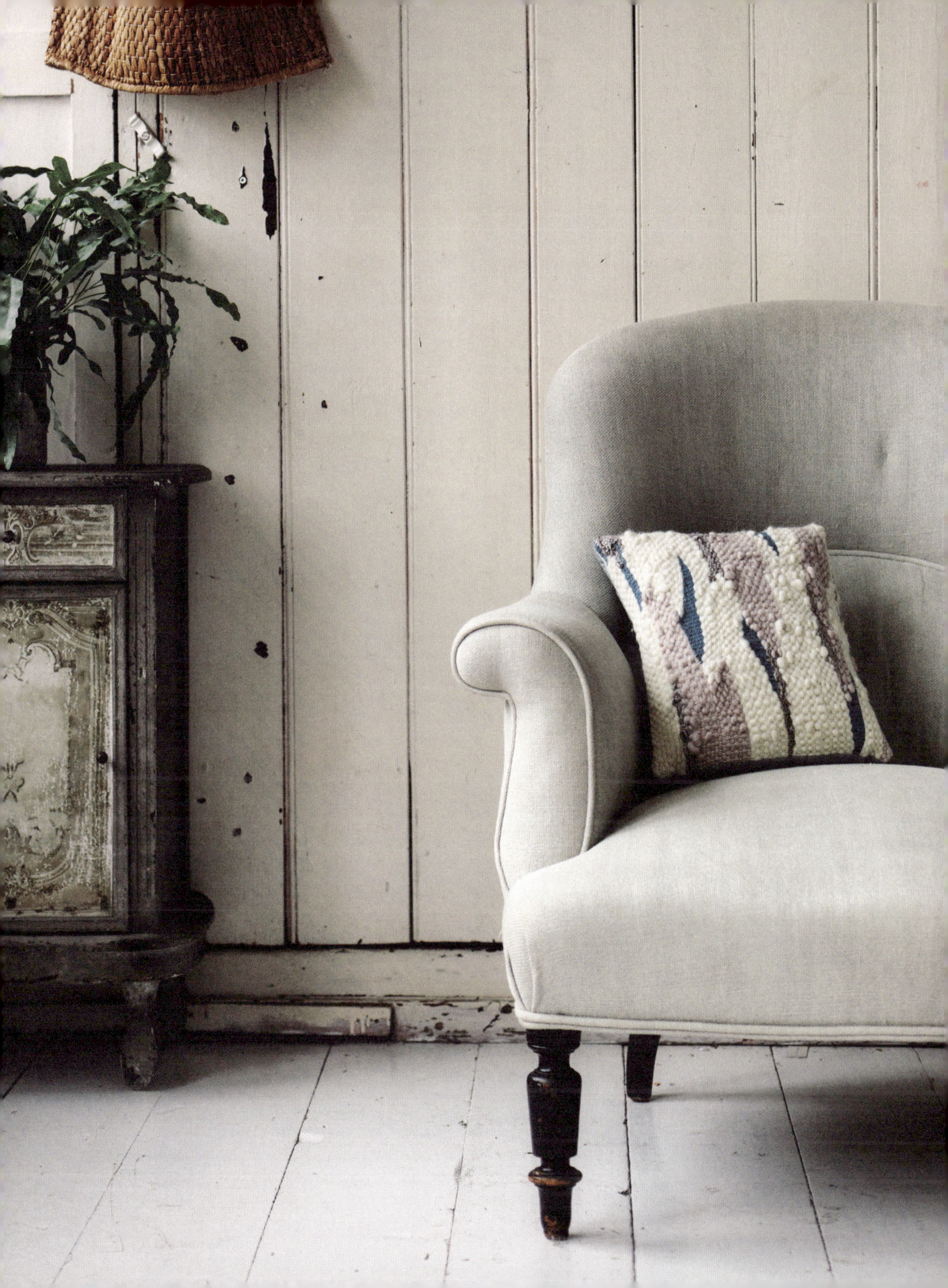

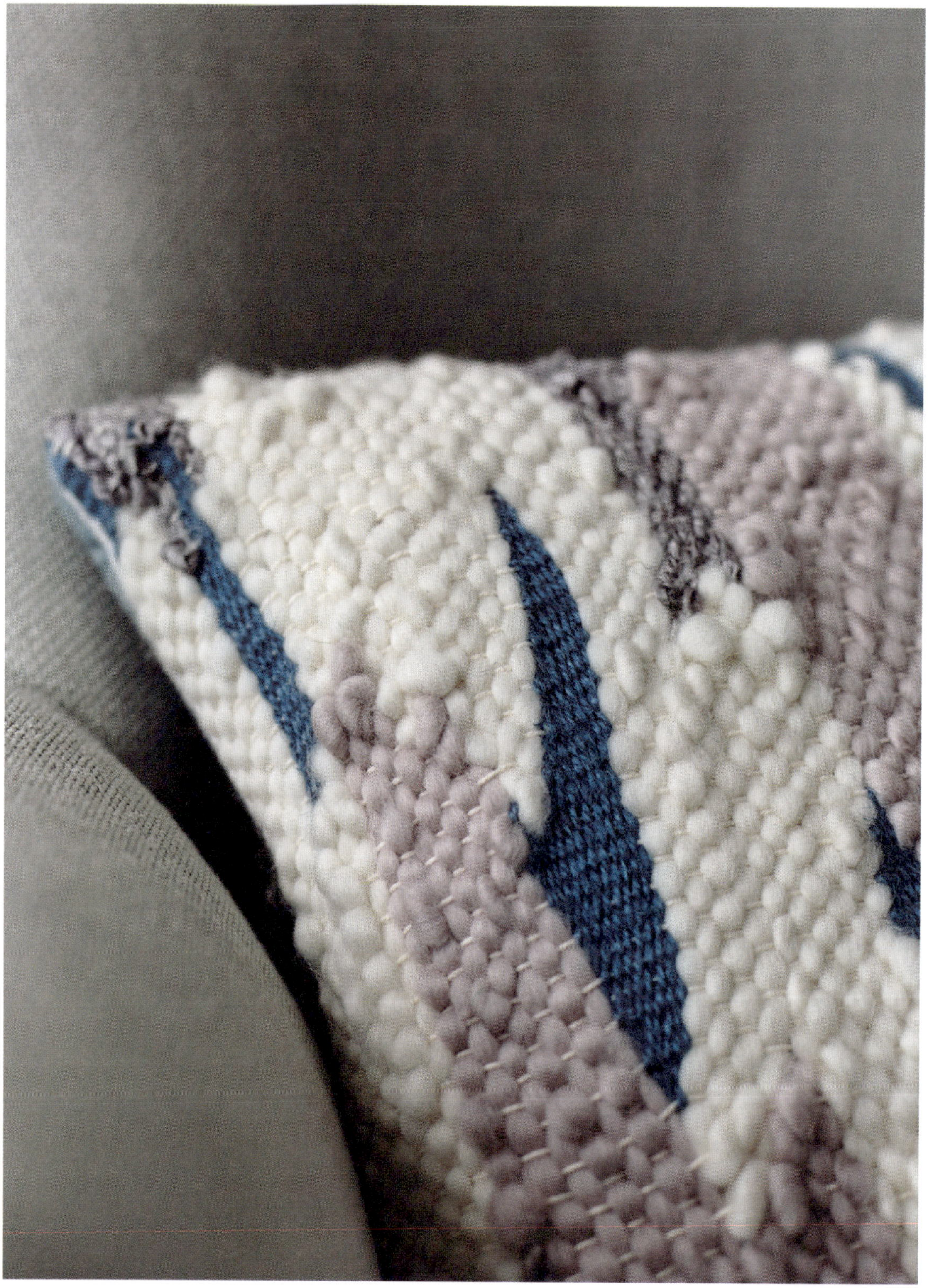

1. Eine doppelte Kette (siehe Seite 32) aus 74 Kettfäden bzw. in der erforderlichen Kettfadenzahl für 34 cm Breite aufbäumen.

2. Fädeln Sie Kettgarn in Ihre Nadel ein und weben Sie sechs Reihen in Leinwandbindung (siehe Seite 35): Dieser untere Streifen des Gewebes verschwindet später beim Annähen des Stoffes für die Rückseite fast völlig.

3. Dann beginnen Sie gemäß der Grafik auf Seite 140, die aneinandergrenzenden Bogenformen (siehe Seite 54) mit den dicken Wollgarnen, dem Sari-Seidenband und dem blaugrünen Teppichgarn in Leinwandbindung aufzubauen. Alle Farbflächen durch ineinandergreifendes Weben verbinden (siehe Seite 54).

4. Schaffen Sie plastische Strukturen innerhalb der Bereiche mit dickem Wollgarn und Sari-Seidenband, indem Sie frei geformte Schlingen einarbeiten (siehe Seite 46). Ziehen Sie das Garn auf der Oberseite der Kette lockerer und fixieren Sie diese Schlingen, indem Sie darüber eine Reihe in Leinwandbindung weben.

5. Auf diese Weise weiterweben und die Formen übereinander gestalten, bis eine Gesamthöhe von ca. 32 cm erreicht ist.

6. Dann weben Sie einen weiteren Streifen mit Kettgarn in Leinwandbindung, der wie der untere Streifen nach dem Zusammennähen nicht mehr zu sehen ist. Am Ende sollte Ihr Gewebe 34 cm im Quadrat messen.

7. Die Webarbeit vom Rahmen schneiden, die Kettfäden an Ober- und Unterkante verknoten (siehe Seite 58/59). Die Rückseite versäubern, dazu lose Fäden verknoten und lange Fadenenden zurückschneiden.

8. Für die Rückseite der Kissenhülle schneiden Sie zwei Stoffrechtecke von jeweils 32 cm x 40 cm zu. Falten Sie die Rechtecke so in der Mitte, dass die Schmalseiten aufeinandertreffen (rechts auf rechts, falls Ihr Stoff eine rechte und eine linke Seite hat), und bügeln Sie den Falz. Nun müssten Sie zwei Teile von 32 cm x 20 cm haben.

9. Legen Sie die beiden gefalteten Leinenstoffteile hochkant so nebeneinander, dass die Faltkanten einander berühren. Dann ziehen Sie die Faltkante des einen Teils so über die des anderen, dass die gefalteten Teile einander um 8 cm überlappen. Ihre beiden überlappenden Teile sollten nun ein Quadrat von 32 cm Kantenlänge bilden.

10. Legen Sie Ihr handgewebtes Quadrat mit der rechten Seite nach unten auf das Leinenquadrat und fixieren Sie die Lagen rundherum mit Stoffklammern oder Stecknadeln.

11. Nun Leinen und Handgewebe rundherum mit einer Nahtzugabe von 1 cm zusammennähen, dabei nach und nach die Klammern oder die Stecknadeln entfernen. Beim Nähen am besten den geraden Kanten des Leinenstoffs folgen. Anschließend die Kanten des Leinenstoffs mit Zickzackstich versäubern.

12. Wenden Sie die Kissenhülle durch den Schlitz an der Überlappung des Rückseitenteils auf rechts und bügeln Sie den Leinenstoff gründlich. Dann stecken Sie die Kissenfüllung in die Hülle.

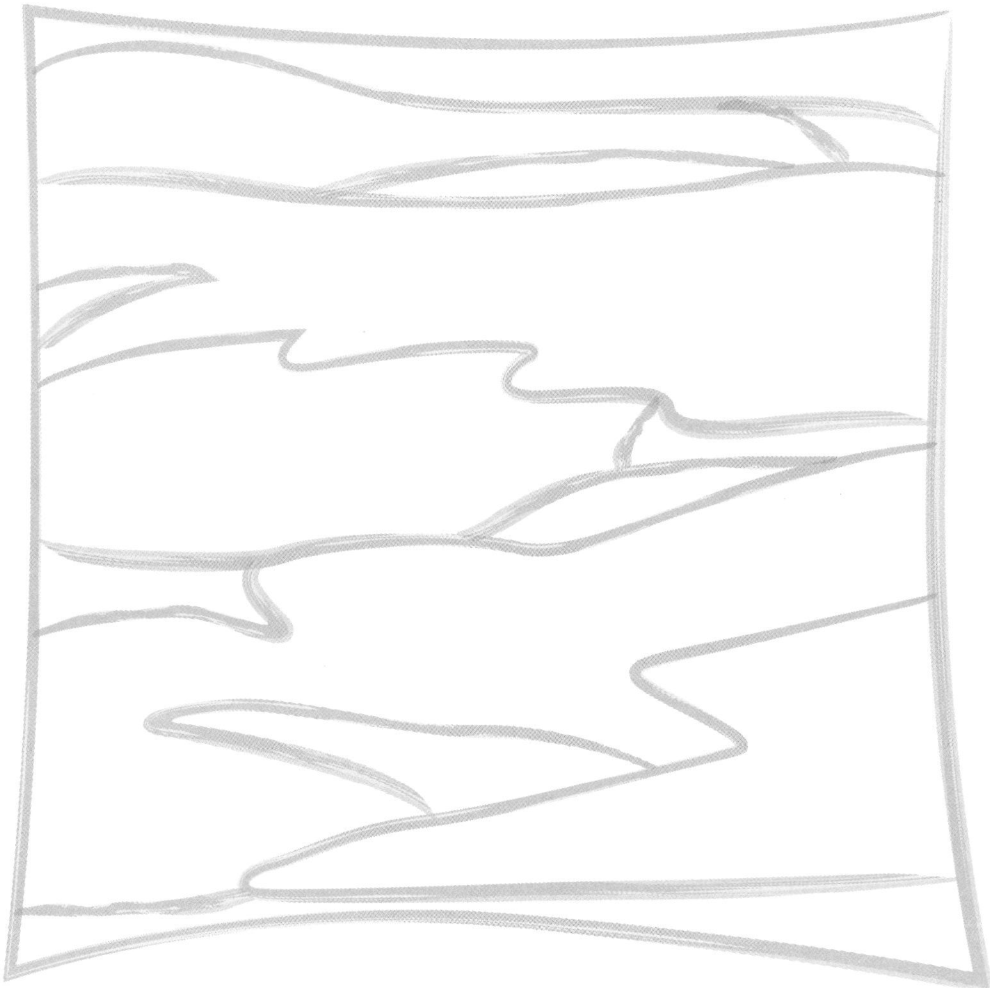

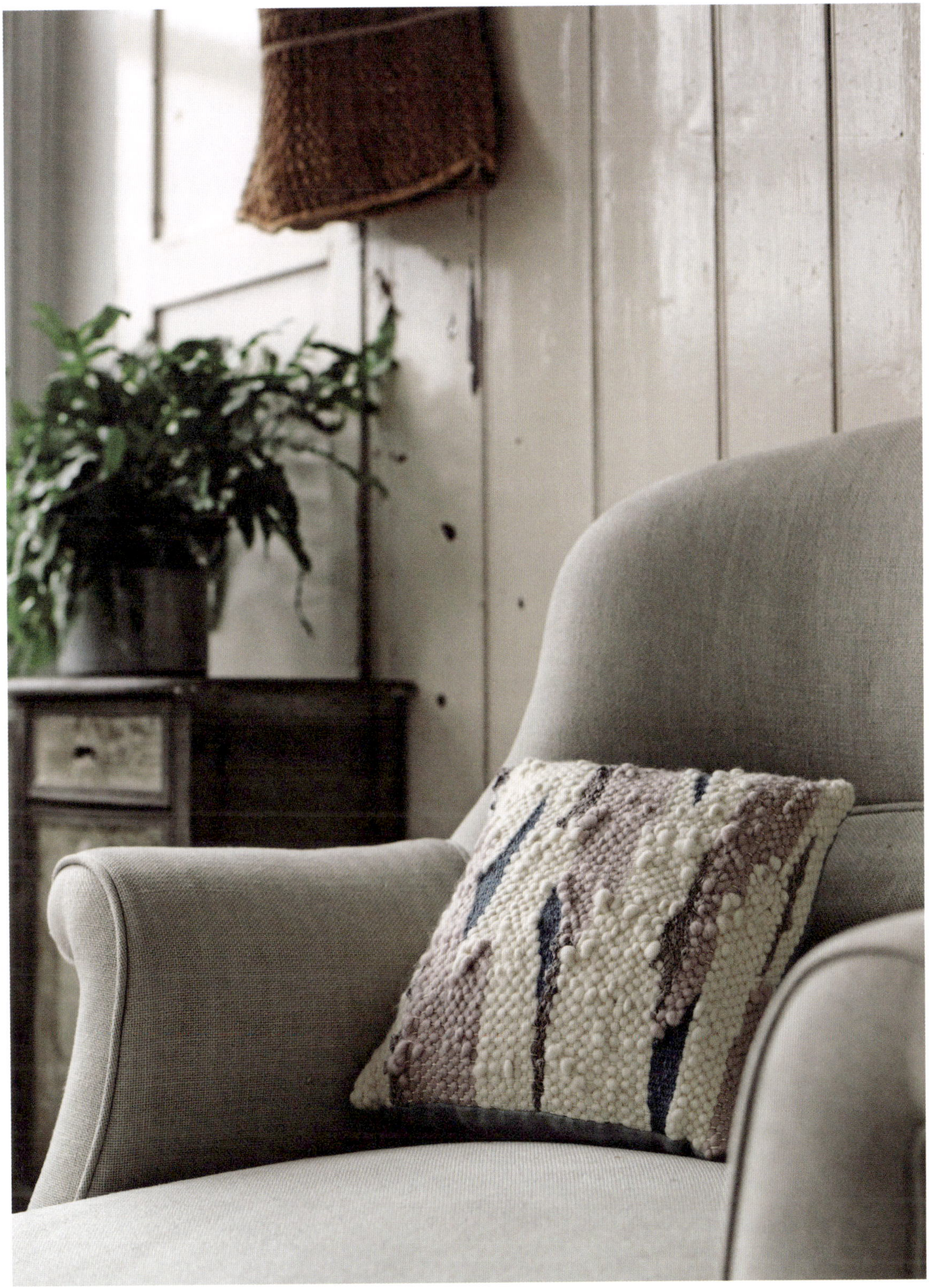

Olivenhain [UMHÄNGETASCHE]

Zu dieser hübschen Tasche haben mich die Erinnerungen an Urlaube in Griechenland inspiriert: an Wanderungen durch staubige Olivenhaine zum Strand, an den Geruch von Meer und Sand, das Zirpen der Zikaden und das Rascheln der Blätter in der warmen Brise. Ich stelle mir vor, wie ich diese Tasche an den Abenden im Urlaub trage – sie würde perfekt zu einem weißen Leinenkleid samt Strohhut passen.

Diese Webarbeit ergibt eine Tasche von ca. 16 cm x 20 cm, doch Sie können die Größe des Gewebes beliebig anpassen, um eine Tasche in anderem Format zu gestalten. Denken Sie daran, dass seitlich ein paar Zentimeter (etwa 2-3 cm) für die Nahtzugabe verloren gehen.

MATERIAL

- Kleiner Webrahmen, 30 cm x 40 cm
- Festes Baumwollkettgarn
- Baumwollgarn in Olivgrün
- Wollgarn in Dunkelgrün und Grau
- Naturbast
- Sari-Seidenband in Elfenbein
- Sticknadel ohne Spitze
- Schere
- 25 cm fester, naturfarbener Baumwollstoff
- Magnetverschluss, ø 1,5 cm
- Zusätzliches Webgarn für die Schlaufen des Trageriemens
- flaches Lederband, 4 mm breit, 115 cm lang
- Nähgarn, farblich zu Gewebe und Stoff passend
- Stecknadeln
- Lineal oder Maßband
- Nähmaschine oder Nähnadel

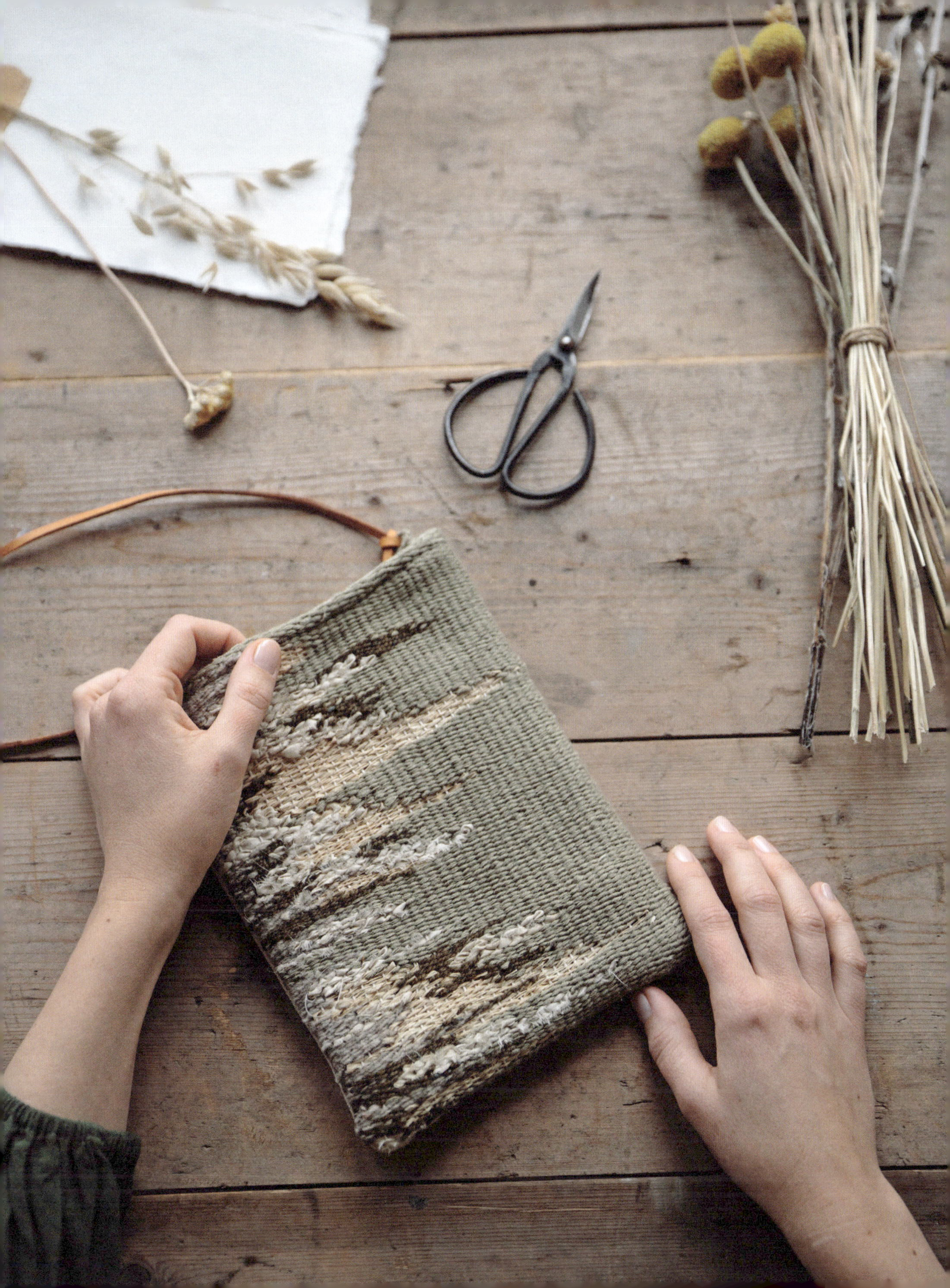

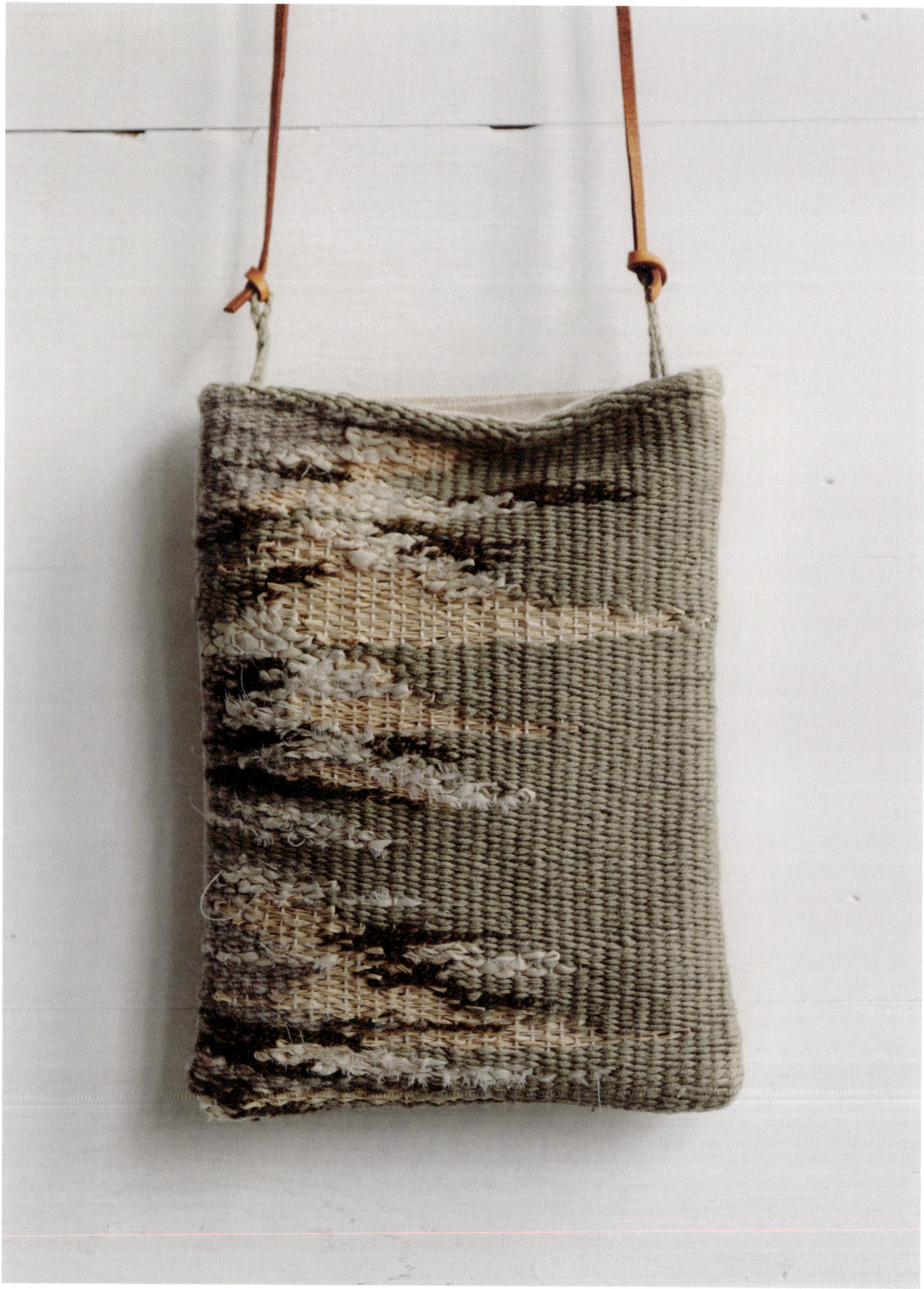

1. Eine doppelte Kette aus 48 Kettfäden aufbäumen (siehe Seite 32).

2. Mit olivgrünem Baumwollgarn sechs Reihen in Leinwandbindung weben (siehe Seite 35): Dieser Streifen an der Unterkante der Tasche wird beim Zusammennähen eingefaltet.

3. Beginnen Sie nun, die Zickzackformen zu gestalten, die sich von der linken Seite der Tasche her entwickeln (siehe Foto). Verbinden Sie die Formen untereinander durch die ineinandergreifende Technik (siehe Seite 54). Bauen Sie die Formen übereinander auf und wechseln Sie dabei zwischen olivgrünem Baumwollgarn, elfenbeinfarbenem Band, Bast, grauem und dunkelgrünem Wollgarn ab. Weben Sie bis zu einer Höhe von 24 cm.

4. Das Gewebe vom Webrahmen schneiden, die Kettfäden verknoten (siehe Seite 58/59) und die Enden an Ober- und Unterkante vernähen (siehe Seite 60).

5. Für die Tasche aus dem Baumwollstoff drei Rechtecke von jeweils 24 cm x 19 cm bzw. in der Größe der Webarbeit zuschneiden.

6. Das Gewebe hochkant mit der rechten Seite nach oben hinlegen und darauf ein Baumwollstoff-Rechteck mit der rechten Seite nach unten platzieren. Die Oberkante des Baumwollstoffs muss mit der Oberkante des Gewebes bündig abschließen. (Weil die Kanten Ihrer Webarbeit nicht ganz gerade sein dürften, werden wahrscheinlich nicht alle Kanten bündig abschließen – achten Sie lediglich auf die obere.) Die Teile an den Seitenkanten und an der Unterkante zusammenstecken und 1 cm von der Kante des Baumwollstoffes entfernt entlang dieser drei Kanten zusammennähen. (Die Oberkante bleibt offen.)

7. Für das Futter eines der beiden übrigen Baumwollstoff-Rechtecke mit der rechten Seite nach oben hinlegen und das letzte Rechteck mit der rechten Seite nach unten darauf platzieren. Die Teile wie in Schritt 7 entlang der Seitenkanten und der Unterkante stecken und zusammennähen; die Oberkante bleibt auch hier offen. Die Nahtzugaben des Futterstoffs auf etwa 3 mm zurückschneiden.

8. Auf einer Seite des Futters markieren Sie einen Punkt 3,5 cm unterhalb der Oberkante und im selben Abstand zu den Seiten. Schneiden Sie mit der Schere einen etwa 3 mm kurzen vertikalen Schnitt im Abstand von 4 mm rechts und links von der Markierung ein. Dann drehen Sie das Futter um und wiederholen den Vorgang auf der anderen Seite. Nehmen Sie eine Hälfte des Magnetverschlusses und stecken Sie von der Innenseite (der rechten Seite) des Futters aus die kleinen „Arme" durch die zuvor geschnittenen Schlitze. Bringen Sie die andere Hälfte des Magnetverschlusses auf der anderen Futterseite an. Der Verschluss sollte nun so auf der Innenseite des Futters sitzen, dass beide Teile zusammenpassen und sich schließen lassen.

9. Die Oberkante des Futters 1,5 cm breit rundherum zur linken Seite umfalten und die Faltkante bügeln.

10. Nun die Außentasche aus Handgewebe und Baumwollstoff auf rechts wenden und das Futter hineinstecken. Das Futter in das Außenteil schieben, bis die Ecken aufeinandertreffen und die Oberkante des Futters etwa 1,5 cm unterhalb der Oberkante des Außenteils liegt.

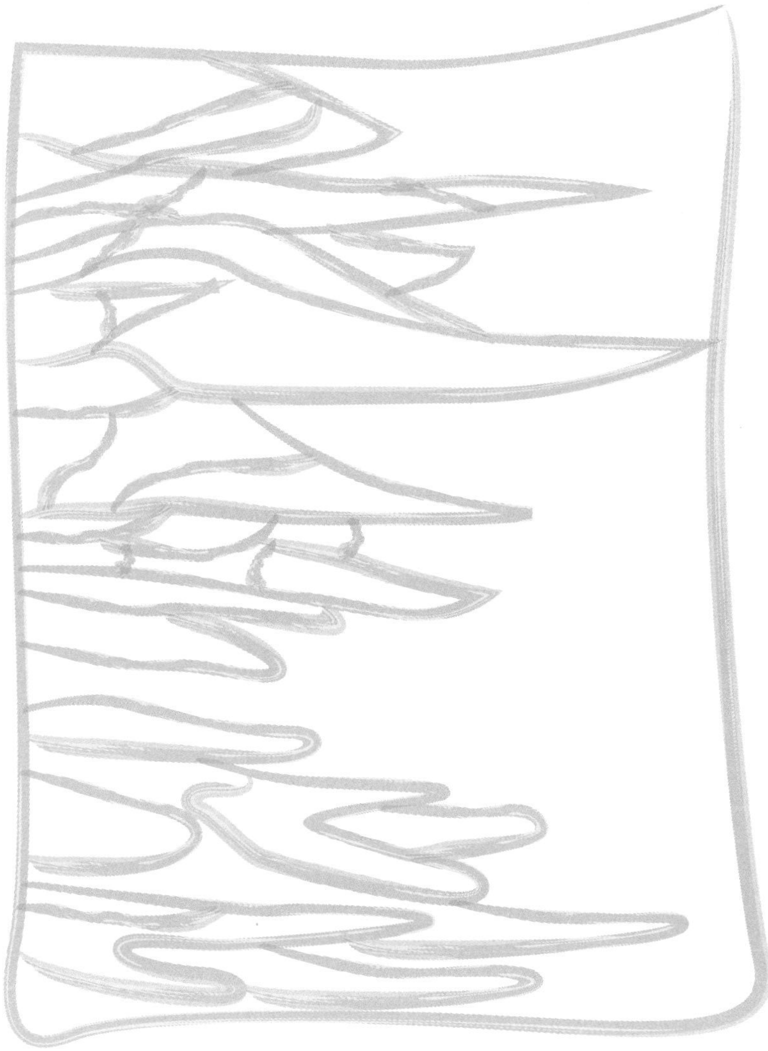

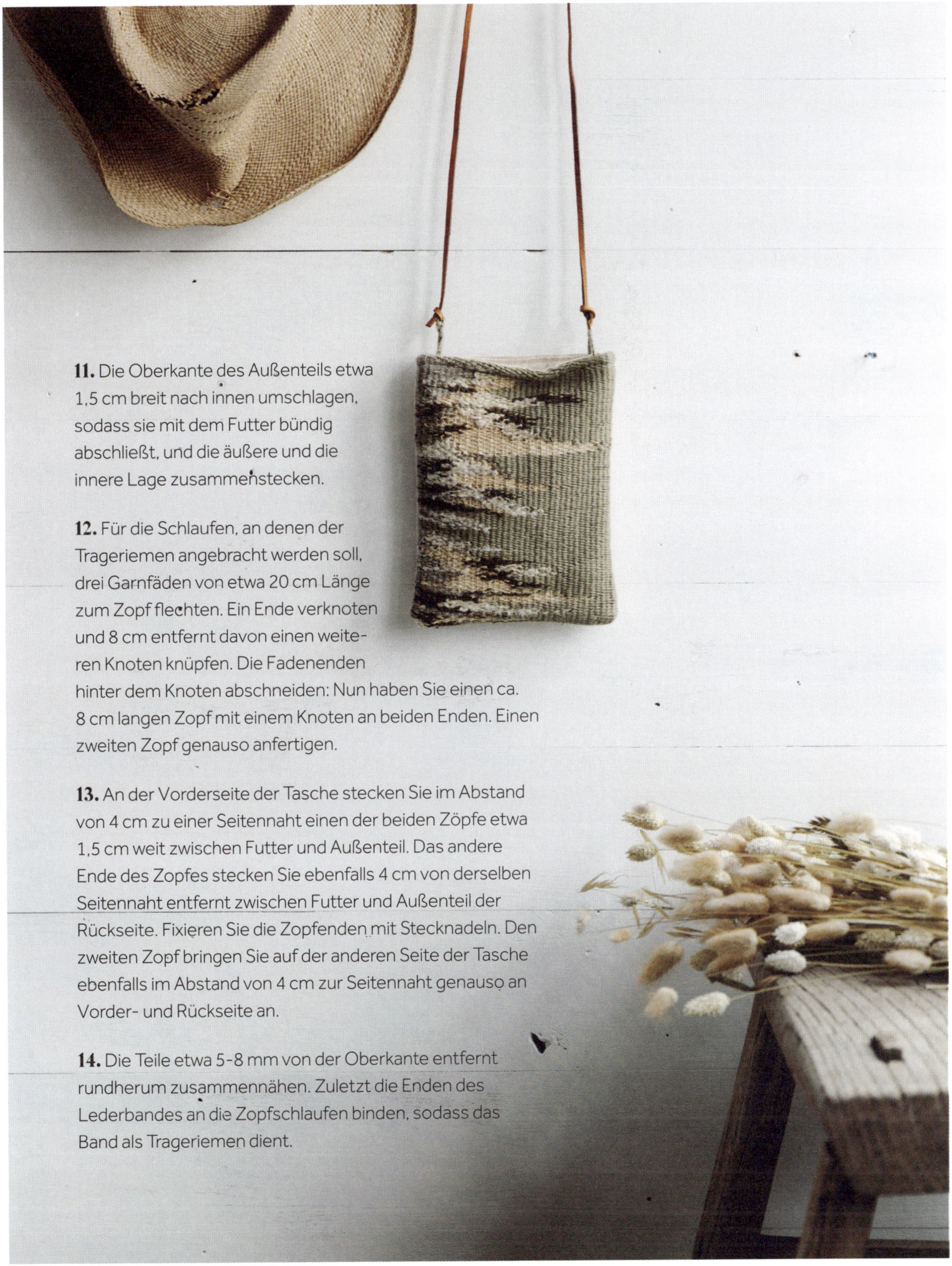

11. Die Oberkante des Außenteils etwa 1,5 cm breit nach innen umschlagen, sodass sie mit dem Futter bündig abschließt, und die äußere und die innere Lage zusammenstecken.

12. Für die Schlaufen, an denen der Trageriemen angebracht werden soll, drei Garnfäden von etwa 20 cm Länge zum Zopf flechten. Ein Ende verknoten und 8 cm entfernt davon einen weiteren Knoten knüpfen. Die Fadenenden hinter dem Knoten abschneiden: Nun haben Sie einen ca. 8 cm langen Zopf mit einem Knoten an beiden Enden. Einen zweiten Zopf genauso anfertigen.

13. An der Vorderseite der Tasche stecken Sie im Abstand von 4 cm zu einer Seitennaht einen der beiden Zöpfe etwa 1,5 cm weit zwischen Futter und Außenteil. Das andere Ende des Zopfes stecken Sie ebenfalls 4 cm von derselben Seitennaht entfernt zwischen Futter und Außenteil der Rückseite. Fixieren Sie die Zopfenden mit Stecknadeln. Den zweiten Zopf bringen Sie auf der anderen Seite der Tasche ebenfalls im Abstand von 4 cm zur Seitennaht genauso an Vorder- und Rückseite an.

14. Die Teile etwa 5-8 mm von der Oberkante entfernt rundherum zusammennähen. Zuletzt die Enden des Lederbandes an die Zopfschlaufen binden, sodass das Band als Trageriemen dient.

Fallende Blütenblätter [TASCHE]

Diese Reißverschlusstasche bietet Platz für alles, was man zum Ausgehen am Abend braucht, eignet sich aber auch als Kulturbeutel oder Schminktasche. Ich habe dafür einige meiner absoluten Lieblingsfarben gewählt: Korallenrot, Wollweiß, Dunkelorange und Rostbraun. Zum Design haben mich die abgefallenen Blütenblätter von Kamelien und Rosen im Garten von Sissinghurst Castle in Kent angeregt. Ich habe ein festes, relativ steifes Leinengarn für den größten Teil des Gewebes verwendet, so wird die Tasche stabiler und strapazierfähiger als mit einem weicheren Garn.

MATERIAL

- Kleiner oder großer Webrahmen: Es wird eine doppelte Kette mit 64 Kettfäden aufgebäumt bzw. es sollte eine Webbreite von 27 cm erreicht werden.
- Festes Baumwollkettgarn
- Dickes Leinengarn
- Baumwollgarn in Korallenrot
- Sari-Seidenband in Elfenbein
- Wollgarn in Orange, Rostbraun und Grüngelb
- Seidengarn in Hellrosa (nach Belieben)
- Sticknadel ohne Spitze
- Schere
- 25 cm gewaschener Leinenstoff
- 25 cm fester, naturfarbener Baumwollstoff
- Nähgarn, farblich zu Gewebe und Stoff passend
- Reißverschluss in Beige, 24 cm lang
- Zusätzliches Webgarn für den kleinen Zopf mit Quaste
- Große Sticknadel mit Spitze zum Nähen
- Bleistift
- Stoffklammern oder Stecknadeln
- Nähmaschine mit Reißverschlussfuß

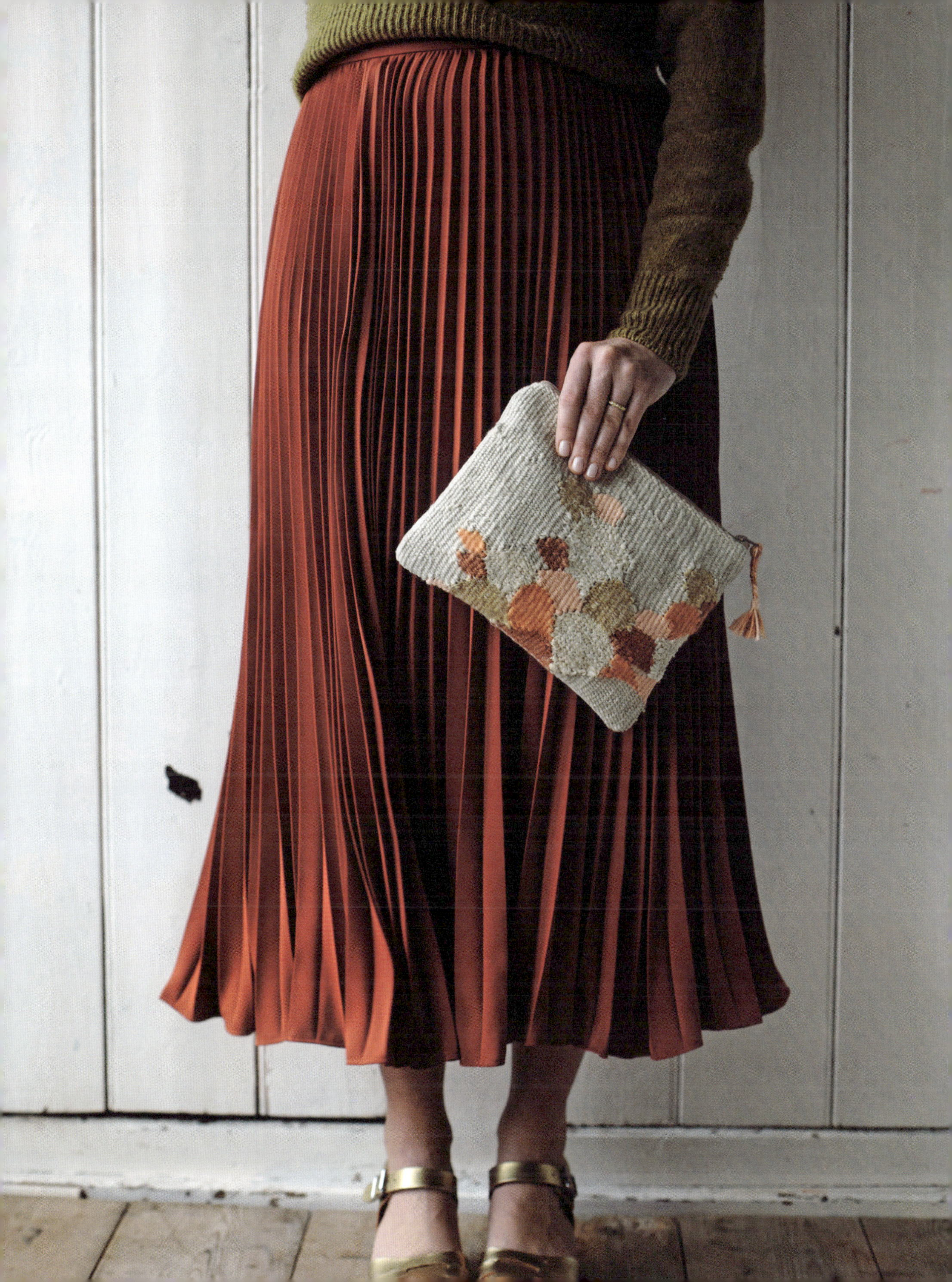

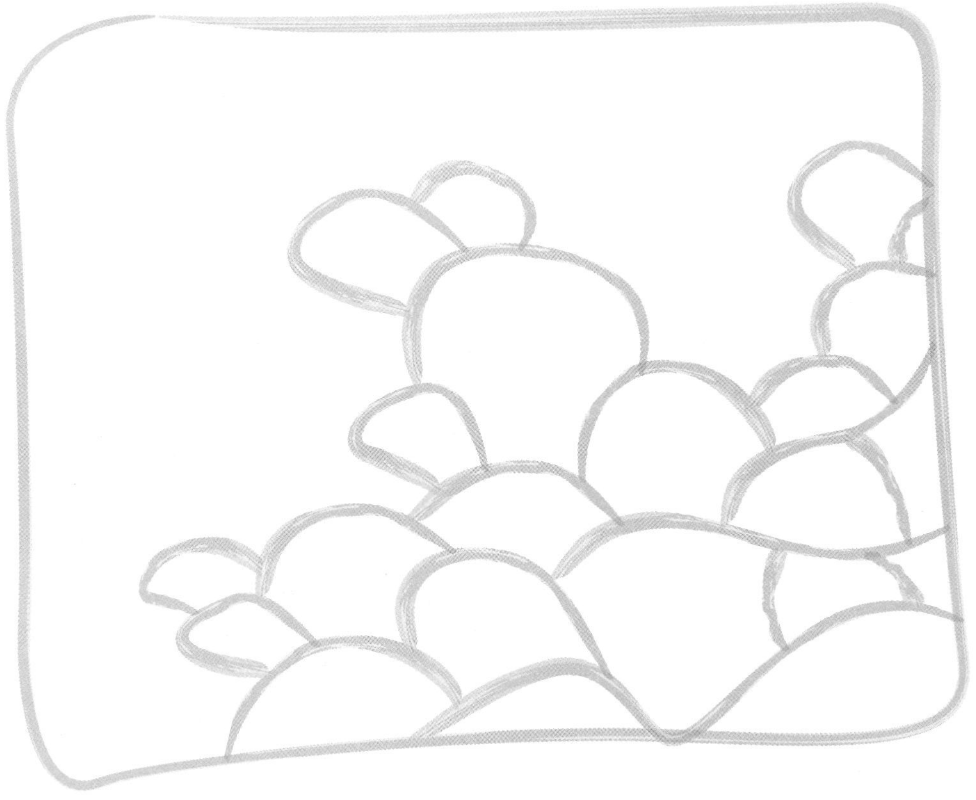

1. Bespannen Sie Ihren Webrahmen mit einer doppelten Kette (siehe Seite 32) aus 64 Fäden oder mit so vielen Kettfäden, dass die Kette 27 cm breit ist.

2. Planen Sie anhand der Grafik links, welche Formen Sie an der Unterkante Ihrer Arbeit weben und welche Farben Sie dafür verwenden wollen.

3. Beginnen Sie, die abgebildeten Formen in Leinwandbindung (siehe Seite 35) zu weben, und verbinden Sie die Farbflächen untereinander durch ineinandergreifendes Weben (siehe Seite 55).

4. Legen Sie zuerst die meisten der farbigen Formen an (siehe Foto auf Seite 153) und weben Sie dann mit dem Leinengarn bis zu den Kanten dieser Farbflächen.

5. Bei den grüngelben Formen nehmen Sie zusätzlich etwas Garn in Hellrosa in die Nadel, um diesen Bereichen etwas mehr Struktur und Schimmer zu verleihen.

6. Weben Sie weiter bis zu einer Höhe von ca. 21 cm. Dann schneiden Sie die Webarbeit vom Rahmen ab und verknoten die Kettfäden an Ober- und Unterkante des Gewebes (siehe Seite 58/59). Versäubern Sie die Rückseite der Webarbeit, indem Sie lose Fäden verknoten und lange Fadenenden zurückschneiden.

7. Nun fädeln Sie etwas Baumwollkettgarn in die Nadel ein und nähen die Kanten der Farbflächen von der Rückseite her zusammen, sodass keine größeren Löcher zwischen ihnen bleiben. Dadurch wird die Vorderseite der Tasche fester und stabiler.

8. Schneiden Sie ein 20 cm x 26 cm großes Rechteck aus festem Baumwollstoff für die Rückseite der Tasche sowie zwei jeweils 20 cm x 26 cm große Rechtecke aus Leinenstoff für das Futter zu.

9. Um den Reißverschluss einzunähen, die Webarbeit mit der rechten Seite nach oben im Querformat hinlegen. Den Reißverschluss mit der rechten Seite nach unten so darauf platzieren, dass seine Kante grob mit der Oberkante des Gewebes abschließt. (Die Oberkante Ihrer Webarbeit ist möglicherweise nicht ganz gerade, aber der Reißverschluss muss in einer geraden Linie liegen. Vielleicht steht Ihr Gewebe ein wenig darüber hinaus, aber das ist in Ordnung.) Nun eines der beiden Futterteile mit der rechten Seite nach unten auf Webarbeit und Reißverschluss legen und alle Teile mit entlang der Oberkante (in die der Reißverschluss eingelegt ist) mit Stoffklammern oder Stecknadeln fixieren.

10. Setzen Sie an Ihrer Nähmaschine den Reißverschlussfuß ein. Nähen Sie das Sandwich aus Gewebe, Reißverschluss und Futter mit 3-4 mm Abstand von den Reißverschlusszähnchen entlang der Oberkante zusammen.

11. Klappen Sie das Handgewebe und das Futter vom Reißverschluss weg, sodass die rechten Seiten außen liegen, und fixieren Sie die Teile an der dem Reißverschluss gegenüberliegenden Unterkante.

12. Dann breiten Sie den festen Baumwollstoff für die Rückseite im Querformat mit der rechten Seite nach oben aus. Legen Sie das Vorderteil mit der rechten Seite des Reißverschlusses nach unten so darauf, dass die ungenähte Kante des

Reißverschlusses mit der Oberkante des Baumwollstoffes abschließt. Das zweite Futterteil platzieren Sie mit der rechten Seite nach unten ebenfalls kantenbündig darauf. Fixieren Sie die Teile entlang der Kante mit Stoffklammern oder Stecknadeln und nähen Sie sie wie zuvor mit 3-4 mm Abstand zu den Reißverschlusszähnchen zusammen.

13. Klappen Sie auch hier Rückseitenstoff und Futter vom Reißverschluss weg, sodass die rechten Seiten nach außen zeigen und der Reißverschluss sichtbar ist. Fixieren Sie wie beim Vorderteil aus Webarbeit und Futterstoff die beiden Teile entlang der Unterkante.

14. Setzen Sie wieder den normalen Nähfuß in die Nähmaschine ein. Nun steppen Sie die Arbeit rechts und links von der Zähnchenraupe des Reißverschlusses knappkantig (im Abstand von ca. 3 mm) ab, um den Stoff von den Reißverschlusszähnchen fernzuhalten.

15. Öffnen Sie den Reißverschluss. (Das wird später noch wichtig!)

16. Nun legen Sie die beiden Futterteile rechts auf rechts aufeinander; die gewebte Vorderseite und den Baumwollstoff für die Rückseite legen Sie ebenfalls rechts auf rechts aufeinander. Fixieren Sie die Arbeit rundum entlang der Kanten mit Stoffklammern oder Stecknadeln. Dabei darauf achten, dass die Reißverschlusszähnchen zum Futter hin zeigen (dadurch sitzt der Reißverschluss später an den Ecken gut).

17. An der Futterseite beginnen und rund um alle Kanten nähen, dabei aber auf der Futterseite 8 cm der Naht zum Wenden offen lassen.

18. Wenden Sie die Arbeit durch die Wendeöffnung im Futter und formen Sie die Ecken so gut wie möglich aus. Dann nähen Sie die Wendeöffnung von Hand oder knappkantig mit der Nähmaschine zu.

19. Schieben Sie das Futter nach unten in den äußeren Teil der Tasche und schließen Sie den Reißverschluss.

20. Für den kleinen Zopf mit Quaste verwenden Sie einige ca. 30 cm lange Garnreste. Legen Sie diese Fäden mittig um einen Bleistift, sodass Sie alle Fadenenden beieinanderhaben. Einen weiteren Faden wickeln Sie direkt unterhalb der Schlaufe am Bleistift mehrfach um das Fadenbündel, verknoten die Enden und verstechen sie in der Wickelung.

21. Dann teilen Sie die Garnfäden in drei möglichst gleich starke Strähnen auf und flechten sie bis zur gewünschten Länge. Am Ende des Zopfes umwickeln Sie Enden wie oben mit einem weiteren Garnrest. Schneiden Sie die Enden zurück und ziehen Sie den Bleistift heraus.

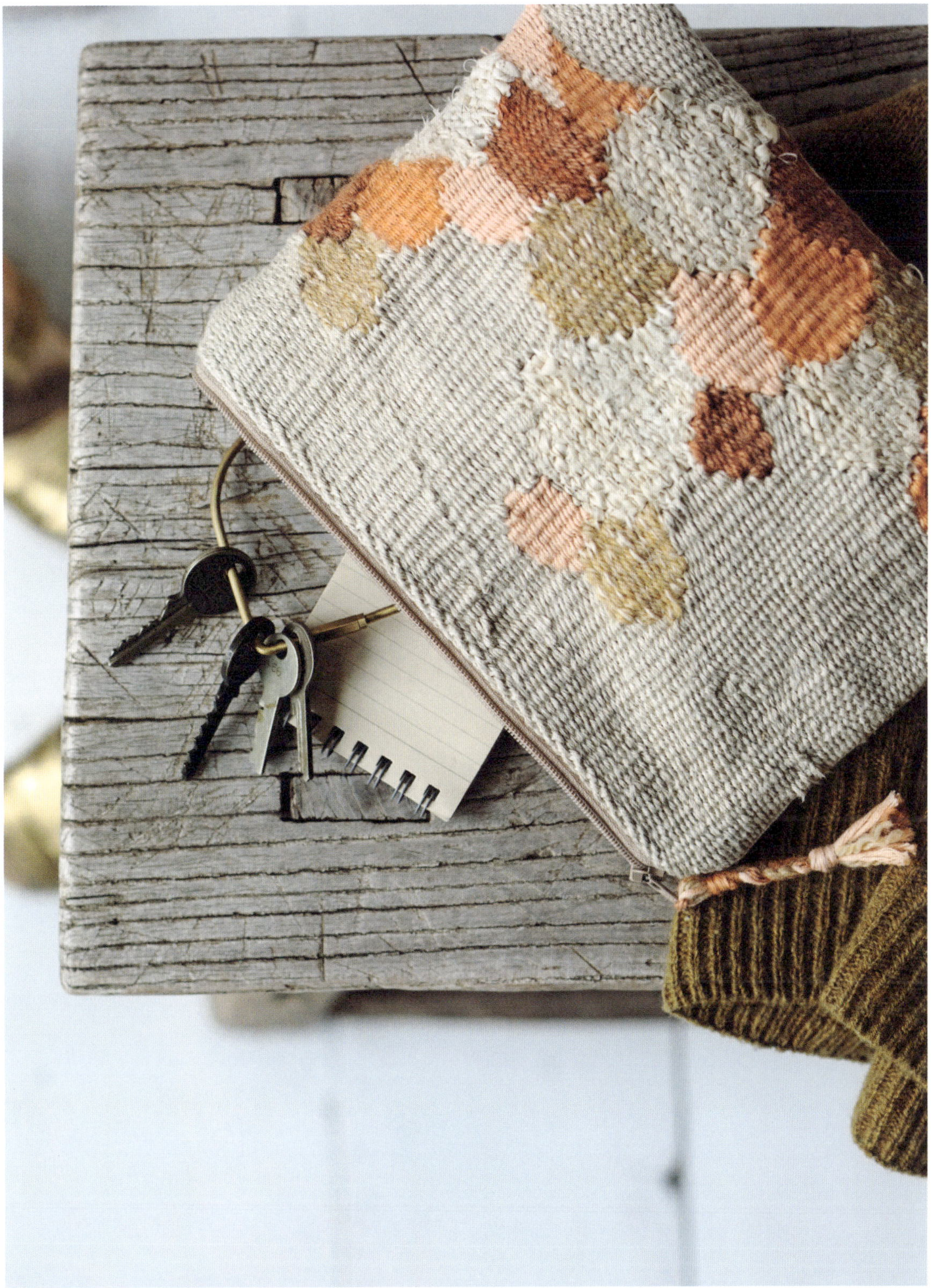

Bezugsquellen und Material

Das Weben ist in den vergangenen Jahren sehr beliebt geworden. Webrahmen und Werkzeug sind deshalb in Onlineshops oder Bastel- und Handarbeitsgeschäften gut erhältlich.

WEBRAHMEN UND WERKZEUG

Einen einfachen Rahmen bekommt man schon für wenig Geld.

Wenn Sie den Webrahmen und das Werkzeug verwenden wollen, mit dem auch ich arbeite, können Sie handgearbeitete Web- und Schmuckwebrahmen sowie Web-Sets auf meiner Website bestellen:
marymaddocks.com

Folgende Versender bieten handgearbeitete Webrahmen und Web-Sets in verschiedenen Größen an:
funemstudio.com
woolcouturecompany.com

Sticknadeln und Kettgarn erhält man günstig bei The Handweavers Studio and Gallery (handweavers.co.uk).

Etsy (etsy.com) ist eine ausgezeichnete Plattform für den Kauf von Webrahmen, Web-Sets, Kettgarn und Werkzeug von kleinen Händlern.

Für die meisten Projekte in diesem Buch eignen sich die sogenannten Schulwebrahmen. Es gibt sie in verschiedenen Größen u. a. hier zu kaufen:
Buttinette Textil-Versandhaus GmbH, www.buttinette.de
Johannes Gerstäcker Verlag GmbH, www.gerstaecker.de
Arnulf Betzold GmbH, www.betzold.de
VBS Hobby Service GmbH, www.vbs-hobby.com

GARN

Im Laufe der vergangenen Jahre hat sich bei mir eine ganze Sammlung von alten, recycelten und Naturfasergarnen angesammelt, die ich für meine Webarbeiten verwende. Ein Knäuel Garn reicht lange, weil man nur wenig davon für jedes einzelne Gewebe braucht (sofern man nicht riesige Werke in Angriff nimmt), deshalb lohnt es sich, Reste von Strickprojekten, Geschenkbänder, Stoffreste und allerlei andere Fäden aufzuheben und zu verweben. Ich verwende so weit wie möglich Naturfasergarne, weil Polyacrylgarne einen Glanz haben, den ich nicht mag, und außerdem weniger umweltfreundlich sind.

Ich versuche, mein Wollgarn von kleinen Lieferanten zu beziehen, weil ich gerne weiß, woher mein Garn kommt und welche Auswirkungen auf die Umwelt die Produktion hatte. Auf Etsy findet man kleine Spinnereien und Färbereien, die außergewöhnliche und interessante Garne produzieren.

Recyclinggarne finden zum Glück immer mehr Verwendung, im Internet sind Garne aus wiederverwerteter Wolle, Baumwolle und Leinen erhältlich. Garne aus zweiter Hand zu kaufen ist ebenfalls eine nachhaltige und billige Methode der Materialbeschaffung. Schauen Sie sich doch einmal in Ihrem Sozialkaufhaus vor Ort um. Oft werden auch Pakete mit Secondhandgarnen auf eBay und Etsy angeboten.

Ein hervorragender Ort für die Suche nach Garn ist The Handweavers Studio and Gallery (handweavers.co.uk) im Norden Londons. Die Firma ist ein Mekka für alles rund ums Weben und hat eine unglaubliche Auswahl an Garnen in jeglicher Materialzusammensetzung sowie ein breites Spektrum an Woll-Kammzügen auf Lager.

Hier eine Liste meiner liebsten Garnlieferanten:

Biches et Bûches (bichesetbuches.com) ist ein kleiner Wolllieferant in Frankreich. Ihre Wolle gibt es in einer breiten Auswahl an dezenten Farben, die von der Natur inspiriert sind.

The Fibre Co (thefibreco.com) hat eine sehr breite Auswahl an Farben und Arten natürlicher Wolle verschiedener Lieferanten auf Lager.

Isle Yarns (twitter.com/isleyarns) ist ein kleiner Wolllieferant auf der Isle of Purbeck, Dorset. Die Wolle hat einen wunderbar rustikalen Touch, und die Farben sind von der dortigen Landschaft inspiriert.

Moel View Yarn (moelviewyarn.com) ist eine kleine Firma in Nordwales, die sich auf mit Naturfarben handgefärbte Garne spezialisiert hat.

Moeke Yarns (moeke-yarns.com), ein kleiner, umweltfreundlicher Betrieb in Rumänien, produziert eine Auswahl natürlicher Garne in traditionellen rumänischen Techniken.

Wool and the Gang (woolandthegang.com) hat sich auf nachhaltige Garne spezialisiert. Die Firma hat eine große Auswahl an Garnen auf Lager, einschließlich einiger recycelter Wollgarne und dicker Garne.

Malabrigo (malabrigoyarn.com) ist ein Garnhersteller aus Uruguay, der sich auf leuchtende Edelsteinfarben und Space-dyed-Garne spezialisiert hat. Das Unternehmen bietet 18 verschiedene Garnarten in 300 von der dortigen Landschaft und Natur inspirierten Farben an.

Yarn Yarn (yarnyarn.co.uk), ein ethisch orientierter Onlineshop, bietet umweltfreundliche und recycelte Garne an, die von Frauen-Genossenschaften und kleinen Gemeinschaften im ländlichen Indien hergestellt werden. Eine großartige Bezugsquelle für Bänder und Garne aus wiederverwerteter Sari-Seide und fair produzierter Seide, aber auch für Garne auf der Basis von Bananen, Hanf und Nesselfasern.

Weitere Garnlieferanten, deren Material für die Modelle in diesem Buch verwendet wurden:

We Are Knitters (weareknitters.co.uk)
Rowan (knitrowan.com)
Sirdar (sirdar.com)
WildWoven (etsy.com/uk/shop/wildwoven)
Tukuwool (tukuwool.com)

ORIGINALGARNE

Diese Garne habe ich für die einzelnen Projekte verwendet. Lassen Sie sich davon anregen oder verwenden Sie, was Sie vorrätig haben.

STREUWIESE [BROSCHE]

Sari-Seidenbänder in Hellgrün, Wollweiß und Rostbraun sowie Sari-Seidengarn in Wollweiß – Yarn Yarn
Wollgarn in Rostbraun – The Fibre Co, ROAD TO CHINA LIGHT in Agate
Wollgarn in Braun – The Fibre Co, Terra in Iron
Leinengarn in Beige – The Handweavers Studio

WOLKEN ÜBER DEN KLIPPEN [ARMBAND]

Leinengarn für Kette und Schuss – The Handweavers Studio
Wollgarn in Violett – The Fibre Co, MEADOW in Lavender
Wollgarn in Braun – The Fibre Co, MEADOW in Ladyslipper
Wollgarn in Orange – Tukuwool, FINGERING in Repo
Sonnenaufgang und Moos – Anhänger
Baumwollgarn in Gelb – The Handweavers Studio
Wollgarn in Pfirsichrosa – Moel View, SURI LACE in Quince Blossom
Sari-Seidenband in Rostbraun – Yarn Yarn
Wollgarn in Hellbeige – Moeke Yarn, ELENA in Natural
Baumwollgarn in Olivgrün – We Are Knitters, PIMA COTTON in Khaki
Sari-Seidenband in Hellgrün – Yarn Yarn

MEERESALGEN [HALSKETTE]
Baumwollgarn in Hellgrau– We Are Knitters, PIMA COTTON in Pearl Grey
Wollgarn in Rostbraun – Tukuwool, FINGERING in Repo
Wollgarn in Jeansblau – Moel View, EXTRA-FINE MERINO, gefärbt mit Indigo und schwarzem Tee

ALLES IM FLUSS [LESEZEICHEN]
Wollgarn in Hellbeige – Moeke Yarn, ELENA in Natural
Wollgarn in Hellblau – Isle Yarn in Cliff
Wollgarn in Dunkelblau – Biches et Bûches, LE PETIT LAMBSWOOL in Blue Grey
Wollgarn in Violett – Moel View, WELSH MULE LIGHT in Vintage

KIESEL & FELS [MINI-WEBBILDER]
Sari-Seidenband in Orange und Hellgrün – Yarn Yarn
Wollgarn in Beige – Moeke Yarn, ELENA in Natural
Wollgarn in Rostbraun – Biches et Bûches, LE PETIT LAMBSWOOL in Rust Brown
Leinengarn in Blaugrün – The Handweavers Studio

MONDPHASEN [UNTERSETZER]
Sari-Seidenband in Blau-Weiß, Rostbraun und Hellgrün – Yarn Yarn
Wollgarn in Natur – Moeke Yarn, ELENA in Natural
Leinengarn in Blaugrün – The Handweavers Studio
Wollgarn in Rostbraun – Tukuwool, FINGERING in Repo
Wollgarn in Gelbgrün – The Fibre Co, CUMBRIA FINGERING in Buttermere

HERBSTLAUB [TISCHSETS]
Leinenkettgarn in Goldgelb – The Handweavers Studio
Wollgarn in Rosa – Moel View, WELSH MULE LIGHT in Clay
Sari-Seidenband in Rostbraun – Yarn Yarn
Wollgarn in Braun – The Fibre Co, Terra in Iron
Wollgarn in Wollweiß – Moeke, ELENA in Natural

SONNENUNTERGANG [WANDBEHANG]
Leinengarn in Senfgelb oder Goldgelb als Kettgarn – The Handweavers Studio
Wollgarn in Jeansblau – Moel View, EXTRA-FINE MERINO, gefärbt mit Indigo und schwarzem Tee
Sari-Seidenband in Rostorange und Violett-Grau – Yarn Yarn
Baumwollgarn in Hellblau – We Are Knitters, PIMA COTTON in Denim
Wollgarn in Orange – Biches et Bûches, LE PETIT LAMBSWOOL in Dark Orange
Wollgarn in Gelb – Biches et Bûches, LE PETIT LAMBSWOOL in Yellow Mustard
Wollgarn in Rostbraun – Biches et Bûches, LE PETIT LAMBSWOOL in Rust Brown
Wollgarn in Pfirsichrosa – Moel View, WELSH MULE LIGHT in Apricot
Wollgarn in Violett – The Fibre Co, CUMBRIA in Castlerigg

FLECHTEN AUF FELSEN [WANDBEHANG]
Dickes Wollgarn in Hellrosa – We Are Knitters, THE WOOL in Salmon
Wollgarne in Weiß, Grau, Pfirsichrosa, Lachsrosa, Braun, Marineblau und Schwarz
Wollgarne in Weiß – Malabrigo, MECHA in Natural
Wollgarn in Grau – The Fibre Co, ARRANMORE Light in Liadan
Wollgarn in Pfirsichrosa wool – Moel View, WELSH MULE LIGHT in Apricot
Wollgarn in Lachsrosa – We Are Knitters, PIMA COTTON in Salmon
Wollgarn in Braun – The Fibre Co, Terra in Iron
Wollgarn in Marineblau – The Fibre Co, TUNDRA in Petrel
Wollgarn in Schwarz – Rowan, CASHMERE HAZE in Gloam
Sari-Seidenband in Grau – Yarn Yarn

SCHOTTISCHES HOCHLAND [WANDBEHANG]

Wollgarn in Dunkelgrün – Isle Yarn in Greenclose
Baumwollgarn in Olivgrün – We are Knitters, PIMA COTTON in Khaki
Wollgarn in Gelbgrün – Isle Yarn in Haylands
Wollgarn in Braun – The Fibre Co, Terra in Tea Tree
Wollgarn in Beige – The Fibre Co, CUMBRIA in St Bees Beech
Wollgarn in Gelb – The Fibre Co, ARRANMORE in Finian
Wollgarn in Weinrot – The Fibre Co, ARRANMORE light in Brannagh
Wollgarn in Grau – Isle Yarn in Barnleaze
Wollgarn in Schwarz – Biches et Bûches, LE PETIT LAMBSWOOL in Very Dark Grey
Wollgarn in Weiß – Isle Yarn in Stonehips
Wollgarn in Blau – Isle Yarn in Cliff
Orange wool, Moel View SURI LACE in Quince Blossom
Green-yellow wool – Isle Yarn in Haylands
Pale pink silk thread (optional) – vintage

ISLÄNDISCHER STRAND [WANDBEHANG]

Wollgarn in Schwarz – Rowan Cashmere, HAZE in Gloam
Wollgarn in Grau – The Fibre Co, MEADOW in Hedgehog
Wollgarn in Hellgrau – Isle Yarn in Far Swyre
Wollgarn in Lavendel – Rowan, KIDSILK HAZE Fine in Majestic
Wollgarn in Wollweiß – Sirdar, Baby Cashmere Merino in Little Linen
Wollgarn in Weiß– Isle Yarn in Stonehips
Wollgarn in Taupe – The Fibre Co, Lore in Stable
Wollgarn in Jeansblau – Moel View, EXTRA-FINE MERINO, gefärbt mit Indigo und schwarzem Tee
Wollgarn in Hellblau – Isle Yarn in Cliff
Bast in Schwarz – Handweavers Studio
Sari-Seidenbänder in Grau und Weiß sowie Bananenseide in Weiß – Yarn Yarn
Flammengarn in Weiß– Wild Woven on Etsy

FÜRS KINDERZIMMER [WANDBEHANG]

Dickes Wollgarn in Weiß – We Are Knitters, THE WAVE in Natural
Dickes Wollgarn in Gelb – We Are Knitters, THE WOOL in Light Yellow
Wollgarn in Orange – Malabrigo, Rios in Glazed Carrot
Wollgarn in Gelbgrün – Malabrigo, Rios in Frank Ochre
Sari-Seidenband in Blau-Weiß – Yarn Yarn

WELLEN [KISSEN]

Dickes Wollgarn in Weiß – We Are Knitters, THE WAVE in Natural
Dickes Wollgarn in Hellviolett – We Are Knitters, THE WOOL in Pearl Grey
Sari-Seidenband in Grau oder Silber – Yarn Yarn
Teppichgarn oder Bindfaden in Blaugrün – The Handweavers Studio

OLIVENHAIN [UMHÄNGETASCHE]

Baumwollgarn in Olivgrün – We Are Knitters, PIMA COTTON in Khaki
Wollgarn in Dunkelgrün – The Fibre Co, Terra in Tea Tree
Wollgarn in Grau – Moeke, ELENA in Grey
Naturbast – The Handweavers Studio
Sari-Seidenband in Elfenbein – Yarn Yarn

FALLENDE BLÜTENBLÄTTER [TASCHE]

Dickes Leinengarn – The Handweavers Studio
Baumwollgarn in Korallenrot – We Are Knitters, PIMA COTTON in Salmon
Sari-Seidenband in Elfenbein – Yarn Yarn
Wollgarn in Rostbraun – Moel View, WELSH MULE LIGHT in Clay
Wollgarn in Orange – Moel View, SURI LACE in Quince Blossom
Wollgarn in Grüngelb – Isle Yarn in Haylands
Seidengarn in Hellrosa (nach Belieben) – aus der Restekiste

Register

Dank der Autorin

Ein riesiges Dankeschön geht an alle, die mich unterstützt und mir bei der Arbeit an diesem schönen Buch geholfen haben. Ich bin euch allen so dankbar.

Harriet, Nikki und euch allen vom Quadrille-Team danke ich sehr dafür, dass ihr mir die Gelegenheit gegeben habt, dieses Buch zu schreiben, aber auch für eure Ermutigung, eure Vision und Geduld sowie für euren Glauben an mein Werk. Mit euch zu arbeiten war eine wirklich angenehme Erfahrung – ein Beweis für eure warmherzige, humorvolle und freundliche Art.

Maria danke ich für die himmlischen Fotos, die all meine Erwartungen übertroffen haben, und dafür, dass sie immer „Stimmung" gezaubert hat. Agathe gilt mein Dank für ihren Humor, das perfekte Styling und für ihre Toleranz, wenn ich mal wieder Muscheln, Zweige und Wollknäuel endlos hin- und hergeschoben habe.

Danke an alle Webschülerinnen und -schüler der vergangenen Jahre: Von euch zu lernen und mit euch gemeinsam zu weben war eine Freude. Ich betrachte es als Privileg, Menschen ans Weben heranzuführen, und ich bin sehr dankbar für eure Unterstützung und für euren Enthusiasmus für diese wundervolle Handarbeit.

Ich danke außerdem ...

... meiner Familie und meinen Freunden für ihren Beistand, ihre Ermutigung und ihre Liebe von der Vor-Web-Zeit bis heute.

... Lon, dafür, dass du meine loyalste und liebste Freundin bist: Ich bin so glücklich, dich zu haben!

... Mim, Faye, Cat und Laura für all die Jahre der Freundschaft und des gemeinsamen Lachens.

... Melia für deine fortwährende Ermutigung, deine Inspiration und deine Ideen.

... Jack und D. für eure Gesellschaft, Kreativität und Liebe.

... Helen für deine Aufmunterung und Hilfe.

... Lynne dafür, dass du knallhart bist und mich daran erinnerst, dass ich es auch sein kann.

... Rose dafür, dass du solch eine liebe Freundin warst, als ich wirklich eine brauchte.

... Kate Rohde für deine Unterstützung und Freundlichkeit.

... Pauline für deine positive Einstellung, deinen Enthusiasmus und all die Hilfe und Unterstützung im Laufe der Jahre.

... Mum und Dad für all eure Zeit, Energie und Liebe; dafür, dass ihr eine tiefe Liebe zur Natur und zum Draußen-Sein in mir angelegt habt; dafür, dass ihr mir geholfen habt, meinen Leidenschaften nachzugehen – und natürlich für die vielen, vielen Stunden des Babysittens.

... Nen und Lu dafür, dass ihr meine ältesten und liebsten Freunde auf der ganzen Welt seid.

... Raoul für alle Hilfe, Ratschläge, Liebe und Ermutigung über die Jahre hinweg sowie dafür, dass du mich darin bestärkt hast, den Sprung in ein kreativeres Leben zu wagen. Danke!

... zuletzt Nye: Du bist mein Schatz und ganz einfach mein Grund für alles. Ich liebe dich!

Titel der Originalausgabe: Weaving: A modern guide to creating 17 woven accessoires for your handmade home
Autorin: Mary Maddocks

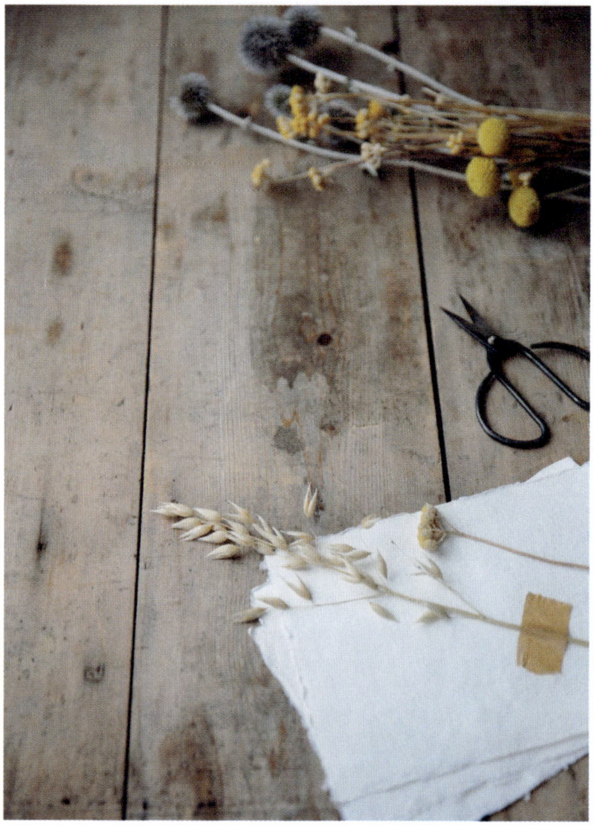

Produktmanagement: Lisa-Marie Weigel
Übersetzung: Helene Weinold, Violau
Lektorat: Regina Sidabras, Berlin
Herstellung und Satz: Petra Theilfarth
Covergestaltung der deutschen Ausgabe: Eva Grimme

1. Auflage 2021
© der deutschen Ausgabe: frechverlag GmbH, Turbinenstraße 7, 70499 Stuttgart
ISBN 978-3-7724-4872-0
Best.-Nr. 4872

MIX
Paper from responsible sources
FSC™ C020056